LAOLINGHUA
BEIJINGXIA
WOGUO YANGLAO FUWU TIXI JIANSHE

陈翠霞 强晓楠 刘志红 ◎ 著

老龄化背景下
我国养老服务体系建设

中国财经出版传媒集团
经济科学出版社
Economic Science Press

图书在版编目（CIP）数据

老龄化背景下我国养老服务体系建设/陈翠霞，强晓楠，刘志红著.—北京：经济科学出版社，2021.10
ISBN 978-7-5218-2984-6

Ⅰ.①老⋯　Ⅱ.①陈⋯②强⋯③刘⋯　Ⅲ.①养老-社会服务-研究-中国　Ⅳ.①D669.6

中国版本图书馆 CIP 数据核字（2021）第 215647 号

责任编辑：纪小小
责任校对：李　建
责任印制：范　艳

老龄化背景下我国养老服务体系建设
陈翠霞　强晓楠　刘志红　著
经济科学出版社出版、发行　新华书店经销
社址：北京市海淀区阜成路甲 28 号　邮编：100142
总编部电话：010-88191217　发行部电话：010-88191522
网址：www.esp.com.cn
电子邮箱：esp@esp.com.cn
天猫网店：经济科学出版社旗舰店
网址：http://jjkxcbs.tmall.com
北京密兴印刷有限公司印装
710×1000　16 开　12 印张　230000 字
2022 年 7 月第 1 版　2022 年 7 月第 1 次印刷
ISBN 978-7-5218-2984-6　定价：48.00 元
(图书出现印装问题，本社负责调换。电话：010-88191510)
(版权所有　侵权必究　打击盗版　举报热线：010-88191661
QQ：2242791300　营销中心电话：010-88191537
电子邮箱：dbts@esp.com.cn)

前　言

目前，中国的老龄化问题愈来愈显著。1999 年末，中国 60 岁以上老年人口占总人口的比例超过 10%，按照国际通行标准，中国人口年龄结构已开始进入老龄化阶段。据国家统计局数据，截至 2019 年末，全国 60 周岁及以上人口为 25388 万人，占总人口的 18.1%。其中，65 岁及以上人口为 17603 万人，占 12.6%。与 2018 年末相比，16~59 岁劳动年龄人口减少 89 万人，比重下降 0.28 个百分点；老年人口比重持续上升。其中，60 岁及以上人口增加 439 万人，比重上升 0.25 个百分点；65 岁及以上人口增加 945 万人，比重上升 0.64 个百分点。[①] 我国正处于人口发展的关键转折期，准确把握人口变化的趋势性特征，对于完善人口发展战略和政策体系，促进人口均衡发展，积极应对人口老龄化，促进人口和社会经济持续协调健康发展至关重要。

人口老龄化很可能会带来劳动力供给下降、储蓄率下降、养老和医疗支出激增及经济增长停滞等后果。另外，老年人口未来预期寿命的不断延长一方面会导致自身所积累的财富不足，另一方面也会对我国养老福利事业造成极大的压力，使尚未形成完善体系的我国养老服务面临着严峻的挑战和考验。近年来，我国养老服务事业迅速发展，但与老龄化进程加速、社会养老需求不断增长形势仍不相适应。据中国发展基金会发布的《中国发展报告 2020：中国人口老龄化的发展趋势和政策》，"十四五"规划期间，我国将由老龄化社会进入老龄社会。到 21 世纪中叶，我国人口老龄化将达到最高峰，65 岁及以上老

[①] 国家统计局. 国务院第七次全国人口普查领导小组办公室负责人接受中新社专访 [EB/OL]. http：//www.stats.gov.cn/ztjc/zdtjgz/zgrkpc/dqcrkpc/ggl/202105/t20210519_1817705.html.

年人口占比将接近30%，养老问题将成为一个重大的民生问题。党中央、国务院高度重视养老服务，党的十八大以来，出台了加快发展养老服务业、全面放开养老服务市场等政策措施，养老服务体系建设取得显著成效。但总的来看，养老服务市场活力尚未充分激发，各地区发展不平衡、有效供给不足、服务质量不高等问题依然存在，养老资源紧缺、服务水平低下、体制机制滞后，俨然已成为制约我国养老服务事业发展的"三道坎"。按照《2019年国务院政府工作报告》对养老服务工作的部署，为打通"堵点"，消除"痛点"，破除发展障碍，健全市场机制，持续完善居家为基础、社区为依托、机构为补充、医养相结合的养老服务体系，建立健全高龄、失能老年人长期照护服务体系，强化信用为核心、质量为保障、放权与监管并重的服务管理体系，大力推动养老服务供给结构不断优化、社会有效投资明显扩大、养老服务质量持续改善、养老服务消费潜力充分释放，确保到2022年在保障人人享有基本养老服务的基础上，有效满足老年人多样化、多层次养老服务需求。老年人及其子女获得感、幸福感、安全感显著提高。

本书以此为背景并依托现有研究成果，探索老龄化背景下如何建立我国的养老服务体系，并在此理论体系指导下对我国现有的养老服务供需进行分析；结合国际上对养老服务已有的理论研究和实践经验，提出我国养老服务体系完善的政策建议，大力推动养老服务供给结构不断优化、社会有效投资明显扩大、养老服务质量持续改善、养老服务消费潜力充分释放，有效满足老年人多样化、多层次养老服务需求。本书主要包括四大部分：第一、第二章为第一部分，主要分析了研究的背景、意义以及文献研究成果，并进一步阐述了养老服务基本理论框架；第三、第四章为第二部分，主要探讨我国现有的传统养老服务体系以及在新经济形式下拓展的养老服务体系，是本书的核心部分，进而提出各类养老服务的内涵、发展现状、实践案例以及未来发展趋势并进行可行性分析；第五至七章是本书的重点部分，分别探讨了医疗机构、保险业及PPP运行模式与养老服务产业的融合机制、主要运行模式，以及建立的可行性和必要性；第八章是第四部分，也是本书的写作目的，为政策建议部分，主要是在现有理论体系、实践经验以及国际经验分析的基础上，探讨新形势下我国养老服务体系现存的一些问题、未来发展的趋势和面临的挑战，并提出相关政策建议。

由于本研究处于探索发展阶段，书中还存在不少错误与遗漏，恳求读者批评指正。

目录
CONTENTS

第一章　导论 /1
　　第一节　研究背景和意义 /1
　　第二节　研究现状 /7

第二章　养老服务基本理论框架 /12
　　第一节　人口老龄化相关概念 /12
　　第二节　养老服务模式政策发展 /16

第三章　养老服务的基本概述和运营模式 /21
　　第一节　养老服务的概念分析 /21
　　第二节　养老服务的基本模式 /23
　　第三节　养老服务模式的拓展 /45

第四章　创新型养老服务模式探究 /57
　　第一节　智慧养老 /57
　　第二节　旅游养老 /71
　　第三节　文化养老 /78

第五章　医疗机构参与养老产业的"医养结合"模式 /86
　　第一节　"医养结合"理论基础 /86
　　第二节　医养结合养老模式的发展现状 /96
　　第三节　医养结合国外发展经验借鉴及对我国的启示 /103
　　第四节　推进我国医养结合养老服务模式的对策建议 /108

第六章 保险业参与养老产业建设的探究/115
  第一节 保险业参与养老产业建设的意义/115
  第二节 保险业参与养老产业的基础和条件/118
  第三节 保险业参与养老服务体系建设的主要路径/120
  第四节 发达国家保险业参与养老产业的经验借鉴/135
  第五节 推动我国保险业参与养老产业的政策建议/139

第七章 PPP模式参与养老产业建设的探究/141
  第一节 养老服务PPP模式概述/141
  第二节 PPP模式参与养老服务构建可行性分析/146
  第三节 我国养老服务PPP模式现状及实践案例/150
  第四节 国际养老服务PPP模式的发展及经验借鉴/153
  第五节 PPP模式推进养老服务产业发展的路径优化/157

第八章 完善我国养老服务体系的政策建议/161
  第一节 政府精准定位，积极发挥主导作用/161
  第二节 社会多方参与共建，拓展养老服务体系运行机制/166
  第三节 推动康养产业健康发展，完善养老服务体系内容/169

参考文献/172

第一章

导 论

第一节 研究背景和意义

一、研究背景

(一) 国家政策

近几年，党中央、国务院高度重视养老服务。从国家领导的数次讲话与批示，到以居家为基础、社区为依托、机构为补充、医养相结合的养老服务体系提出，养老服务制度体系"四梁八柱"的搭建，再到养老服务制度框架不断健全、基本养老服务得到有效发展、养老服务多样化供给能力明显增强、服务市场更具活力、养老服务质量大幅提升，皆是体现。

2016 年，习近平总书记在直接批示和讲话中提及有效应对我国人口老龄化，事关国家发展全局、事关亿万百姓福祉，要及时应对、科学应对、综合应对；加快建立全国统一的服务质量标准和评价体系，加强养老机构服务质量监管。

2017 年 2 月，国务院印发了《"十三五"国家老龄事业发展和养老体系建设规划》，成为养老服务业发展的"指南针"。规划提出：一方面，着力保基本、兜底线，增强兜底保障能力；另一方面，加快形成统一开放、竞争有序的市场体系。

继 2013 年《国务院关于加快发展养老服务业的若干意见》明确提出"创新

体制机制，激发社会活力，充分发挥社会力量的主体作用"，"十三五"期间养老服务事业"放管服"改革持续深入推进。2016年，国务院出台《关于全面放开养老服务市场提升养老服务质量的若干意见》。2017年，民政部、发展和改革委员会（以下简称"发改委"）等13部门印发《关于加快推进养老服务业放管服改革的通知》。

2019年初，《老年人权益保障法》修正实施，明确了不再实施养老机构设立许可、依法做好登记和备案管理以及加强养老机构事中事后监管，进一步深化养老服务"放管服"改革、推进养老服务发展。

同年，国务院出台《关于推进养老服务发展的意见》，提出了深化"放管服"改革、拓展养老服务融资渠道、扩大养老服务就业创业、扩大养老服务消费、促进养老服务高质量发展、促进养老服务基础设施建设6方面共28条具体政策措施，打通"堵点"、消除"痛点"，铺设了一条发展快车道。意见还提出建立由民政部牵头的养老服务部际联席会议制度。民政部、发改委等22个部门和单位，研究制定了《关于进一步扩大养老服务供给促进养老服务消费的实施意见》，提出6方面17条具体措施，进一步培育发展养老服务市场，推动养老服务消费健康有序发展。

提升养老服务质量，既要破解当下难题，更要形成长久机制。"十三五"期间，民政部制定出台了一系列政策标准：2017年，《养老机构服务质量基本规范》出台，这是养老机构服务质量管理首个国家标准，划出了全国养老机构服务质量的"基准线"；2019年，《养老机构等级划分与评定》确定了全国养老机构服务质量"等级线"；《养老机构服务安全基本规范》是我国养老服务领域第一项强制性国家标准，明确了养老机构服务安全"红线"；2020年7月，民政部等6部门联合印发《关于规范养老机构服务行为做好服务纠纷处理工作的意见》；11月，《养老机构管理办法》修订实施，共7章49条，新增17条、修改29条，修订涉及备案办理、服务规范、运行管理、监督检查、法律责任等方面的内容，初步建立起养老服务综合监管制度。

2019年10月31日召开的党的十九届四中全会也进一步提到将养老作为国家治理体系的重要内容，在本次会议中有了最新的表述，即积极应对人口老龄化，加快建设居家社区机构相协调、医养康养相结合的养老服务体系。党的十九届四中全会将医养结合，扩大为医养康养相结合，这不仅仅是简单拓展了内容，实际上，是融合"健康中国"战略而形成的新的发展思路，医养是以治病为主，康养将康复、健康等都加了进来，更加丰富了养老服务的具体内容，不仅需要为老年人提供医疗保障，建立医养结合的服务体系，还需要为健康老人提供更好的康养服务，这样等于确立覆盖更广泛的服务内容。

可以看出，近几年来国家和各种政策的出台进一步证实了国家对人民群众养老服务的重视。但总的来看，养老服务市场活力尚未充分激发，发展不平衡不充分、有效供给不足、服务质量不高等问题依然存在，人民群众养老服务需求尚未有效满足。

（二）老龄化凸显

2019年11月，中共中央、国务院正式印发《国家积极应对人口老龄化中长期规划》（以下简称《规划》），将应对老龄化上升为国家战略。《规划》明确了应对人口老龄化的重要意义和目标任务，而且给出了详实具体的应对措施，近期至2022年、中期至2035年、远期展望至2050年，以此指导未来三十年应对人口老龄化的各项政策。

根据国家统计局数据显示，我国人口老龄化的主要特点体现在以下几个方面：第一，老年人口规模庞大。我国60岁及以上人口有2.6亿人，其中，65岁及以上人口1.9亿人。全国31个省份中，有16个省份的65岁及以上人口超过了500万人，其中有6个省份的老年人口超过了1000万人。第二，老龄化进程明显加快。2010~2020年，60岁及以上人口比重上升了5.44个百分点，65岁及以上人口上升了4.63个百分点。与上个10年相比，上升幅度分别提高了2.51和2.72个百分点。第三，老龄化水平城乡差异明显。从全国看，乡村60岁、65岁及以上老人的比重分别为23.81%、17.72%，比城镇分别高出7.99、6.61个百分点。老龄化水平的城乡差异，除了经济社会原因外，与人口流动也是有密切关系的。第四，老年人口质量不断提高。60岁及以上人口中，拥有高中及以上文化程度的有3669万人，比2010年增加了2085万人；高中及以上文化程度的人口比重为13.90%，比10年前提高了4.98个百分点。10年来，我国人口预期寿命也在持续提高，2020年，80岁及以上人口有3580万人，占总人口的比重为2.54%，比2010年增加了1485万人，比重提高了0.98个百分点。[1]

根据《大健康产业蓝皮书：中国大健康产业发展报告》，2050年我国60岁及以上老年人口数量将达到4.83亿人，老年人口总消费额达到61.26万亿元，分别是2020年的1.89倍、8.73倍。蓝皮书指出，老年人口是养老服务需求的主体，中国人口老龄化和老龄人口高龄化都呈现逐步加深态势。根据历次全国人口

---

[1] 国家统计局．国务院第七次全国人口普查领导小组办公室负责人接受中新社专访［EB/OL］. http：//www.stats.gov.cn/ztjc/zdtjgz/zgrkpc/dqcrkpc/ggl/202105/t20210519_1817705.html.

普查数据和有关人口预测的结果，60 岁及以上老年人口占全国总人口的比例，由 1982 年的 7.63% 持续增加到 2050 年的 34.1%；65 岁及以上老年人口占全国总人口的比例，由 1982 年的 4.91% 持续增加到 2050 年的 28.1%；80 岁及以上老年人口占 60 岁及以上老年人口的比例，由 1982 年的 6.59% 持续增加到 2050 年的 22.36%。

汹涌而来的白发浪潮对我国养老福利事业造成了极大的压力，使尚未形成完善体系的我国养老服务面临着严峻的挑战和考验。《中国老龄产业发展预测研究 2014》的数据显示，我国养老产业市场预计到 2030 年将达到 22.3 万亿元。在"市场潜力巨大，行业优先布局者将有望打开万亿市场空间"的愿景下，各路资本纷纷涌入养老市场，以解决由老龄化带来的各种养老问题。

（三）客观需求

随着我国家庭日趋小型化，家庭养老功能逐步弱化，以及人们生活水平的不断提高，人们对社会养老服务功能的强化和养老服务形式的多样化提出了新的要求。据中国老龄科学研究中心数据显示，2009 年全国城市老年人空巢家庭的比例已经达到 49.7%，与 2000 年相比提高了 7.7 个百分点。大中城市的调查显示，老年人的空巢家庭比例已经达到 56.1%，与发达国家 70%~80% 的比例相比，我国老年人空巢比例持续增加的趋势将是不可逆转的。并且 85% 以上的老年人有享受居家养老的意愿，而选择住养老院等养老机构养老的只占 5%~8%。另外，调查结果显示，我国城市中 48.5% 的老年人有各种各样现实的养老服务需求，其中需要家政服务的占 25%，需要护理服务的占 18%，需要聊天解闷儿的占 13.79%。目前我国城市居家养老服务需求总的满足率只有 15.9%。由于我国普遍呈现"421"的家庭结构，使得老年人口对养老服务的需求也在递增。①

（四）供给不足

目前，我国老年医疗机构、康复机构、护理机构、安宁疗护机构数量严重不足，人员、服务能力严重不足，这和老年人的迫切需求差距非常大。其中，尤其是针对高龄、失能老年人的上门健康服务严重不足。随着家庭小型化、空巢化等，越来越多家庭面临照料者缺失的问题。

另外，对于失能和半失能老年人的日常医疗护理需求，重点需要解决"谁照

---

① 中国老龄科学研究中心. 老龄社会十大议题（2021）重磅发布 [EB/OL]. http://www.crca.cn/index.php/16-research/143-2021.html.

护"的问题。我国经济尚处于高速发展阶段,现阶段政府在全面发展以机构养老为主的老年人福利事业方面受财政支出的限制。相关数据显示,以上海为例,2016 年每增加一张养老床位,必须投入 5 万~15 万元的资金成本。上海 2016 年养老床位占老年人口的比例为 1.5%,如果未来三年要提高到 3%,就要净增加 3 万张左右的床位,以每张床位平均投入 10 万元计算,那就意味着三年内需投入资金约 30 亿元。① 而我国老龄化日趋严重,与养老服务的市场需求相比,现阶段养老服务供给明显不足,并且服务范畴小,不能满足人们的养老需求。那么在我国"未富先老"的严峻形势下,必须按照我国社会经济发展的实际情况,走出一条具有中国特色,基本满足我国老年人需求的养老新路径。

二、研究意义

(一) 完善我国养老服务体系建设,满足日益增加的养老服务需求

支持养老机构运营社区养老服务设施,上门为居家老年人提供服务。将失能老年人家庭成员照护培训纳入政府购买养老服务目录,组织养老机构、社会组织、社工机构、红十字会等开展养老照护、应急救护知识和技能培训。大力发展政府扶得起、村里办得起、农民用得上、服务可持续的农村幸福院等互助养老设施,提升医养结合服务能力。促进现有医疗卫生机构和养老机构合作,发挥互补优势,简化医养结合机构设立流程,实行"一个窗口"办理。对养老机构内设诊所、卫生所(室)、医务室、护理站,取消行政审批,实行备案管理。开展区域卫生规划时要为养老机构举办或内设医疗机构留出空间。医疗保障部门要根据养老机构举办和内设医疗机构特点,将符合条件的按规定纳入医保协议管理范围,完善协议管理规定,依法严格监管。具备法人资格的医疗机构可通过变更登记事项或经营范围开展养老服务。促进农村、社区的医养结合,推进基层医疗卫生机构和医务人员与老年人家庭建立签约服务关系,建立村医参与健康养老服务激励机制。有条件的地区可支持家庭医生出诊为老年人服务。鼓励医护人员到医养结合机构执业,并在职称评定等方面享受同等待遇。实施"互联网+养老"行动,持续推动智慧健康养老产业发展,拓展信息技术在养老领域的应用,制订智慧健康养老产品及服务推广目录,开展智慧健康养老应用试点示范。促进人工智能、

---

① 中华人民共和国中央人民政府. 上海嵌入式社区服务打造居家养老新模式[EB/OL]. http://www.gov.cn/xinwen/2021-05/21/content_5610223.htm.

物联网、云计算、大数据等新一代信息技术和智能硬件等产品在养老服务领域深度应用。在全国建设一批"智慧养老院",推广物联网和远程智能安防监控技术,实现24小时安全自动值守,降低老年人发生意外的风险,改善服务体验。运用互联网和生物识别技术,探索建立老年人补贴远程申报审核机制。加快建设国家养老服务管理信息系统,推进与户籍、医疗、社会保险、社会救助等信息资源对接。加强老年人身份、生物识别等信息安全保护(工业和信息化部、民政部、发改委、卫生健康委员会按职责分工负责)。

(二)推进养老服务与其他产业结合,促进养老服务新形态的发展

总的来看,我国养老服务市场活力尚未充分激发,发展不平衡不充分、有效供给不足、服务质量不高等问题依然存在,人民群众养老服务需求尚未有效满足。本研究进一步探讨了新型养老服务模式,即智慧养老、旅游养老及文化养老等模式。同时,分析了其他市场进入养老服务业的可行性与必要性,如保险业参与养老服务建设、PPP模式参与养老产业建设以及医疗机构参与养老产业建设等。养老服务供给的多样化有效地加强了养老服务产业与其他产业的联系,强化信用为核心、质量为保障、放权与监管并重的服务管理体系,大力推动养老服务供给结构不断优化,社会有效投资明显扩大、养老服务质量持续改善、养老服务消费潜力充分释放,确保到2022年在保障人人享有基本养老服务的基础上,有效满足老年人多样化、多层次养老服务需求。

(三)促进乡村振兴战略的实现,支持健康中国的发展

2016年8月,在中共中央、国务院召开的全国卫生与健康大会上,习近平总书记强调指出,"没有全民健康,就没有全面小康。要把人民健康放在优先发展的战略地位,以普及健康生活、优化健康服务、完善健康保障、建设健康环境、发展健康产业为重点,加快推进健康中国建设,努力全方位、全周期保障人民健康"[1]。党的十九大报告明确提出"实施健康中国战略",指出"人民健康是民族昌盛和国家富强的重要标志。要完善国民健康政策,为人民群众提供全方位全周期健康服务"[2]。中国面临较大的养老压力及劳动人口下降的压力。人口老龄化

---

[1] 中华人民共和国中央人民政府. 全国卫生与健康大会19日至20日在京召开[EB/OL]. http://www.gov.cn/guowuyuan/2016-08/20/content_5101024.htm.

[2] 习近平:决胜全面建成小康社会 夺取新时代中国特色社会主义伟大胜利——在中国共产党第十九次全国代表大会上的报告[EB/OL]. http://www.12371.cn/2017/10/27/ARTI1509103656574313.shtml/.

程度的加剧意味着未来面临更大的医疗和健康支出，健康保障和健康服务需求迫切，需要加快健康保险和健康管理，应对老年人口医疗、保健、护理等需求增长。积极应对人口老龄化，构建养老、孝老、敬老政策体系和社会环境，推进医养结合，加快老龄事业和产业发展。发展多层次养老服务能够满足老龄人口的切身需要，更能进一步防范疾病的严重性，养老服务能在一定程度上提高人们的生活质量、疾病的治愈率，能够提高人们对健康管理的专业认识，促进健康中国的建设。

（四）创新科技与智能的普及，推动养老事业系统性发展

大数据、人工智能、物联网云计算、5G等创新科技，为"科技+养老"的融合发展提供动力支持，将会使养老服务更便捷、高效。在养老服务数据的基础上，分析客户行为、建立客户画像、洞察客户需求。创新科技促进传统养老模式向创新型方向发展，促进"智慧养老"的形成，并为老年人养老提升精准服务能力。另外，物联网促进了可穿戴健康设备的普及，能够更加便捷地采集和传输健康数据。5G的应用发挥设备连接能力和传输速率流量的优势，通过智能终端设备，持续收集、积累用户健康数据，实现连续准确检测，支持提供精准高效的养老服务。

第二节 研究现状

一、养老服务模式的前沿性研究

1. 居家养老

关于养老服务模式中居家养老的前沿性研究主要聚焦在以下几方面，通过梳理文献，进一步探究居家养老未来发展趋势。曹立前和王君岚（2019）提出老龄化背景下，在居家养老愈发普遍、服务需求愈加迫切的情况下，政府购买居家养老服务成为应对人口老龄化的必然选择。朱丽华（2017）、林萍（2018）、刘静丽（2018）、王颖（2019）、周小丽（2019）及曾杰（2019）选取了当前国内互联网居家养老模式的案例并从中分析了"互联网+居家养老"结合的必要性和可行性。李泽慧（2018）等探索了基于O2O平台的居家养老服务模式的新发展，并基于PEST-SWOT管理模型进行实证分析，找出实际问题并提出合理化建议。

肖来付（2017）、张孟强（2017）及高辉等（2017）基于供给侧改革视角，在分析美国自然形成退休社区养老服务的基础上，选取杭州市代表性社区实地调研居家养老服务使用情况及满意度，并通过因子分析找出杭州居家养老服务供给存在的问题。夏敬和张向达（2017）提出居家养老服务的精准发展，并认为其关键是处理好政府、社会与市场的关系，明确居家养老服务的供需定位，把握居家养老服务业的事业和产业双重属性。同样，张姝（2018）及王向南（2018）提出政府、市场、家庭三方密切合作的服务模式，以此解决社区养老服务公共设施供给不足、突发事件应急处置衔接机制不协调问题，突破信息失灵、制度供给、衔接配合、理念观念等方面的障碍。侯晓艳和雷云云（2019）探讨PPP模式在社区居家养老中的优势，分析社区居家养老服务PPP项目的现状及不足，针对社区居家养老服务PPP项目存在的问题提出一些建议。

2. 社区养老

关于养老服务模式中社区养老的前沿性研究主要聚焦在以下几方面，通过梳理文献，进一步探究社区养老未来发展趋势。马文静等（2019）、徐莉和冀晓曼（2019）基于对武汉市10个社区共295位老年人的问卷调查数据，通过因子分析归纳社区养老服务满意度状况，并采用多元回归分析法对社区养老服务满意度影响因素进行研究。丁慧炯（2019）研究了政府合作战略框架下的社区养老体系构建，同区域和不同区域政府间基于社区养老的协作机制出现问题时，部门间的"协同"是社区养老"善治"的核心。盖宏伟和刘博（2019）认为为了更好地满足养老需求，需要建立科学完善的养老服务供给运行机制，让社区养老发展行稳致远。依据当前国内外城市社区养老服务供给的发展成果，构建城市社区养老服务供给的理想框架，分析机制运行过程中的制约因素，可得出具有针对性的建议。李扬等（2019）通过对黑龙江齐齐哈尔市当地的自然环境和人文环境的综合考虑，提出全新养老模式"共享养老社区"的可行性和需要的条件。徐淑珍（2018）、吴岚（2019）、徐博（2019）、刘公博（2019）以及徐晓芸（2019）提出智能社区养老模式可以实现智能社区家庭护理服务在中国的深度整合，促进两者深度融合的关键在于加强政府顶层设计，建立全面的信息服务平台，促进老年护理服务信息化发展。周全德（2019）从性别平等与社会支持交融互补的视角，进一步研究了新时代老年妇女对于居家社区养老服务的更高需求，并提出满足这种需求的社会舆论支持及社会政策支持之间尚存在着较大差距。

3. 机构养老

关于养老服务模式中机构养老的前沿性研究主要聚焦在以下几个方面，通过梳理文献，进一步探究机构养老的未来发展趋势。夏涛（2019）在分析政府购买机构养老服务各主体相互关系的基础上构建了"地方政府部门—机构养老服务供给源—机构养老服务需求家庭"三者之间的演化博弈模型，对影响三个博弈主体方行为策略选择与演化的因素进行了深入分析，解析了三个博弈主体方各自行为达成稳定状况的条件。陈建（2017）以 L 市和 H 市为例，对社会工作介入机构养老进行可行性分析，该机制能够有效帮助养老机构解决老人自身存在的问题，并且帮助机构弥补管理机制和服务质量的不足。陈宏等（2015）、张阳（2017）、周颖颖（2017）、戚凌昕（2018）、钱学明（2018）、封锬磊（2018）及成洁楠（2018）结合养老服务与医疗服务对医养结合开展探究，通过对福利多元理论、积极老龄化理论、社会交换理论和需求级别理论四大理论深层次剖析，发现医养结合型机构养老与这四个理论在实际养老问题上相契合，从理论上论证了医养结合型机构养老是未来养老发展的必然趋势。吴敏（2011）及程阳（2017）针对成都市公办与民办养老机构、成都市老年人和成都市市政府，采用结构性访谈法和实地调查研究法收集大量机构养老资料，并通过供给和需求的对比总结了成都市机构养老目前存在的问题并对问题产生的原因进行分析。黄蓉（2018）以 X 市生态休闲养老服务中心项目为例，进行 PPP 模式下机构养老服务的政府价格规制例证分析，以期提出政府价格规制和监管的路径建议。尹鑫（2016）、王佳（2017）及纪竞垚（2019）基于 2014 年"中国老年社会追踪调查"（CLASS）数据，利用联立方程模型探讨了家庭照料对老年人机构养老意愿的影响。结果显示，有 31.95%的老年人具有机构养老意愿，且健康状况下降是导致老年人入住养老机构的主要原因。

4. 智慧养老

郭骅和屈芳（2017）通过文献资料收集和案例分析，梳理智慧养老平台的内涵，从需求出发发掘平台的技术、业务特征，构建基于信息整合、优于知识发现、面向业务运营的智慧养老平台。刘伟祎（2019）通过对国外智慧养老的经验和问题的研究，进一步探讨我国智慧养老的未来发展对策。席恒（2014）与孙梦楚（2016）对国内外养老智慧外平台系统、智能家居、养老机器人、智慧养老产品开发现状进行了系统梳理，为国内智慧养老产品开发提供了较重要的参考，同时分析了智慧养老行业发展存在的问题并提出了建议、对策。张玉琼（2015）及朱海龙（2016）通过构建一个各类资源广泛汇聚、各方互动支持的失能老年人智慧养老服务平台，从失能老年人自身和社会支持两方面增加失能老年人获取异质性网络的可能性，成为弥合和重建失能老年人社会网络的一个创新途径。王宏禹（2018）在文中探讨凝聚共识，理性地看待、恰当地运用智能技术提供养护医三位一体的养老服务，实现智慧养老的目标。同时，进一步分析养护医三位一体精细化养老服务体系的构建与发展。

二、其他机构参与养老服务模式的现状分析

1. 保险业参与养老服务模式

付歆然（2018）通过选取恒大人寿保险有限公司"恒享福"养老社区的案例引出保险公司投资养老社区的新模式，针对保险公司养老社区项目方面的投资、发展"医养结合"新型养老保险模式进行了深入论证。路宁宁（2014）及高帆（2017）分析了我国养老社区的发展现状和存在的问题，并以"泰康之家—活力养老"和"合众优年—乐享养老"这两个典型的寿险公司投资的养老社区为例，阐述了我国寿险公司在投资养老社区的过程中对产品设计、运营特色等基本内容的介绍。王旭（2018）试图从保险企业投资养老社区的政策背景出发，以美国持续照料退休社区（CCRC）和中国太平人寿保险有限公司高端养老社区为主线，从保险企业投资养老社区的风险分析、保障措施等角度，提出了建议和下一步的展望。尹一（2016）、燕妮（2018）研究认为，通过与健康、养老、医养相结合，保险公司可以在保险事故发生前后降低自身的赔付成本，并能够为医院带来稳定的现金流、降低消费者的支出；可以通过运营养老社区获取服务费、房屋月费、保险费、理财产品收费等，实现更多盈利。在保险公司的支持下，健康养老产业也将进一步发展，使行业参与者及最终的消费者获得更多收益。李长海（2015）分析中国人寿保险（集团）公司主动探索开展包括养老金融、养老养生服务以及医疗健康服务等在内的养老健康全产业链服务，使养老金的资金管理与养老健康服务有序衔接。沈剑（2015）研究中国人寿养老社区通过什么样的商业运营模式，有效实现资产保值增值和缓解养老问题等，探究保险公司与养老服务的合作机制。

2. PPP 模式下的养老服务模式运行

郝涛等（2017）探索通过建立健全 PPP 模式下社会养老服务扶持与监管体系、处理好政府引导与市场主导的关系、创新养老服务产业 PPP 融资模式等路径来增加养老服务的有效供给。郝亚林（2019）对 PPP 模式下养老项目风险分担的理论进行了阐述，然后从宏观、中观、微观三个方面对 PPP 养老项目的风险进行了识别，最后分析了风险分担的方式。孟家娃和韩俊江（2015）、宋程（2018）、王小（2018）及张韬（2018）从我国养老机构面临的问题出发，提出了以 PPP 模式对养老机构进行开发建设的可行性与必要性，进而对养老机构商业模式进行了进一步探索。刘军林（2017）及章萍（2018）提出新时代居家养老

服务 PPP 模式的有效运作，尚需完善政府与社会资本合作的制度体系、探索因地制宜的 PPP 运作模式、设计合理的投资回报机制和绩效评价体系。黄锦（2018）通过分析目前我国养老地产的运营模式、PPP 模式下养老地产的现状以及存在的问题，探讨了 PPP 模式与养老地产相结合发展的对策，以促进 PPP 模式养老地产发展。

三、文献总结评述

综上可知，目前，有关养老服务模式的研究成果较为丰富，学术界和研究机构综合运用定性、定量等多种方法，既有诸如研究养老服务模式定义内涵、运行模式，以及发展现状和路径探究等定性分析的内容；也有诸如探讨死亡率预测模型、养老服务供需影响因素分析以及养老服务的市场运行效率研究等定量分析的研究。这些文献也从不同的视角阐述了养老服务模式的前沿性研究以及其他机构参与养老服务模式的现状，但是仍然存在不少问题有待进一步研究，包括对养老服务基本内涵的探讨仍不深入具体、供需关系影响因素的讨论不够全面、信息技术下的服务不够高效、养老服务市场仍发展缓慢等。同时，这些研究也没有系统化地对养老服务及其应用的理论与实践进行综合论述。那么可以看出，现有研究成果并未系统研究我国养老服务产业及其发展状况，尤其是新常态背景下，在老龄化日趋严重、长寿风险加重的新形势下，关于人们的未来养老问题以及养老服务的管理和发展机制等关键问题并未进行全面而深入的研究。

第二章

养老服务基本理论框架

第一节 人口老龄化相关概念

风险的基本含义是损失的不确定性,也表明一定情况下的概率度分布。当损失概率是0或1时,就没有风险。很多学者把风险定义为损失的不确定性,这种不确定性又可分为客观的不确定性和主观的不确定性。有的保险学者把风险定义为一个事件的实际结果偏离预期结果的客观概率,也就是实际发生与预期结果之间存在离差情况。那么可以从风险的基本定义和本质出发来阐述长寿风险的定义。

一、长寿风险

长寿风险指死亡率长期趋势的不确定造成的风险。也就是说,死亡率未来有上升的可能也有下降的可能,这种趋势是不确定的,很难准确预测到(Cairans, Blake and Dowd,2006a)。具体来说,长寿风险是指个人或群体人口的平均实际寿命超过平均预期寿命而造成的养老金储备不足的风险。长寿风险分为个体长寿风险和总体长寿风险。个体长寿风险是指退休后老年人手中的财富量不足以支撑其晚年消费的风险。总体长寿风险是指,群体人口的预期寿命上升使政府和企业的负担加重的风险以及人口死亡率下降的速度高于制订年金产品价格时所预定的速度而造成的保险公司亏损的风险。

（一）个体长寿风险

个体长寿风险（individual longevity risk）是指个人未能精确预测自己将来的剩余寿命，在其生存年限内的支出超过了自身所积累财富，使事先准备的养老准备金不足以支付老年生活开支的风险。个体长寿风险的产生原因一般是人们未能够准确预测未来生命年限，自身积累的财富不足以支持未来的生活；或是其并未参加任何养老金计划，只依靠个人储蓄养老；提前退休，过早地使用养老金，积累财富使用过快。如果个人没有参加养老保险，则这一风险造成的财务压力完全由自己负担。一般来说，对于个体长寿风险的管理可以通过强制个人参加国家社会养老金计划，适当延迟退休年龄，为退休生活积累充足的财富；并积极参加补充性的养老保障计划，如购买企业年金计划、商业保险等来实施。

（二）总体长寿风险

总体长寿风险也就是总体人群的长寿风险，也称聚合长寿风险（aggregate longevity risk），是指一个群体的平均生存年限超过了预期的年限，预期寿命系统性延长，年金或养老金计划提供者或保险公司的养老金实际支出大于预期支出，管理成本上升，形成巨大养老金缺口而带来的资不抵债的财务风险。由于群体长寿风险是系统性风险，它是整个养老群体寿命系统性延长所产生的风险，该风险是无法根据大数法则进行分散的系统风险（Milevsky, Promislow and Young, 2006；Cairans, Blake and Dowd, 2006a）。因此，无论是政府的社会养老计划、企业的养老金计划还是人寿保险公司的年金产品，都难以对聚合长寿风险进行有效的管理。该类长寿风险具有群体性，所以其影响是巨大的，对社会发展造成的后果比较严重。

二、老龄化

长寿风险和人口老龄化虽然存在密切的联系，但是两者是不同的概念，不能混淆。人口老龄化是人口在年龄结构方面发生变化，具体指某个地区或国家老年人口增多，少年人口减少，老年人口比例提高，它主要是由人口生育率降低、人口实际寿命延长造成的。按照世界卫生组织（World Health Organization）的规定，60周岁以上的人口确定为老年人口。我国《老年人权益保障法》第三条规定，老年人的年龄起点标准是60周岁，即凡年满60周岁的中华人民共和国公民都属于老年人。

"人口老龄化"是指总人口中因年轻人口数量减少、年长人口数量增加而导致的老年人口比例相应增长的动态过程。其包括两方面含义，一方面指老年人口相对增多，在总人口中所占比例不断上升的过程。另一方面指社会人口结构呈现老年状态，进入老龄化社会。按照联合国的定义，当一个国家或地区60岁及以上老年人口占总人口比重超过10%（传统标准），65岁及以上老年人口占总人口比重超过7%（新标准），即意味着这个国家或地区处于老龄化社会。中国目前已经开始面临人口老龄化带来的严峻挑战。根据中国老龄协会公布的数据，2019年末，全国0~15岁人口为24977万人，占总人口的17.8%；16~59岁人口为89640万人，占比为64.0%；60岁及以上人口为25388万人，占比为18.1%。我国16~59岁劳动年龄人口比上年减少89万人，但减少幅度比2017年和2018年分别缩小459万人和381万人；60岁及以上老年人口比上年增加439万人，增加幅度比前两年分别缩小565万人和420万人。劳动年龄人口下降幅度和老年人口增长幅度明显放缓，主要原因是1959~1961年期间出生人口相对较少，从而年满60岁退出劳动年龄人口，进入老年人口的人数大幅减少。[1] 这一数字远远超过联合国国际人口学会对人口老龄化的判定标准。《大健康产业蓝皮书：中国大健康产业发展报告》指出，2050年我国60岁及以上老年人口数量将达到4.83亿人，老年人口总消费61.26万亿元，分别是2020年的1.89倍、8.73倍。蓝皮书指出，老年人口是养老服务需求的主体，中国人口老龄化和老龄人口高龄化都呈现逐步加深态势。根据国家统计局公布的历次全国人口普查数据和有关人口预测的结果，60岁及以上老年人口占全国总人口的比例，将由1982年的7.63%持续增加到2050年的34.1%；65岁及以上老年人口占全国总人口的比例，将由1982年的4.91%持续增加到2050年的28.1%；80岁及以上老年人口占60岁及以上老年人口的比例，将由1982年的6.59%持续增加到2050年的22.36%。[2]

从宏观层面看，人口老龄化程度的加剧，给政府的社会保险计划带来了沉重负担；从微观层面看，也使老年人及其家人面临愈发严峻的收入不足问题。人口老龄化背景下如何解决好老年人的经济保障问题，已成为当前及未来中国最重要的社会问题之一。

长寿风险是由人口实际寿命延长高于预期寿命而导致的财务风险，表现为个人储蓄不足及国家养老金支付困难，一个国家或一个地区的长寿风险是由养老制度不完善造成的。综上所述，人口老龄化和长寿风险存在共同成因，即人口实际

---

[1] 中国老龄协会. 我国人口老龄化进程加速［EB/OL］. http://www.cncaprc.gov.cn/llxw/572.jhtml.
[2] 国家统计局，http://www.stats.gov.cn/tjzs/tjsj/tjcb/zgtj/202108/t20210813_1820663.html.

寿命延长，生育率降低，老年人口增多，形成老龄化社会，再加上社会养老保障制度的滞后性，造成了社会的长寿风险。

三、抚养比

抚养比是人口发展新形势下的一个重要概念，与长寿风险和人口老龄化概念一样经常用来量化人口结构和经济形态。抚养比又称抚养系数，是指在人口当中，非劳动年龄人口数对劳动年龄人口数之比。具体来说，抚养比越大，非劳动年龄人口数所占总人口数的比重越大，意味着具有劳动能力的人口承担的抚养人数就越多，与此同时带来的养老负担越重。一般将人口分为未成年人口、劳动力人口、老龄人口三大类，用这三类人口表示抚养比，则总抚养比（即赡养率）=（老龄人口+未成年人口）÷劳动力人口=老龄人口抚养比+未成年人口抚养比。实际上，这个系数主要体现了具有劳动能力的年轻人的社会负担大小。老龄人口抚养比则相对更为直接地度量了劳动力的养老负担。人口老龄化的结果将直接导致老龄人口抚养比的不断上升，因此老龄人口抚养比是老龄化社会中关注的重点。通过探究人口老龄化社会中抚养比这一系数的重要性，进一步描述长寿风险的到来与抚养比系数之间的相互联系，从而将长寿风险与抚养比指数和老龄化结合起来研究以说明之间的相关性。

我国年轻人的社会负担逐渐增大，老龄化问题越来越严重。如果保持原来落后的"养儿防老"方式进行养老，劳动力人口的社会负担问题将会越来越不可忽视，亟待新的更为有效的方式来解决这个问题。近年来，人口出生率和人口自然增长率屡创新低，而且劳动人口数量还出现下降。中国新闻社发布《人口与劳动绿皮书2019》，根据报告显示，中国人口负增长时代即将到来，将在2029年达到峰值14.42亿人，从2030年开始进入持续的负增长阶段，2050年减少到13.64亿人，2065年减少到12.48亿人，即缩减到1996年的规模。决定整个社会结构性变化力量的恰恰是人口的结构。当年轻人减少、孩童减少，而老年人口增加时，这将造成社会抚养压力加重。一个国家的最终生产力来源是年轻人，而老人奉献了年轻的生产期岁月，然后被后一拨年轻人所供养。

另外，在国际上来看，我国的老年人口比重和美国、日本、新加坡、韩国相比较低，但是比世界平均水平高出2.2个百分点。[①] 中国的养老负担重于亚洲的

[①] 国家统计局. 第七次全国人口普查主要数据结果新闻发布会答记者问[EB/OL]. http://www.stats.gov.cn/tjsj/zxfb/202105/t20210511_1817274.html.

新加坡和韩国，老龄化情况比较严峻。

第二节　养老服务模式政策发展

从20世纪80年代起，中国就开始找寻养老服务体制建设，结合中国的实际情况以及各地的实践效果，国务院、民政部、全国老龄工作委员会办公室等相继出台一系列政策文件。总体来看，按照养老服务空间布置格局的特征，养老服务体系可以划分为就地（place-based）养老与机构（institution-based）养老。其中，就地养老的宽泛定义为老龄人口分散在各自的住宿地养老这一行为；而机构养老是指专业性高的养老机构（如福利院、养老院、托老所等），聚集在一起统一地为老龄人群体提供福利性或有偿性的生活照料。就地养老又可进一步划分为家庭（family-based）养老与居家（community-based）养老。居家养老是家庭养老的扩展，在满足老龄人口分散性地居住在各自家庭中的条件下，再在社区规划的范围内为这一类老龄人口提供相应的养老服务。

自20世纪80年代以来，我国在城市养老服务体系发展中难免会遇到一些"瓶颈"，通过系统化的总结与整理后，从政策和实践来看，在中国城市养老服务体系的核心地位排名中，居家养老处于重要位置已经成为心照不宣的事实。本书针对实践中居家养老服务供给设施的低可达性（low level of accessibility）与老龄群体的低移动性（low level of mobility）两大主要问题的调节整理，探讨如何通过社区环境设计（实体空间）与信息化策略（虚拟空间）两个方面去实现养老服务业在居家中的可持续发展，创建智慧社区的生活模式，提高老年群体的晚年生活品质。

一、以居家养老为核心：基于政策和实践的演进路径分析

20世纪80年代至1999年：我国开始探寻搜索关于居家养老与市场化的机构养老服务体制系统。1982年，全国老龄工作委员会办公室成立了，但是由于财政收入的限制影响，无法面对与解决接踵而至的庞大养老服务需求问题。在这一背景下，国家开始向社会化的养老服务构想转变，重视在老龄群体服务中社会的影响作用。这一历史性的改变，为后来提出居家养老政策奠定了基础。

（1）重视社区服务业发展。1993年，国家民政部联同老龄办等发布《关于加快发展社区服务业的意见》，明确社区服务业的主要服务内容之一是"养老服

务";社区作为城市居民服务的重要基层组织,需提供养老服务等福利(服务)的设施设备。

(2)释放福利机构的运营和财政权利,减轻政府财政负担。民政部等分别在1994年与1996年发布《中国老龄工作七年发展纲要(1994—2000)》和《中华人民共和国老龄群体权益保障法》,文件中都提出了希望运用不同的方式方法去筹集建设老龄设施,并且鼓励和帮扶、支持社会组织或个人兴办养老院、敬老院、托老所、老龄公寓及老年医疗康复中心和老年文化体育活动场所等老年福利机构。在这一条件下,养老机构的经济来源不会仅仅限制在公共财政,而是更加多元化(如收取养老服务费用)。

总体来看,这一时期国家政策都在利导性地将养老服务的角度从个人家庭层次转向社会,并逐渐降低对政府公共财政的依赖。但同时,在没有形成市场和社会有效供给的条件下,忽视养老服务的准公共物品性质,过早地让政府承担财政压力,会造成社区养老服务设施体系发展变缓,私人养老机构的质量也无法得到保证并且缺失对其的监管。

2000年至今,居家养老的核心地位依然十分突出,机构养老市场化蓬勃发展。随着老龄化逐渐成为社会的重点难题,《关于加强老龄工作的决定》在2000年发布,文件明确指出"建立以家庭养老为基础、社区服务为依托、社会养老为补充的养老机制,逐步建立比较完善的以老年福利、生活照料、医疗保健、体育健身、文化教育和法律服务为主要内容的老年服务体系"。这是第一次提出建立一个包含家庭、社区、社会在内的养老机制,并重点提及了社区的养老服务。以"家庭养老"为基础转换为以"居家养老"为基础,反映出政府和家庭不再单独承受为老龄群体提供服务的责任压力,而是由除此之外包括社会、社区、市场等在内的各个层次主体来共同承担。这同时也反映出了中国应对人口老龄化问题的思路转变。2008年,民政部等发布《关于全面推进居家养老服务工作的意见》,这是第一个关于居家养老的政策性文件,标志着居家养老政策的正式出台,居家养老服务成为老龄化社会背景下工作的首要重点,具有划时代的影响力。在此背景下,各地政府也积极响应,构建出各自的城市养老服务体系目标。例如,2008年,北京在《关于加快养老服务机构发展的意见》中提出了"9064"的养老格局,即"到2020年,90%的老龄群体在社会化服务协助下通过家庭照顾养老,6%的老龄群体通过政府购买社区照顾服务养老,4%的老龄群体入住养老服务机构集中养老"。同时,2012年民政部发布的《关于鼓励和引导民间资本进入养老服务领域的实施意见》明确提出,鼓励民间资本参与居家和社区养老服务,发展养老机构或服务设施,参与提供养老服务等。这一意见有利于实现养老服务投资主体多种渠道化，缓解养老服务中供给与需求不平衡的问题。在具体的地方建设中，随着老龄市场需求的提高，也促进了机构养老的市场化快速发展。

总的来说，这一时期由中央到地方政府都明确以"居家养老"为发展的城市养老服务体系，同时市场化的养老机构也在各地以不同速度发展壮大，成为养老服务体系中不能缺少的重要组成部分。

二、居家养老促进邻里环境改善及信息化策略提升

近年来，中央和地方政府在财政方面均加大了对社区养老服务设施建设的扶持，但是老龄化的发展依旧长期性地领先于社区养老服务设施供给。居家养老的生活需求可以概括为"6个老有"："老有所养、老有所医、老有所为、老有所学、老有所教、老有所乐。"其中，老有所养是核心，也是其他"5个老有"的基础。在马斯洛需求层次理论基础上建立起的"6个养老"，反映出老龄群体在生理需求、安全需求、归属感需求、尊重需求和自我实现需求的5个层次。根据"6个老有"，一个完整的养老服务设施体系和类别包括：生活照料、医疗保健、安全防范、法律援助、心理咨询、精神慰藉、社会交往、文化娱乐、自我实现和技能培训等。具体的服务供给方包括政府、社区管理人员、公立/私营医疗护理团队、社会组织及志愿者。中国当前处于养老服务设施体系建设的初期阶段，在相对有限的预算下，如何将现在已有的养老服务设施服务的覆盖面扩大和质量提高变得非常重要。从空间上看，服务供给设施的低可达性（accessibility）与老龄群体的低移动性（mobility）是扩大当前居家养老服务覆盖面和质量的关键所在。从细节分析来看，由于我国正处在快速城镇化和信息化进程中，可以从信息化策略（虚拟空间）与社区环境设计（实体空间）两个方面改善居家养老服务的供给—需求体系，促进居家养老服务的时空匹配，提升居家养老服务的质量。

（一）建设居家养老服务信息支撑平台，提升养老服务设施可达性

除实体空间中步行环境的改进外，需求与供给间的信息欠缺及时沟通成为当前养老服务设施体系的另一挑战。居家养老服务体系面临的挑战主要来自养老服务设施便捷性和灵活性较差、养老服务质量难以衡量、管理效率低三方面。因此，除了在空间上加大养老服务设施供给外，互联网作为一个信息交流参与式平台，如若正确运用好，可以创新服务模式和提升已有养老服务设施的覆盖面和质

量。21世纪以来，中国在智慧社会发展上取得了较快进步（特别是城市），已经拥有最庞大的互联网用户规模和最具活力的互联网服务体系。在中国智慧社会发展下，互联网所给予的信息支撑平台（包括信息管理、组织管理、时空活动以及资本运作）部分，正是传统居家养老服务所缺乏的，从而可以更快更准地探索出满足老龄群体需求的服务类型，进而促进居家养老服务持续健康发展。

（1）互联网可以帮助居家养老老龄群体个人和家庭基本信息、服务需求与电子健康档案数据等信息管理平台的建设，从而精准地对应到每个个体的居家（或家庭）养老服务需求。

（2）互联网帮助居家养老参与方组织管理平台的搭建，从而有利于对养老服务供给方的管理。在信息管理与组织管理平台的基础上，信息互通又促进了养老服务需求与供给之间的匹配并能够实时衡量服务质量，提高服务监管水平和透明度。

（3）互联网的融入弱化了老龄群体活动的时空限制，提供给老龄群体更多的养老服务选择，使老龄群体在社区中的参与度和活跃度提高，有利于其身心健康。同时，互联网实时记录的大数据技术作为基础性支撑有效提升了社区养老服务质量，使老龄群体管理更加科学化与智慧化。随着老龄群体基数的不断增长以及中高收入老年群体比例的增加，居家养老服务平台的建设和运营也将吸引更多的资本投入其中，开发更多针对居家养老老龄群体的App，更好地衔接居家养老服务的供给与需求，从而构建老龄群体的智慧社区生活模式。

（二）打造安全、舒适、便捷的可步行邻里环境，便利老龄群体移动

近年来，许多研究证明，室内空间的宜老化设计和邻里社区环境会对老龄群体的生活质量和身心健康产生较大影响。值得注意的是，在日常生活中健康的老龄群体并不总是待在家里，也会进行适宜的户外活动和出行。随着体力的下降，老龄化人群的活动空间主要集中在可步行范围内离家500米的邻里社区。一方面，适度的步行保证老龄群体可以有一定的锻炼保持健康；另一方面，在邻里社区的步行让老龄群体与外界有了更多的交流交往机会，减少一系列的类似于被社会隔离而带来的心理问题。更为重要的是，步行的方式是让他们抵达相关养老服务设施、实现"6个老有"的主要方式。现代社会发展中，"效率"一词被过度追求，但是步行并没有在社区环境设计中像机动车那样得到同等的重视，从而影响了老龄群体在社区中的移动，关于这方面的问题以后需要给予一定的重视和改进。在可步行的邻里环境中，安全、舒适和便捷是三个重要方面。第一，老龄群

体减少步行出行和户外活动主要是对道路安全的考虑，从而影响他们的生活质量和身心健康。因此交通设施和管理规则方面需要更多地单独为老龄群体考虑，例如，在社区道路宽度、人行道占比、机动车限速、过马路交通信号灯时间长度等方面加大投入力度。第二，重点做好居住区缘石坡道、轮椅坡道、走道、楼梯、避雨设施、垃圾收集系统等社会基础设施的升级和改造。舒适的步行环境会增加更多的老龄群体出行和户外活动概率。第三，对步行道、广场、扶梯、垂直电梯、电动步道等串联家庭住址与社区养老服务设施的步行设施进行改进。便捷的步行环境有助于老龄群体更好地借助步行完成出行目的，从而有利于老龄群体的出行，更高效地实现"六个老有"的目的。

第三章

养老服务的基本概述和运营模式

第一节 养老服务的概念分析

一、养老服务的发展

国家在政策方面对刚刚起步的中国养老产业有着全力的支持和鼓励态度。国务院在2011年9月发布的《中国老龄事业发展"十二五"规划》中进一步明确了中国致力养老产业发展的方向。根据规划，开展社区照料服务，鼓励社会力量参与公办养老机构建设和运行，引导开发老年宜居住宅和代际亲情住宅，鼓励社会资本兴办具有长期医疗护理、康复促进、临终关怀等功能的养老机构等在"十二五"期间将会被大力发展。

2014年9月3日，财政部等四部门联合下发《购买养老服务工作的通知》，部署加快推进政府购买养老服务工作。通知明确，我国将在2020年基本建立比较完善的政府购买养老服务制度，推动建成具备完善的功能、适度的规模，覆盖城乡的养老服务体系。2017年10月18日，习近平同志在党的十九大报告中指出，要健全老年人关爱服务体系。

2019年，《国务院办公厅关于推进养老服务发展的意见》强调党中央、国务院高度重视养老服务，党的十八大以来，出台了一系列的政策措施，包括加快发展养老服务业、全面放开养老服务市场等，于此，养老服务体系建设取得十分好的成绩。但总的来看，没有充分激发出养老服务市场的活力，发展不平衡不充分、有效供给不足、服务质量不高等问题依然存在，人民群众养老服务需求尚未得到满足。应不断优化养老服务供给结构、扩大社会有效投资、持续改善养老服务质量、充分释放养老服务消费潜力。确保到2022年在保障人人享有基本养老服务的基础上，有效满足老年人多样化、多层次养老服务需求。

2019年5月，国务院总理李克强召开国务院常务会议，会议布置了进一步促进社区养老和家政服务业加快发展的措施，决定了对养老、托幼、家政等社区家庭服务业加大税费优惠政策支持。

2019年6月，中共中央政治局常委、全国政协主席汪洋主持第十三届全国政协第二十四次双周协商座谈会。他强调，健全养老服务体系关系到千千万万群众的福利，直接影响社会和谐和经济的发展。要深入学习贯彻习近平总书记关于做好养老服务工作的重要指示批示精神，坚持以人民为中心的发展思想，立足我国优秀传统文化、基本国情和发展阶段，发挥制度优势，加强统筹协调，积极构建出一个养老、孝老、敬老的社会蓝图，让老年人拥有幸福的晚年，晚辈后来人也有可期的未来。

二、养老服务的概念

我国养老服务的提供主体主要为政府和市场，其中由政府负责提供服务的部分称为养老服务事业，而由市场提供服务的部分称为养老服务产业。养老服务事业是指老龄服务工作体系，具体为一系列的工作计划、目标和任务；而养老服务产业是指为老年人提供特殊设施和服务行业的总和，是市场化、产业化的经济活动。养老服务事业和养老服务产业都是以老年人群体为服务对象，为老龄群体提供与生活保障相关的各种制度、设施、服务等。

本部分所指的养老服务业是指为老年人提供生活照顾和护理服务，满足老年人特殊的生活需求和精神需求的服务行业。狭义的养老服务业则是指仅为老年人提供产品和服务的企业和部门，包含了满足老年人衣、食、住、行、乐、医等各方面需求的多种行业。而从广义的角度看，养老服务业更加需要政府发挥主导作用加强扶持，由社区和社会服务机构为老年人提供疾病护理服务、居家养老服务、住养服务、精神文化服务等多种服务项目，从而成为可以满足老年人特殊生活需求的服务行业。因此，养老服务事业和养老服务产业是养老服务业包含的两个部分。本书所提到的养老服务业是对养老服务事业和养老服务产业的综合研究。

三、养老服务的分类

根据我国正面临的快速老龄化、"未富先老"的基本国情,以及中国传统的居住文化的特点,2011年2月,民政部发布《社会养老服务体系建设"十二五"规划》,即"9073"的养老引导方针:在社会化服务协助下,90%的老年人将通过家庭照料养老,7%的老年人通过购买社区照顾服务养老,3%的老年人入住养老服务机构集中养老。也就是说,我国的养老模式分为三大类:居家养老、社区养老和机构养老,即其中90%的老人进行居家养老、7%为依托社区养老、最后3%的老人进入养老服务机构进行机构养老。建设以居家为基础、社区为依托、机构为补充的多层次养老服务体系是新时期我国养老服务的主要原则。随着人们生活水平的不断提高、我国家庭逐渐小型化发展,家庭养老功能逐步弱化,人们对社会增强养老服务功能和多样化发展养老服务形式提出了新的希望与要求。传统的养老服务模式已经逐渐融入人们的生活,在此基础上又融合新中介产品逐渐扩展了模式种类,如以房养老、互助养老等模式。并且,互联网、大数据、物联网以及云技术等科技力量助推养老模式的发展,如智慧养老、旅游养老以及文化养老等创新养老模式兴起。所以,养老服务模式逐渐丰富起来,形成多层次服务理念,满足不同人群的需要,并形成精准养老服务(见图3-1)。

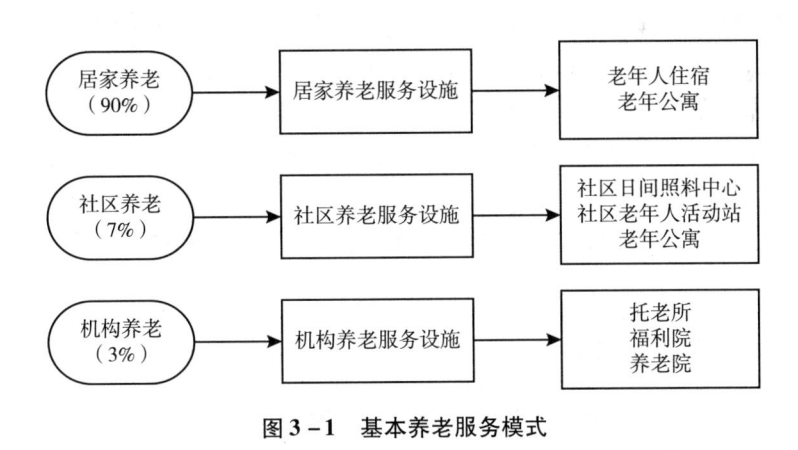

图3-1 基本养老服务模式

第二节 养老服务的基本模式

2016年5月27日,中共中央政治局就我国人口老龄化的形势和对策举行第三十二次集体学习，中共中央总书记习近平在主持学习时首次明确提出构建居家为基础、社区为依托、机构为补充、医养相结合的养老服务体系。2017 年 2 月，国务院发布的《"十三五"国家老龄事业发展和养老体系建设规划》中认为，以居家为基础、社区为依托、机构为补充、医养相结合的养老服务体系已初步形成。居家养老相比机构养老，就是老年人在自己家就可以享受到社会化的养老服务，完成其基本的日常生活等养老活动。此外，社区养老指的是老年人从所在的社区获得社会化的养老服务，而机构养老则是指老年人通过入住专业养老机构获得自身所需的社会化养老服务。但是在实际操作中，这三者之间往往无法绝对的分割开来。居住在家中的老人，可能是在社区或周边相邻的机构获得有些服务，而居住在机构的老人，也可以通过社区获取所需的社会化服务。总而言之，对居家养老、社区养老、机构养老的提法是一个相对概念，主要是由老年人获取社会化养老服务的场所决定的。

一、居家养老

虽然中国人的养老观念正在悄然改变，但大部分老年人还是不愿被送到养老院去，而普遍追求在家养老。居家养老是三大养老模式中最普遍的一种，占比约为 90%。居家养老由大连市首创，它最大的特点是解决了社会养老机构不足的困难，将大龄下岗女职工和缺乏生活照顾、需要居家看护的孤老这两个困难群体的需要相结合，调动社会和企业的力量出资建立家庭养老院，成为使老人、养护员、政府等多方受益的良好模式。2015 年 5 月 1 日起，《北京市居家养老服务条例》正式实施。北京居家养老子女带薪护理政策已于 2016 年出台。现存的居家养老模式并不能满足老年人在健康、安全、快乐等方面的需求，于是需要在传统的居家养老模式上进一步探索创新，尽力满足老年人物质和精神上的需要，增加其幸福感。

（一）居家养老服务内涵

居家养老不等同于家庭养老。虽然两者都围绕着"家"，但是一字之差，内涵和外延截然不同。传统的家庭养老模式是一种反哺式的模式，其责任主体是家庭或家族，以家庭为载体、单纯的血缘关系为纽带，依靠家庭成员之间的相互依存。如果说家庭养老是依据血缘纽带建立的封闭式养老模式，着重于养老服务中的家庭单方责任，那么居家养老就是消除这种封闭的纽带，依靠社会关系连带起来的开放式养老模式，注重家庭、政府与社会的多方责任。居家养老（服务）将家庭养老和社会养老有机结合，把社会化的为老年人服务延伸至家庭。总结来说，居家养老以家庭为核心、以社区为依托、以专业化服务为依靠，为居住在家的老年人提供以解决日常生活困难为主要内容的社会化服务。服务内容包括生活照料与医疗服务以及精神关爱等。主要有由经过专业培训的服务人员上门为老年人开展照料服务和在社区创办老年人日间服务中心为老年人提供日托服务两种形式。居家养老的基本支持系统是社会关系，具有一定的公共服务属性。

居家养老服务也不等同于传统的家政服务。传统的家政服务一般是由家政服务公司和专业的家政服务人员来执行，其服务内容主要倾向于保洁、家务、陪护等相关内容。而居家养老服务的专业性强、精细度高，通常由专业机构、专业群体提供。通常根据居家老年人的自身相关需求来设定专属的服务内容与项目，既包含家务、陪护等侧重生活照料的传统家政服务，也包含卫生保健、康复护理等医养结合这些专业性较强的服务，同时重视老年群体的心理和精神层面的需求，提供心理慰藉、临终关怀等方面的服务。同时，还会根据老年人的需求设置紧急救助、信息开发、老人代购等服务。

居家养老是老年人居住在家庭与社会服务相结合的一种新型养老模式，也是我国目前探索较多的养老模式，其特点主要有：（1）与机构养老（养老院等）相比，最大特点是老人在自己家中养老；（2）虽然居住在家里养老，但以社会服务为主，与家庭养老是不同的；（3）一种以居家为形式、社区为基础、国家制度及法律法规为保障，家庭养老和社会养老相结合的新型养老模式，是对传统家庭养老模式的补充与更新；（4）是经济社会发展到一定阶段的必然产物，不仅仅考虑老人的基本生活需求，还强调人文关怀、情感交流、物质养老和精神养老的社会环境。总之，居家养老既是一种"半社会化半家庭式"的养老方式，又被形象地称为"没有围墙的养老院"。

通过以上分析可以看出，社区是居家养老服务的重要平台，发挥着支撑作用，是社区居民承接社会支持的重要力量和渠道，也是政府为社区老人提供政策支持的纽带。现在比较常见的运行模式如图3-2所示。在该模式下，社区原有的部分服务工作转接到社会组织和社会工作机构上，社区回归到自身的资源优势层面上，转而为社会组织和社工专业服务的开展搭建阵地，提供支持和保障。社会组织主要是指社会组织的导入和社区本土社会组织的培育，是社区居家养老服务开展的重要载体。目前，随着社区老人需求服务的不断专业化和多样化，社会工作机构以其独特的专业服务优势，逐渐成为社会组织参与社区居家养老中最主要的力量。就其参与形式而言，社会工作机构一般通过招投标的形式进入社区参与居家养老服务，通过发挥管理和组织社工的作用为老年人提供专业化的服务。

社会工作者作为社区居家养老专业服务的直接提供者,秉持专业的"助人自助"价值伦理,掌握专业的"为老服务"技术方法,通过专业化的个案、小组和社区活动等为老年人提供心理疏导、资源连接、能力提升以及自我实现等多元化的服务。同时,在该模式下,社会工作机构往往会进一步开发和利用社会资源,引进志愿者等其他社会力量参与。

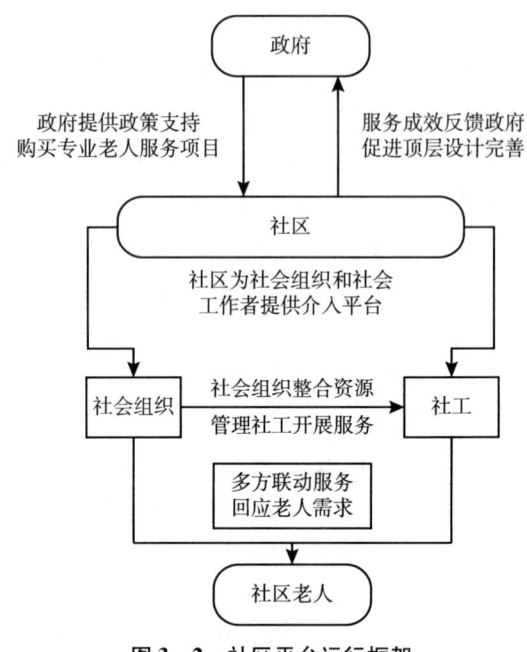

图 3-2 社区平台运行框架

(二) 居家养老服务内容

居家养老服务项目种类比较多,主要可汇总为以下六个方面:

第一,生活照料。各种家政服务,如家庭清洁、料理家务、维护维修、代为购物等一般照料和陪护等特殊照顾的服务。其中还包括送餐服务:针对不同自理能力的老人有定点用餐和上门送餐两种服务。

第二,医疗保健类。建立健康档案,为老年人提供陪护、陪伴看病、疾病防治、康复护理、心理卫生、健康教育等服务。

第三,文化教育类。设立老年人活动中心,组织老年人开展棋牌娱乐、读书看报、知识讲座、学习培训、书法绘画、电视电影、戏曲评书、广场舞蹈健身、民族演唱等丰富多彩的老年文体活动。

第四，法律维权类。为老年人提供法律法规咨询、法律援助及维护老年人赡养、财产、婚姻等合法权利的服务。

第五，心理支持（治病、护理、传授养生之道等）。如保健医生免处方费亲自上门为老年人看病；保健访问者上门为老年人传授养生之道，帮助老年人预防疾病，传授包含保暖、防止瘫痪、营养等方面的知识。另外，还规定了为老年人提供的特殊服务，包括视力、听力、牙齿、精神等方面。

第六，志愿服务类。为老年人提供邻里互助、定期看望、电话问候、谈心交流等服务。

社区居家养老相较于传统的家庭养老和机构养老，具有很大的优势，它以更人道的原则融合了传统的家庭养老和集中院舍养老的优势，满足老年人希望在家养老的愿望，更注重对老年人心理和情感上的关怀，提高了老年人生活的质量。

（三）居家养老服务优势

通过分析居家养老服务的内涵和内容，可以看出居家养老服务在所有服务模式中占比较大，确实有一定的独特优势，这主要体现在以下几个方面。

（1）服务体系人性化。在社区的组织下，老人们的生活变得多姿多彩起来，可以聚在一起喝茶聊天、跳舞唱歌。如此一来彼此的交流增加了，精神层面也丰富起来。社区养老所构成的"家"，不仅仅是狭隘的由亲属血缘关系组成的家庭概念，而且是广义的延伸到社区这个"大家庭"。在这种具有家庭氛围的服务背景下，有了社区护理人员的陪伴和照顾，很多独居老人愿意接受社区居家养老服务。

（2）节约养老成本。机构养老所需要支付的费用很高，而家庭养老则需要子女牺牲工作时间来照顾老人，这是大多数老人所不愿接受的。相比以上两种养老方式，社区居家养老便成了最为经济合理的选择，它不仅可以提供专业化上门服务，也为子女分担赡养老人的责任；与此同时，政府的积极扶持也使社区居家养老服务的成本降低，甚至是无偿的。

（3）符合中国人的传统观念。在传统观念里，老人有子女却选择养老机构会暗示着子女不孝，对家庭成员是有损面子的事。据调查显示，大多数老年人不愿离开自己多年的家去养老机构生活。一些居住在城市里的老人，尽管经济、医疗方面都得到了保障，但因很少与子女或亲人交流，所以倍感孤独。如果有人充当"亲人"的角色，同时也可以照顾他们的生活起居，无疑是最好的选择。如此看来，社区护理人员的照顾成了最佳选择，让老人在心理和面子上都容易接受。

（四）"互联网+"居家养老服务模式

"互联网+"居家养老服务模式是指借助互联网的大数据挖掘、信息获取交换等功能，以及物联网的服务器、计算机、移动终端设备等设施设备，在互联网、物联网以及移动通信网开放、平等、兼容、创新的基础上，辅之以移动通信网来拓展互联网的运用普及面和空间，进而为社区快速整合社会各方资源，更加方便快捷地了解养老需求与各方信息，精准掌握全面信息，使养老资源得到最优配置，深化我国养老服务模式。

2017年，国务院颁布的《新一代人工智能发展规划》中明确提出，2030年我国的人工智能理论将达到世界领先水平。其中尤为重要的是"智慧社区"进入了人们的视野，越来越多的智能、信息化元素融入了人们的生活，这不仅改变了人们的生活方式和生活理念，也满足了人们的个性化需求。

提高信息资源的透明度。在现阶段的社区居家养老服务模式下，老年人和社区之间常常出现信息不对称的情况。今后应当更多地借助互联网的及时和灵活性，实时地将老年人的需求反馈给社区养老机构，随后养老机构再根据这些需求信息准确分配老年护理服务资源。互联网具有许多功能，如大数据集成、收集信息、存储信息、实时互通等，通过其功能为老年人建立电子信息库，了解老年人的基本身体健康状况、养老需求等信息，从而建立一个老年人居家养老服务信息平台。该平台可以随时更新养老信息及需求，老年人为需求端，养老服务信息平台为供给端。老年人通过手机App在这一平台表明自己的需求，社区养老机构在收到老年人下单要求后，整合社区内部资源，或联系社区外的养老资源提供服务，从而更好地调配养老服务资源。

提升养老服务质量。互联网的融入使养老服务一改以前的被动服务模式，主动、及时地为老年人提供养老服务。其一，当互联网融入后，社区可以通过社区养老服务在线平台分析老年人的身体状况，甚至积极主动上门为老年人提供养老服务，这样可以极大提高养老服务效率。其二，当服务结束之后，老年人可以通过社区养老服务信息平台在线对其服务填写服务反馈表进行满意度评价，建立相应奖惩机制和评估反馈机制。社区在收到这些反馈信息后根据原因做出相应的调整。其三，通过互联网，可以设立社工服务人员在线培训栏目，设立养老知识课堂，社工护理人员和老年人都可以在网络上接受养老服务知识的培训，一方面可以提升社工人员的服务素质从而更好地服务生活不能自理的老人；另一方面生活能够自理的老人也可以借助互联网学习养老服务知识，形成互助养老的模式。

扩充养老服务内容。目前我国的居家养老服务大部分是生活护理服务，关于精神慰藉方面的健康服务较少，大部分为洗衣、做饭、美发、清洁等护理服务。首先，互联网的融入可以拓宽生活照料服务的范围。除了简单日常的生活照料服务之外，还可以借助互联网的优势与特点，帮助老年人在线点单、网购消费、网络订餐以及养老服务的网络订购（如家政服务、故障保修、煤电水气缴费、健康询问等）。其次，互联网的融入可以保障老年人的安全。借助物联网的传感器技术，实时感知老年人的身体状态，当老年人在家中或者外面摔倒时，家人和社区医疗机构能够随时感知，从而最快地做出反应。通过这种实时的智能设备，能够在很大程度上保障老年人的健康状况。最后，互联网的融入可以丰富老年人的精神文化生活。一方面可以在平台建立在线老年人俱乐部，发放社区老年人活动通知，例如社区文艺汇演，社区插花、剪纸活动等；另一方面也可以设立情感专线栏目，为独居老人或三无老人提供电话谈心栏目等，深入了解老年人的精神生活状态，达到物质生活和精神文化层面的双层保障。

（五）国际居家养老服务模式与借鉴

民政部自2005年以来在全国区域内开启了养老服务社会化示范活动，我国部分地区以当地人口老龄化的发展水平和老年人社会化养老的实际需要为基础，实行了在居家养老方面的财政资金购买服务和相关组织提供养老服务的政策。我国因此依托城乡社区初步建立起了居家养老服务体系。但是，居家养老服务的发展还停留在起步阶段，实际状况无法与国家总体改革发展的要求相匹配，与人口老龄化发展的要求不对等，远远低于提高老年人口生活质量的要求。

相较于很早就迈入了老龄社会的发达国家，我国相对完善的养老服务体系和居家养老模式是基于它们长期的实践而形成的。本书将从运行与筹资机制、服务项目等方面分析和比较部分发达国家和较发达国家的居家养老模式，以为我国居家养老运作模式提供借鉴。

1. 英国居家养老模式：福利国家+社区照顾

运行机制：在政府层面，主要由卫生和社会保障部以及地方社会服务局管理居家养老。1948年工党政府根据贝弗里奇报告的核心原则，建立了国民医疗保健制度（National Health Service，NHS）。国民医疗保健制度由卫生和社会保障部管理并实行分级制，其中家庭诊所和社区诊所等构成一级保健（基础保健），负责提供社区医疗和转诊服务。英国在1974年成立了地方社会服务局，卫生和社会保障部根据职能划分主要负责国民卫生服务体系的管理和监督，地方社会服务局主要负责养老服务购买、老年人服务评估和服务资源配置等工作。在社区层面，由经理人、专业工作人员和照顾人员构成英国的社区照顾体系。作为社区照顾的负责人，经理人主要负责招聘工作人员、监视工作情况以及资金分配使用等。专业工作人员则需要通过相关资格考试获得资格证书后上岗。了解社区内老年人的需求，帮助其解决生活困难是专业工作人员主要负责的部分。照顾人员中包括部分志愿者直接为老年人提供照顾服务。

筹资机制：英国的居家养老大多以国家福利的形式提供，由政府财政承担大部分的资金，剩下的通过对私人企业、行业协会、慈善团体等募集获得。地方政府原则上在老年人能够负担的范围内制订居家养老的收费标准，然后由政府为服务费用提供适当补贴。

服务项目：英国居家养老主要包括生活照料、物质支援、心理支持和整体关怀四大部分。（1）生活照料主要包括为生活自理、半自理老人提供日常的照顾、送饭洗衣、打扫卫生等上门服务以及依托社区托老所提供短期托老服务。（2）物质支援主要包括地方政府为老年人生活场所进行改造升级，安装简单、便捷、高效的设施以及对65岁以上纳税人给予纳税补贴或纳税优惠。（3）心理支持主要包括保健医生为老年人检查疾病、讲述养生之道和提供心理辅导等上门服务；健康访问员定期到老年人家中探访，提供换药、换洗等护理服务，根据专业医生的指导对老年人身体状况提出治疗方案和康复建议。（4）整体关怀主要包括政府出资为老年人提供休闲娱乐场所（社区综合活动中心）；增添生活乐趣（举办各种联谊会）；为老年人提供低强度工作，以增加老年人收入，维持身心智力健康（在社区建立老年人工作室）。

2. 美国居家养老模式：医疗照顾+社区服务

运行机制：医疗保险制度为美国居家养老的主要依托，成为支撑居家养老发展的重要部分。主要包括 Medicare 和 Medicaid 两部分。Medicare 是面向年满65岁及以上老人或未满65岁的残疾、失能等特殊群体的全国统一医保制度。Medicaid 是联邦政府主办、州政府实行管理，覆盖65岁以上残疾人、有幼儿的家庭以及收入在贫困线以下老年人的医疗服务救助制度。各州政府有权根据本州收入水平自主确定 Medicaid 的标准和覆盖面，联邦政府只负责提供部分经费。

筹资机制：医疗保险制度是美国居家养老资金的基础，Medicare 和 Medicaid 每月为满足条件的老年人提供补贴，其余部分通过个人储蓄、慈善捐款以及社会救助等方式解决。美国社区提供部分免费服务的范围主要限于中、低收入的老年人，收费服务项目根据规定由保险或个人负担。

服务项目：美国在1997年《平衡预算法案》中提出了 PACE 项目（The Program of All-inclusive Care for the Elderly）。PACE 项目建立在医疗保险制度的基础上，为体弱多病的老年人提供全面的医疗相关服务，主要包括急病诊治、住院治疗、医疗护理等。此外，美国的社区普遍建有老年人活动中心、老年人保健中心等，并且社区能够提供包括病历管理、日间照料和家政服务等在内的居家养老服务。

3. 日本居家养老模式：家庭福利+护理保险

运行机制：日本政府不同于西方一些国家，而是把老年人赡养问题与家庭结合，强调国民自立，重视家庭在养老中的重要作用。日本社会相关法律和政策的制定多以发挥家庭养老功能为目标，以家庭和家庭赡养为前提条件。部分法律（如《生活保护法》《老年人福利法》《老年人保健法》《残疾人福利法》等）强制性要求家庭和亲属履行赡养义务；有些法律（如《厚生养老金法》《健康保险法》等）从制度层面对家庭或亲属之间业已形成的赡养关系给予承认。日本政府在2000年4月开始实施以《介护保险法》为基础的介护保险制度，旨在通过社会保险的形式为老年人照护服务提供费用支撑，其高度独立于其他社会保险制度。

筹资机制：日本的居家养老在资金筹集上遵循以政府为主、服务机构为辅、多种渠道并行的原则，由政府、社会以及个人共同承担筹资的责任。日本《介护保险法》中表明，日本介护保险制度所需资金一半源于税金、一半源于保险金，其中税金部分来自中央和地方政府财政，国家、都道府县、市町村三级政府分别支付介护保险制度所需资金总额的25%、12.5%和12.5%。[①]

服务项目：日本居家养老包括访问护理服务、日间护理服务、短期托付服务和社区贴紧型服务等类型。（1）访问护理服务包括为老年人提供上门做饭、换洗、打扫卫生等服务；（2）日间护理服务是指接送老年人到社区老年人护理中心，为老年人提供身体检查、康复训练等服务；（3）短期托付服务是指在老年人家属短暂外出时，社区养老院接收托付的老人并且为其提供短期护理服务；（4）社区贴紧型服务提供夜间上门服务、失能失智老人日托护理和多功能型居家护理等社区服务。

老年人所在的市、镇或村接收需要居家养老的申请，根据保险制度相关标准，经过专门机构的审核和评估确定，即可享受等级不同的生活照料和居家介护服务。

4. 韩国居家养老模式：家庭照顾+护理保险

运行机制：因受传统的孝道影响，韩国民众大部分不希望将父母托管于养老

---

① 新华社. 综述：日本介护保险制度保障"老有所养"[EB/OL]. https://www.sohu.com/a/150812218_630337.

机构。韩国政府以促进居家养老模式为目的，于1992年通过制定了一系列税收优惠政策，例如会减少对赡养老人五年以上的三代同居家庭的财产所得税；减少赡养65岁以上老年人的纳税者的个人所得税等。2000年开始，韩国逐步设立日间护理中心、短期护理中心和家庭护理人员派遣中心等机构，提供各种服务以满足居家养老需求。韩国《老年长期护理保险法》于2008年7月正式实施，标志着韩国养老模式完成了从家庭养老向社会养老的转变。韩国的长期护理保险制度采用长期护理保险与国民医疗保险捆绑的方式运行。按照法律规定，韩国国民强制参保长期护理保险，但是未满65岁的国民只有患有老年疾病的才能享受护理服务。选择居家养老的韩国参保人需要向国民健康公团提出服务申请，由具有资质的公团有关工作人员直接入户家庭，对老年人身体状况进行评估调查，并以调查结果报告书的形式认定评估结果，最终服务选择权属于服务使用者或其家庭成员。

筹资机制：韩国长期护理保险以社会性和公平性为原则，在长期护理保障制度内建立了强制性公共养老计划，形成社会性的保护伞，以解决老年人因贫困无法养老的问题。根据韩国《老年长期护理保险法》的规定，其资金主要源于保险金、国家和自治体以及自付部分，比例分别是为60%、20%和20%。[1]

服务项目：韩国《老年长期护理保险法》明显指出居家养老的相关服务内容主要包括上门护理、日常照料和短期护理等，并且还规定对于身处农村或边远地区等缺乏设施、需要依靠亲友提供护理服务的老年群体，将会通过现金给付的方式鼓励承担家庭护理的有关人员。除此以外，韩国居家养老还包括洗衣做饭、打扫家务、代写书信等常规照料服务项目。

5. 新加坡居家养老模式：中央公积金制 + 社会参与

运行机制：新加坡结合了西方市场经济制度与东方家庭价值观念，政府鼓励个人规划自己的晚年生活，形成了全社会动员的养老制度：以中央公积金制度为基础，采取各种税收优惠，财政支持帮助，个人、家庭与社区各尽其责。新加坡政府结合号召全社会关爱、孝敬老年人等儒家思想宣传孝道，重视培养全民的家庭观念。比如，为了防止越来越多"空巢"家庭现象并且鼓励年轻人赡养父母、照顾老人，推出了在购买房屋时，若年轻人愿意和父母亲居住在一起或所购买房屋与父母亲相距较近的，经有关部门审核、批准后可一次性减少3万新元的鼓励政策。

---

[1] 韩国保健福祉部、延世大学医疗福祉研究所. 参照国际标准的长期疗养支出统计构筑. 2014年韩国老年人长期疗养保险统计年报［EB/OL］. http://www.nhis.or.kr/bbs7/boards/B0039/14332.

筹资机制：中央公积金为主，政府投入为辅。新加坡社会保障体系以中央公积金制度为基础，并且十分有力地解决了新加坡的养老问题。其中，中央公积金制度包含了家属保障计划和家庭保护计划的家庭保障计划。一项是定期人寿保险，目的是为公积金会员及其家属在会员终身残疾或死亡时提供应急资金；而另一项是一种强制性保险，目的是保证会员具备归还建屋局贷款的能力。

服务项目：新加坡政府大力倡导和鼓励通过家庭形式的居家养老，即年轻人与父母同住实现赡养照顾老人。

对于无暇被照顾的在家的老年人和孩子，新加坡将托老所和托儿所有机地结合在一起，老少集中管理，成立三合一家庭中心。这不仅顺应了社会的发展需要、解决年轻人的后顾之忧，还满足了人们的精神需求，增进了人际交往与沟通，防止了代沟的出现。政府还在社区举办与民众联络且丰富老人文化生活的社会活动，如乐龄俱乐部。

6. 瑞典居家养老模式：福利国家＋自治团体

运行机制：瑞典被称为"老年人的王国"，在老龄化的处理上可称为世界典范。瑞典大力推广"居家养老"，通过建立完善的养老金体系和家政扶助制度，鼓励老年人二次创业以缓解人口老龄化的问题。根据瑞典法律，赡养和照料老人完全由国家来承担，子女和亲属没有赡养和照料老人的义务。政府在一定程度上按需分配为居家老年提供福利家政。一旦居家养老的老年人需要帮助，就可以向当地主管部门提出申请，通过主管部门进行实际评估，获得确认后做出同意的决定。家政服务的次数和范围有的是一个月只提供一次服务，有的则一天里要提供好几次服务，皆根据需要而定。居家养老服务的实施过程基本由地方自治团体所主导。地方自治团体通过制订服务计划，为老年人提供福利性的住宅，提供家庭入户服务。

筹资机制：尽管瑞典各地方政府负责提供的家政服务是福利性质的，但还是会根据收费标准收取一定费用，收费标准根据接受家政服务老人的实际收入确定。人们提供个人的收入信息后才能要求家政服务。根据规定，老人们的收入不仅包括养老金，而且还包括退休后仍兼职的工资收入以及其他资本性收入。老人们若拒绝提供个人收入信息，家政服务则会按最高标准来收费。但总的来说，最高标准的收费也远远低于市场收费标准。地方自治团体的服务、活动的资金由国家财政与老人对半承担。

服务项目：政府提供的家政服务包括个人卫生、安全警报、看护、送饭、陪同散步等，只要是日常生活项目都可以提供服务。地方自治团体提供的服务包括打扫卫生、制作饭菜、送餐到家；建立日间老人活动中心，组织老人开展文娱、体育健身活动，为老人组织老年舞会、电影放映会、交友会等。

二、社区养老

（一）社区养老服务内涵

在任何社会和任何时期，生、老、病、死都构成了人生命周期中不可或缺的部分。随着进入老年阶段，每个个体都会面临活动能力降低、健康水平下降、获取经济收入能力减弱等问题，都需要依靠他人支持度过老年生活。所不同的是，在传统社会，这些支持主要是从家庭内部成员那里获取，而在现代社会，随着家庭规模缩小、工作方式变化、价值观念转变等多重因素作用，这些支持很多需要从家庭外部获得，即成为社会化的服务支持。因此，定义社区养老服务，首先要明确这些服务的属性是社会化的，即通过支付货币或以政府保障等形式从非家庭成员那里获取专业化的社会性支持。

社区养老是目前的养老方式之一，介于居家养老和机构养老之间，汲取了两者的优点而新兴发展起来的一种养老模式。主要以居家养老为主，辅之以社区的互助型养老，在老年人的日常照料和健康照护等方面提供帮助（需要支付一定的费用），旨在减轻年轻人的负担和满足不同家庭不同情况的需求。主要内容是举办养老、敬老、托老福利机构；设立老人购物中心和服务中心；开设老人餐桌和老人食堂；建立老年医疗保健机构；建立老年活动中心；设立老年婚介所；开办老年学校；设立老年人才市场；开展老人法律援助、庇护服务等。

社区养老的特点在于：让老人住在自己家里，在继续得到家人照顾的同时，由社区的有关服务机构和人员为老人提供上门服务或托老服务。

（二）社区养老服务模式

（1）"嵌入式"养老模式。"嵌入式"养老模式是以社区为载体，以资源嵌入、功能嵌入和多元的运作方式嵌入为理念，通过竞争机制在社区内嵌入一个市场化运营的养老方式，整合周边养老服务资源，为老年人就近养老提供专业化、个性化服务。"嵌入式"养老模式下的养护中心一般设立于社区，拥有良好的地缘优势，可以采用多种运营模式，如政府托底购买服务、社区完善服务功能等，通过日托、助餐等方式，辐射到社区有需要的老年人群体，满足老年人就近养老的需求。"嵌入式"养老模式致力于营造出"养老不离家"的新模式，其突出优势在于规模小、灵活性高、对位置要求低、易布点且对社区日常生活影响弱；资金需求小，管理相对简单，运营要求较低，在推广方面可复制性强。"嵌入式"养老模式克服了传统家庭养老、社区居家养老和机构养老的劣势，是我国养老服务供给的重要形式。

（2）社区的养老模式。例如，兴办公租房社区托老所（"老人之家"或"老龄中心"）。托老所与老年公寓的服务对象不同；服务内容多样，更具灵活性；托老所体现以亲情为主的经营理念；托老所在经营体制上较敬老院灵活；能更好地与家庭养老相结合。综合比较而言，托老所较其他养老机构而言更具优势，成为家庭养老的一个有利补充。公租房社区托老所有利于充分利用社区闲置的资源，可由社区闲置场所改造而成，可以节约政府大量投资，而且可以为社区居民提供一些就业岗位，调动社区的闲置资源。

（3）"三位一体"社区养老服务模式。"三位一体"是指物业企业通过与业主、业主委员会签订养老服务协议，向业主提供养老特约服务及综合服务，在促进物业服务升级的同时，又保证社区养老服务项目的落实。它以社区委员会为中心，以业主委员会为根本，以物业为服务平台，充分发挥物业一线服务作用，体现三方合力优势作用。物业服务企业具有参与社区养老服务的地缘优势，熟悉社区养老服务对象，方便利用物业共用空间和设施。此外，员工队伍稳定和全天候的管理服务，能够保证社区养老服务的即时性、连续性。物业具有成熟的社区服务平台，如有些物业构建的"互联网+"模式，手机App、物联网已成为社区物业服务企业的支撑，可以结合现有的社区配套服务体系，整合相关资源，为小区业主提供养老服务。"三位一体"社区养老服务模式作为对现有社区养老服务模式的丰富和补充，充分体现了社区养老服务供应主体的协同化观念。业主委员会提供养老服务设施的硬件基础；政府以采购服务的方式，提供必要的资金支持；物业提供人力与服务支持，社区委员会和业主大会进行指导监督，保证了社区养老服务切实可行，有利于社区养老服务社会化的推动。

（4）互助养老模式。互助养老是指居民互相帮扶和慰藉，满足老年人的养老需求。社区建立联系制度，帮助社区内空巢老人对接，采取"一帮一"或"一帮多"的互助模式。以社区为依托，将生活在社区内、具有专业特长、热心公益活动的健康老人组织起来成立老年互助社。老人们可以在家庭、社区和养老机构等多种场合实现各种形式的互助。互助养老具有灵活性、多样性、自愿性、自治性等特征，满足了老年人对家庭、朋友和社区邻里的依恋，高效利用和发挥家庭和社区的养老功能。互助型养老模式是积极老龄化的重要表现，是老年人参与社会的重要途径。在我国养老资源严重不足的情况下，互助型养老通过以老帮老、以老养老，为创新养老模式、打造多元化养老格局奠定基础。

(5)"时间储蓄"契约模式。"时间储蓄"契约模式是在居民中倡导为老年人提供义务服务，然后将自己的服务时间像储蓄一样存储起来，待服务者将来老了之后，在自身需要时便可"支取"同样的服务来帮助自己。"时间储蓄"所包含的潜在价值对我国老年人社会福利和社会保障乃至社会发展都会产生积极的作用和影响。以"时间储蓄"契约方式提供助老服务，不仅能使年轻人在为老年人提供服务时获得心灵上的满足，而且今后这些储蓄就成了养老的"本钱"。这种"我为人人，人人为我"的精神，有助于形成帮助别人就是关怀自己的社会长效激励机制。

(6)政府购买模式。政府购买服务是指政府将由自身承担的、为社会提供养老服务的事项，交给有资质的社会组织或街道、社区来完成，并建立定期提供服务产品的合约，由该社会组织提供公共服务产品，政府按照一定的标准评估履约情况来支付服务费用。目前政府购买服务的方式主要有：第一类是政府将补贴资金直接拨付给社区居家养老服务机构，由其向享受政府购买服务政策的老人提供特定时间和特定内容的服务；第二类是采用养老代币券、服务券的形式，由老人根据自己的需求，到中心或特定机构自主选择服务时间和服务内容。在社区养老服务中建立政府购买服务制度，既是巩固居家养老基础性地位的一种行之有效的做法，也是推动居家养老服务制度化发展的创新，值得推广和普及。

(三) 社区养老服务信息化现状

国外应用信息化技术服务于社区养老经过了多年的探索，比国内发展早且快速，现如今日渐成熟起来。近年来，国内也在陆续开展信息化社区养老服务平台建设，并进行试点探索工作，政府也高度重视，出台扶持政策，补贴服务对象，鼓励企业参与、科技创新，整合机构、社区和家庭等各方资源，建立起一套全方位的社区养老信息化服务体系。

例如，云南日臻养老信息平台——社区居家养老信息数字化服务系统是云南省启用的首个数字养老服务平台，为老年人提供紧急救助、电子病历、便民服务、远程监控等服务，老年人无论在任何地方，只要按下随身携带的"一键通"呼叫器，就可得到医疗救助及生活服务。河北省保定市社区服务中心研发了便民服务和老年人紧急救助终端平台，搭建了"12349"网络服务平台，与120急救中心合作建设了市、区、街、居四位一体的综合救助服务平台。平台的优势主要有：一是老人及其亲属、网络平台、急救中心多方对接，多渠道保障老年人遇险时获得急救；二是老人电子健康档案可在第一时间发送给指定的医疗机构，缩短急救时间；三是采用精准的GPS定位，确定老年人所处方位，防止老人走丢；四是提供贴心周到的生活服务。此外，社区养老服务信息化平台还包括但不仅限于南京市"智慧社区，感恩养老"服务平台、大象通信居家养老服务网络呼叫平台等。据中国信息产业网统计，当前全国约 25 个地市建立了类似便民服务和老年人服务平台。由此可见，我国信息化社区养老服务平台遍地开花，成为解决我国养老问题的主要途径。①

（四）国际养老社区的发展经验

1954 年，开发商在马里科帕县的 320 英亩农田上建成了美国第一个有年龄限制的养老社区 Youngtown，成为此后养老社区建设的标杆。始建于 20 世纪 60 年代初、于 80 年代建成的"太阳城"（Sun City, Arizona），以其老年社区的高端、大气、上档次而声名远扬，并成为美国养老社区在中国传播的典范。受此影响，全球各地，特别是中国也建设了一批"太阳城"。1987 年，美国通过《养老院改革法案》，进一步提高养老机构服务标准，还详细规定了服务内容、质量和程序。

对于不同需求的老年人，美国的养老社区服务非常贴心：罹患各种疾病，生活不能自理的老年人，有专门的医疗、护理服务，实现"医养结合"；生活能够自理的老年人，则提供基本的社区服务，组织丰富多彩的社区活动，使之老有所乐。老人发生意外伤害或者突发疾病，社区医护中心可在 3 分钟内赶到救助。历经多次改革，美国建立起了当前由政府社会保障计划（Social Security Program）、公共部门和雇主养老金计划（Public Sector Plans & Employer–Based Pension Plans）、个人退休账户（Individual Retirement Accounts）构成的"三支柱"养老体系。到 2017 年底，美国养老金体系资产总规模合计约达 28.2 万亿美元，为美国老年人养老提供了市场化的多样选择。②

西方国家的养老福利体制之所以没有走向养老院化，也正是考虑到了老年人自身的需求。1946 年，英国开始实行"从摇篮到坟墓"的全面保障制度，结果到 20 世纪 70 年代末便已不堪重负。此后，英国历届政府都把社会保障体系改革当作施政重点。在这一过程中，"二战"后英国兴起的"反院舍化"运动深刻地影响了养老体制的发展方向，其认为孤儿院、老人院、精神病院等院舍服务造成了服务对象与社会、家庭的隔离，对服务对象的康复、回归会造成不利影响。在这样的背景下，70 年代，英国政府对养老福利和服务进行了改革调整，推出了

---

① 行业研究数据库，中国信息产业网，https://www.hanghangcha.com/? hmsr = sdcy。
② 单位：万亿美元。数据来源：美国投资公司协会（Investment Company Institute, ICI）行业年报，2018 年。

"社区照顾"的模式，其服务重点就是老人。

根据照顾需要和照顾方式的不同，社区照顾可分为"正规照顾"和"非正规照顾"。前者是指社区正规组织提供的医疗、护理等专业服务，以及政府福利机构提供的养老服务；后者则是由被照顾者的家属、亲戚、邻居等提供的服务，主要指日常的生活照料。这两种方式相结合，形成了包括家人、亲友、社区、志愿机构和政府在内的社区照顾体系。在这样的系统服务下，英国老人对"养老院"的需求很低，养老院的费用也非常昂贵，有的养老院收费达每周1000英镑；社区照顾的费用，即使是专业的家庭护理，每周也仅在400~600英镑不等，非正规照顾的费用则更加低廉甚至免费。即便花费不菲住进养老院，生活质量也不乐观。2015年英国护理质量委员会的调查评估表明，在英格兰北部的42家养老院中，没有一家的服务质量满足"优秀"标准。[①]

和中国同属东方的日本，老人养老的方式则主要有三种：在宅养老、机构养老和"两代居"。其中，"两代居"是一种于20世纪60年代发展起来的住宅形式，包括两套相邻而又独立、各自拥有完整生活设施和独立户门的住宅。住宅内部相通，既可使老年人和青年人保持各自生活习惯、兴趣爱好的差异，保留相对的私密性和适当距离，又便于就近照顾老人生活。

（五）推动社区养老服务发展的路径分析

1. 明确政府在社区养老服务中的责任

养老服务具有明显的正外部性，是一项公益性很强的事业，具有准公共品性质，因此，政府在养老服务供给中负有重大的责任。政府在养老体系建设和养老服务业发展过程中，要履职尽责，做好规划引导、发展环境保障、进行部分基础设施投资和建设、购买部分养老服务等工作。在社区养老服务中，要保证社区具有开展养老服务的环境和条件，并提供必要的资金和政策支持。在制定相关政策的过程中，要明确各级政府的责任，避免职责不清、互相推诿。

2. 发展社区养老服务机构和设施规范化建设

要通过加强社区养老服务设施建设，使社区服务满足三方面需求：一是生活照料，包括居家上门服务和日间照料等社区托老服务。二是医疗康复服务（社区医养结合），包括老年人的日常体检、健康管理、一般性治疗（输液、打针、拿药）及转诊等系列服务。三是中介服务，主要是通过建设养老服务信息平台，建立老年人与其他专业服务商之间的联系。为此，一方面要加强对新建社区的规划

---

① 行业研究数据库，中国产业信息网，https：//www.hanghangcha.com/? hmsr = sdcy。

和老旧社区的改造，使之具备提供社区服务的基本条件，为各类主体参与社区服务供给创造条件；另一方面，要拓展社区服务供给思路，充分利用互联网的资源整合能力，引入社区外的社会服务供给。

3. 加强闲置资产整合，增加社区养老服务资源供给

例如，随着人口结构变化，一些地区小学生源严重萎缩，在撤并学校的过程中出现校舍大量闲置，建议将其用途从"为小"变"为老"，改造为社区养老服务机构。有效利用闲置资源，使政府的资源得到有效配置，最大限度地为养老社区提供相关服务资源。

4. 出台政策优先鼓励社区养老服务业发展

进一步加大对社区养老服务业的支持力度，在土地使用、税费优惠以及补贴支持等方面向社区养老服务业倾斜，同时建立社区养老服务人才培养和就业的补贴制度，积极推动社区养老服务的规范化、就业人员的正规化。通过积极营造良好的政策环境，利用市场机制，极大丰富养老服务供给，实现社区养老服务的社会化和产业化，共同促进养老服务业发展。

5. 积极引导各类社会力量参与服务供给

可通过公办民营、公建民营及民办公助等多种形式，引导社会力量参与社区养老服务。特别是应加强对农村社区养老服务业的支持，要从全面建设小康社会、实现基本公共服务均等化、养老服务供给侧改革、实施健康中国战略和乡村振兴战略等角度统筹考虑农村养老服务业发展问题，切实补上农村社区养老服务这块"短板"中的"短板"。

三、机构养老

（一）机构养老服务基本内涵

机构养老是当前最为经济可行的养老模式之一，它是养老服务体系必不可少的重要组成部分。以解决城镇的"三无"人员、农村的"五保户"以及经济困难的失智失能、孤寡独居和高龄老人问题为初衷。养老机构建立之初，人们受传统思想和孝道文化的影响，总会持有"只有无子女照料的人才会住进养老机构，父母养育了我们那么多年，如今父母老了，不能动了，作为子女应尽孝道，赡养父母，安度晚年；若是子女仍把家中老人送到养老机构，其子女则被认为是不孝顺，不会被大家所理解"的传统观念。但随着国家和社会的发展、计划生育的实施以及人们生活质量的提高，我国人口平均预期寿命不断延长，人口年龄结构发生了巨大变化,年轻人口数量增幅减小而年长人口数量增幅呈上升趋势;同时,家庭结构呈现简单化、小型化和少子化现象,普遍呈现"421"的家庭分布状况。这样,两个独生子女结成夫妻之后便要赡养和照顾四个或者更多老人,这对他们来说具有很大的挑战,大大增加了他们的负担,家庭养老功能弱化,迫使年轻一代转变传统的养老观念,逐渐把家庭养老负担向社会转移。这给机构养老带来了发展契机。

所谓机构养老指的是,以养老机构为载体(主要有护理院、养老院、福利院和老年公寓等),以社会机构为入住老人的主要生活场所,以国家资助、社会承担和老年人自助为资金来源,由经过系统学习或专业培训的人员照顾入住老人的饮食起居、清洁卫生、生活护理、健康管理和文体娱乐活动等事宜,旨在通过为入住老人提供温馨周到的日常生活服务、专业的医疗护理和贴切的精神慰藉等综合性服务来丰富老人们的文化娱乐活动,使他们能够老有所养、老有所乐,可安度晚年的一种养老模式。这个定义中包含以下两方面涵义:一是养老资源来源,机构养老所提供服务的资源投资主体主要有国家、社会公益组织、企事业单位等。二是养老场所设置,机构养老的养老场所主要是社会机构,可以是法人机构,或是附属于社会公益组织、医疗系统等的一个单位、部门或分支机构,它是一种老人离开现有熟悉的生活环境,到机构与其他老人集中居住的养老方式。

机构养老与居家养老和社区养老有很大区别,后两者的养老场所主要是在自己家中或居住在熟悉的社区。另外,居家养老的资金主要来自老人自身、家人、亲朋等,社区养老的运营资金主要来源界于居家养老与机构养老之间,部分源于家庭,部分源于社会。经过分析可知,机构养老不仅能够为子女分担照顾老人的负担,而且服务内容更加丰富多彩。机构养老的特征与现在社会的特色对机构养老的发展具有推动和促进作用。

(二) 机构养老的类型与特点

1. 机构养老的类型

(1) 按养老机构的形式可分为:敬老院、老年福利院、老年公寓、护老院、老年护理院等。这些养老机构的性质和运营主要资金来源有所不同,其中敬老院、老年福利院主要出资方是政府,由国家筹集资金兴办机构,主要是为了给社会弱势群体提供福利服务,机构所提供的服务一般不会收取费用,并为入住老人提供基本的日常服务。而那些收取相应服务费用的则以老年公寓和护理院为典型代表,经济条件较好的老人入住需求较大,他们不但有享受食宿、娱乐等日常服务的需求,还对入住环境及服务质量有一定的要求,这也是促使该类机构养老发展速度较快的要素之一。

敬老院主要是收养"三无"人员、"五保户"及需要特殊照顾的社会弱势人群。入住机构后，他们的食宿及主要活动场所都是在机构内，由机构工作人员为他们提供服务，可以免费使用机构设施设备、按摩器具、活动场所等公共资源。老年福利院的入住老人主要是城镇"三无"人员、农村"五保户"、自理老人和半自理老人（需要介助或介护的老人群体），机构内同样会设有相关康复、护理等设施设备。老年公寓主要是收养那些生活能够自理的老年人，机构的环境、房间设置能够符合老年人的入住需求，对于那些经济条件较好的老年人是个不错的居住选择。护老院接待的老年人主要是介助老人，即日常生活无法独立完成，需要借助拐杖、助力器、助起设备、扶手或是轮椅的老人，机构内设有功能多样的辅助设施，对入住老人起到很好的协助作用。老年护理院接待的则是有特殊医疗照顾需求的老人，他们由于自身身体条件的限制需要专业的医疗技术护理但同时却不需要长期住院治疗，机构的服务人员可分为两大类：一类是经过系统学习或是受过专业培训，具有专业技能的医疗护理团队；另一类是能够照顾这些老人日常生活起居的服务人员，为了保障老人享受高质量服务的权益，这些服务人员也是要经过相关课程培训。多层次的管理团队和服务团队使老年护理院的服务更加专业、细致且周到，大大提高了入住老人的满意度。

（2）按养老机构的功能可分为以下三类：一是技术护理照料型机构养老。这一类型的养老机构主要是针对那些需要精准、专业医疗照料的老年人开放的。这些老人一般是失智失能、身体受过创伤或患有严重疾病且需要医疗照顾，但同时又不像在医院中那样需要经常性医疗照料和服务。机构需要招聘一些经过医学或相关专业系统学习或是经过专业培训的医护人员，这样才能满足有医疗照顾这一特殊需求。二是中级护理照料型养老机构。这类养老机构面向的主要是没有患严重疾病，并不需要护理人员提供专业性很强的技术护理，但仍需要有专人监护和护理的老年人。这些老人大都患有慢性病，但相对而言，护理妥当不会危及生命且具有一定的活动能力。三是一般照料型养老机构。这类养老机构主要收养的是那些需要为其提供膳食服务和相关个人帮助但对医疗服务或生活护理没要求的老年人。这类老人具有一定的行动和活动能力，身体健康状况良好。

（3）按养老机构的资金来源和运营主体则可分为以下几类：一是公办公营型养老机构。这类机构的出资及运营主体是政府，养老机构的兴办、管理及运营都由政府负责。公办公营型养老机构最初主要是为城镇"三无"老人、农村"五保"老人和经济困难的独居孤寡、失智失能的高龄老人提供福利服务，他们无须缴纳任何费用，统一由政府买单；后来，随着社会福利的社会化发展进程，这一类型的养老机构也逐渐向社会开放，除了上述提到的特殊困难人群外，也会向入住老人收取一定的费用，具体收费标准因老人的入住需求不同而不同。二是公建民营型养老机构。这类养老机构由政府出资兴建，由民间社会组织或个人承包运营，同时，政府会对运营过程中产生的主要费用提供支持。特点是养老机构的所有权和运营权相分离，承办养老机构的民间组织或个人拥有运营权，而政府拥有所有权，扮演的主要是监督和评估角色。三是民办公助型养老机构。这类养老机构以民间组织的名义开办，在民政部进行注册登记，性质属于民办非企业单位。尽管是民办养老机构，但其所提供的服务仍然是非营利性质的服务，是以老人的满意为目的。政府的支持力度较小，起到监督作用。四是民营型养老机构。这一类型的养老机构不是由政府出资兴建，而是由民间私人投资开办的，不是在民政部门而是在工商部门进行注册登记，属于民办企业单位，政府会给予政策支持但不会给予资金扶持，设施、设备都会较公办型差一些。其主要靠各项收费来维持运营。那么，老人对于服务的质量要求就相对较高，入住老人的衣食住行都会有人负责照料，老人的满意度是关系到这一养老机构的生存与发展的重要因素。

2. 机构养老的特点

（1）公益性。公益性指的是直接或间接地为社会公共经济活动、社会活动和居民生活等社会公共利益领域提供的服务。通过资料收集与研究可知，大多数养老机构都是由国家出资为社会经济困难群体提供的无偿服务，属于非营利性质，且服务多不以获益为主要目的，从而体现了养老机构的公益特征。

（2）风险性或竞争性。其风险性主要体现在：一是如果机构负责人服务效果差、资金不足、不善经营，那么机构就必然会面临营运风险；二是服务对象年龄已高，难免会患有慢性病，同时，随着年龄的增长，老年人的生理功能逐渐退化，一旦发生意外，康复很慢；三是老人由于岁数较大，突发疾病或是意外死亡发生的可能性较大。机构养老的竞争性除了体现在与居家养老和社区养老之间的竞争外，还体现在各个养老机构间的竞争，具体表现为：以往养老机构的功能主要是为城市"三无"老人、农村"五保户"老人或是有特殊困难的老人提供服务，提供的服务则是以满足老人的基本日常服务为重点，同一职责内工作人员之间或机构间具有非竞争性，但随着机构养老服务的社会化和市场化发展趋势上升，作为机构养老主要载体的养老机构也随之快速增多，催生了一大批民间养老机构。这些机构在服务功能、提供服务的类型、设施设备等方面具有极高相似性，然而，同一区域内老年人的数量是基本恒定的且随着人们生活水平与生活质量的提高，老年人对服务的需求和质量要求也相对较高，这就会使各养老机构间存在服务对象和资源竞争。

（3）服务性。机构养老的服务性主要体现在三个方面：一是为养老机构入住老人提供全面服务，这不仅仅包括要给老人提供衣食住行等基本日常服务活动，还要为老人提供文化娱乐活动、精神慰藉、疾病预防与医治康复等服务活动，涵盖了生活照料、医疗护理以及老人临终关怀等服务功能；二是养老机构内所有工作人员需共同努力，包括基层的生活照料人员、具有专业护理与医疗技能的专业工作人员及高级管理人员，所有人团结一致，才能更好地为服务对象提供所需服务，满足他们的需求；三是为老人提供"一条龙"服务，从老人入住机构开始，老人的所有活动都是在机构内，都由工作人员负责照料和管理，包括刚开始的熟悉机构环境、结交新朋友、衣食住行、疾病预防与医治康复、突发情况的预防与解决、精神关怀与慰藉、病危照料与临终关怀等一系列服务。

（三）机构养老服务发展现状与困境

机构养老作为一种重要的养老方式，是解决我国人口老龄化问题的一条重要路径，但我国机构养老起步晚、底子薄，其发展属于"未备先老"状态，目前的发展面临着诸多的困境。通过对国内相关文献的分析梳理，综合相关学者的研究观点，主要体现在养老观念、资源配置、服务水平、法律法规四个方面。

1. 养老观念

在养老观念方面，主要体现在观念固化，大部分老年人受到传统养老观念的束缚，对机构养老的接受程度不高。大部分老年人的养老思想处于相对固化的状态，传统的"养儿防老"与家庭养老观念深化，这也就导致了选择机构养老的人数占我国老年人口总数的比例相当小。针对老年人养老观念固化的问题，相关学者认为需要加强相关宣传，转变养老理念，使机构养老成为更多老年人的养老选择。需要通过正当的宣传引导老年人转变养老服务消费理念，转变老年人对机构养老的偏见，确保有需求的老年人得到相应的机构养老服务。

2. 资源配置

资源配置方面主要体现在资源配置的地区分布不均，公办与民办分布不均两个方面。养老机构的建设过分看中地区的经济发展水平，忽视了老年人对机构养老的需求状况，导致机构养老在资源配置上出现地区分布失衡的问题。臧跃（2018）在对北京市机构养老问题的分析中认为，尽管北京市的机构养老发展较快，机构数量和覆盖区域不断增多和加大，但是在区域分布上呈现出失衡的特点。我国在对养老机构进行资源配置时，对公办养老机构存在明显的政策倾斜，严重阻碍了民办养老机构的发展，不利于充分发挥民办养老机构的功能。闫志俊（2018）认为，政府在对公办养老机构和民办养老机构进行资源配置时，过分注重对公办养老机构的政策扶持，从而出现了公办养老机构一床难求，而民办养老机构无人问津的局面。

3. 服务水平

在服务水平方面，综合相关学者的研究观点，主要体现在相关专业人才缺乏、技能水平不高、规范化程度较低、无法对老年人提供优质的服务方面。穆光宗（2012）认为我国机构养老的专业化人才相当缺乏，没有形成职业化发展模式，这也导致护理人员的服务水平过低。李岳（2018）认为现如今我国在养老领域投入的教育资源并不多，导致人才缺口比较大，养老护理人员普遍缺乏统一规范的护理技术操作培训，实施急救的能力亟待规范与加强。针对机构养老专业人才不足、服务水平较低的问题，相关学者提出了相应的对策建议。穆光宗认为专业化、标准化、规范化和职业化是机构养老发展的方向，要切实提高机构养老的服务水平。

4. 法律法规

在法律法规方面，综合相关学者的研究观点，主要体现在目前我国关于机构养老相关法律法规不健全，并且缺乏有效的监管体制。张鑫（2010）认为养老服务行业缺乏统一的行业标准，有关法律法规不健全，且针对性不强。刘馨蔓（2018）认为机构养老服务立法相对滞后，相关法律制度不够完善，并且机构养老服务立法在实施过程中缺少有效的监督管理体制。针对机构养老缺乏完善法律法规，监管不足的问题，相关学者提出了相应的对策建议。刘馨蔓认为我国需要完善机构养老服务法律制度，建立正确的价值取向，加强政府对机构养老服务的监管，提高对正确价值取向的认识。康华和庄晓惠（2016）认为对于养老机构领域，政府的职责应是为养老机构的发展创造良好的、公平的外部环境，需要建立健全相关的法律法规，明确养老机构的定位与服务对象标准，监督养老机构的运行。

（四）发展机构养老的对策与建议

1. 政府多方面政策优惠保障

政府的政策与资金支持是保证养老机构得以正常运营和不断发展的首要因素。对于护理院而言，政府的支持主要体现为：在养老机构用地租金方面会享有一定优惠，普通硬件设置设备由政府负责统一购置，对于税费会享有减免优惠，水、电等日常消耗费用的补贴政策化及承办运营第一年内可享有不上交政府本年度收入的优惠政策等。这些政策支持会对养老机构快速走上轨道、顺利发展起到很好的保障作用。

2. 完善政策法规

政府还应进一步完善有关养老服务的政策法规，适当加大政府财政支持力度，如鼓励社会工作人才引进、设置岗位补贴、提高工作人员福利待遇以及为极其困难的高龄弱势群体提供福利待遇等①，同样重要的是要切实抓好政府在养老服务领域制定的各项优惠政策的落实工作，避免"上有政策，下有对策"的现象发生，否则国家政策难以有效发挥政府的保障作用。因此，国家应注重相关优惠政策的落实，从而保障人们的相关权益，提高机构养老服务的公益性和福利性，实现服务的公众化和多样化，通过这种社会福利社会化的途径可以更好地为服务对象提供服务，满足他们的服务需求，为整个养老服务体系的健全与发展做出积极贡献。

第三节 养老服务模式的拓展

一、以房养老

（一）以房养老的内涵

以房养老是依据现有资源，利用住房寿命周期和老年住户生存余命的差异，对广大老年人拥有的巨大房产资源，尤其是人们死亡后住房尚余存的价值，通过一定的金融或非金融机制的融会以提前套现变现，实现价值上的流动，为老年人在其余存生命期间，建立起一笔长期、持续、稳定乃至延续终身的现金流入。

---

① 2020年《北京市养老服务人才培养培训实施办法》（征求意见稿）明确，"养老服务人才"是指在本市各类养老服务机构从事养老服务的养老护理人员、专业技术人员、养老管理人员，以及家庭照护人员、老年人能力综合评估机构的评估人员。其中，国家统招北京生源或北京地区普通高等院校、中高等职业学校的应届毕业生和毕业一年以内的往届毕业生，进入本市养老服务机构专职从事养老服务工作的，从入职满一年后分三年发放一次性入职奖励，标准为本科及以上6万元、专科（高职）5万元、中职4万元。对在养老机构护理岗位上从事一线护理工作的养老护理员，按月发放一线养老护理服务奖励津贴，补贴标准为每人每月1000元。事业单位编制身份的养老护理员按照相关规定执行。该项奖励津贴依市社会福利综合管理平台登记信息，由区民政局直接发放给养老护理员本人。

"以房养老"的概念自20世纪90年代从国外引进,即反向住房抵押贷款,是指通过抵押自有产权房屋的方式以获得收入的补充养老。其主要对象通常为拥有完全房屋产权的退休老人,实行方案是老年人把房屋抵押给开展业务的金融机构,如银行、保险公司等,金融机构会根据老年人的年龄、健康状况、房产现值等因素,对其进行综合评估以后,以年月为单位,或者可以将房产价值以现金形式一次性支付给老人。在契约执行过程中,金融机构只有在老人去世之后才能获得房屋的产权,在此之前老人依旧保留房屋的使用权。待老人去世后,金融机构可通过市场途径将产权变现获得抵押房产完全的增值部分。这种养老方式是对现行养老方式的一项重要补充。

(二) 以房养老的运营模式

首先,要求房屋产权明确。借款人在进行住房反向抵押贷款期间仍然完全拥有房屋的产权。实施的首要条件是具备房屋产权的完备性,同时借款人在抵押房屋期间也必须担负房产所有者依法纳税以及修缮房屋等基本义务。借款人离世后其子女在还清贷款本金和利息后可继承房产。

其次,贷款金额取决于多种因素。老年借款人能够获得多少抵押贷款金额因房产所有者的基本情况不同而存在较大差异,差异产生的主要原因主要取决于房产的价值、借款人年龄和当前利率水平这三个基本因素。

最后,贷款的领取存在多种方式。借款人可根据自己的实际情况选择不同领取方式,主要包括一次性领取方式,即借款人在完成合约后可将贷款一次性领取;信用限额方式,这种领取方法容许借款人控制贷款领取的时间和金额,并只需支付已领取部分的利息即可;三是按月领取方式,借款人可以在规定的贷款期限按月固定领取贷款金额,在其他时间不得领取;四是终身年金方式,即借款人可以按月领取一定金额的抵押贷款,前提是借款人始终居住在被抵押的住房内,如果该住房被借款人出售或者借款人已不住在该住房,则应当立即停止领取贷款。

(三) 我国以房养老实践模式

1. 北京的"养老房屋银行模式"

北京市某养老服务中心与某房地产经纪有限公司在2007年10月共同推出了一款新型住房养老模式——"养老房屋银行"。老年人只要年满60岁便可以向养老服务机构提出养老需求,把房屋交付给该房地产经纪有限公司,其代替老人将房屋出租,以获得的租金抵扣养老院的费用,老年人可任意支配余下的租金。这种模式之所以能够开展，最重要的一条就是强调老人始终拥有房屋的产权。该模式实施的主体是保险公司，相比民营机构，保险公司具有相对强大的资金实力和抗风险能力，对老年人来说更有保障。但是这种模式由商业公司运行，商业公司都是以营利为目的的，老年人的权益有时得不到维护。

2. 南京的"租售换养"模式

南京的"租售换养"模式规定，凡是年满60岁的孤寡老人，并且在本市拥有60平方米以上产权房屋，本着自愿原则将其房屋进行抵押，在经过公证之后可终身免费入住老年公寓直至老人去世，养老院在老人去世之后可拥有房屋的完全产权。这种模式就是"租售换养"，比较适合在城市拥有一套及以上住房且无子女继承的中低收入老年人群体。但是这种模式无法广泛推行最终失败的根本原因在于限定了产权房的面积及孤寡老人的年龄，能够适用于此政策的人数很少，范围过于狭窄。

3. 上海的"以房自助养老"模式

2007年6月，上海市公积金管理中心提出一种新型的养老模式——"以房自助养老"模式。该模式规定，年满65岁的老人，可以将自己名下的产权房与市公积金管理中心进行交易，在交易达成之后市公积金管理中心向老人一次性付清房款，再以符合市场价格的租金额度将房屋返租给老人。老年人可以根据租赁期限一次性将钱款拨付给市公积金管理中心，在这期间产生的其他费用全部由市公积金管理中心承担。这种"售后返祖"的模式使老年人可以通过房屋价格和租金价格两者之间的差额来获得足够的养老金进行养老。但是这种形式也存在明显的弊端，因为要求房屋先过户给市公积金管理中心，所以房屋升值而产生的利润老年人无法获得，老年人的利益无法得到保障。因此，该种模式也很难推行成功。

4. 保险公司出台"倒按揭"模式

2007年10月，我国某保险公司推出了"以房养老"倒按揭业务。规定年满62岁的老人，可将房屋产权抵押给保险公司，保险公司根据借款人年龄、生命期望值、房产现值以及预期值等多方面因素按月支付给老人一定金额的养老金直至老人去世。保险公司可在老人去世之后将房屋回收并拥有房屋的完全产权，保险公司可对房屋进行销售、出租处理。在此期间，保险公司每月给付老人的养老金额等于房屋的评估价格减去预期折旧和利息，再除以老人的平均预期寿命。这种"倒按揭"模式，属于典型的住房反向抵押贷款模式。"倒按揭"模式出现在20世纪80年代中期，最早在美国创立，目前在发达国家很普遍，但在我国并未发展成熟，在整个实施过程中遇到的阻碍较大。

（四）我国推行以房养老的障碍

从观念上看：大多数老人选择自己离世后将房屋留给子女。"以房养老"作为舶来品，在英法等国家之所以流行，与高遗产税有关。在"以房养老"和"房产留给子女之后要缴纳大笔税款"之间，人们比较容易作出选择。但在我国现行税制下，人们没有动力，而且"将遗产留给子孙后代"是在我国人民心中根深蒂固的传统观念。

从保障上看：养老机构"一床难求"。民政部的数据显示，我国养老床位严重不足，平均每50个老人不到一张床；养老从业人员更是不足百万。从这种状况并不能看出我国的养老前景有多么乐观，对于部分较谨慎的中国老人来说，拿养老的钱冒险绝对不会是首选。

从现实上看：中国房价受多种因素影响并不稳定。城市中的老年人增长迅速，年轻人增长缓慢，许多独生子女家庭二合一之后，年轻人不需要再买更多的房子。当这些房子和老人的房子一起推向市场，将明显出现供大于求的情况，房价将很难长期维持"上行"，隐现的楼市泡沫也让"以房养老"充满风险，导致银行、保险公司等机构对此项业务积极性并不高。

从制度上看：①法律制度。法律法规没有明确规定，"以房养老"就很难实施。"以房养老"牵涉到房地产、金融、社会保障、保险以及相关政府部门，这就需要法律规范来协调各方。如何保证各个行业各个部门公平公正地经营和管理，在当前我国法治环境下并不容易。②金融制度。银行对"以房养老"业务门槛设置高。中信银行在国内率先公布实施"以房养老"方案，考虑到防控风险，要求老年人或者老年人的法定赡养人必须有多套房屋，贷款期限也必须在10年以内。这样的高门槛很容易让人望而却步。而其他以房养老方案，适用范围也是比较狭窄。③产权制度。住宅70年使用权的限制，使年限将到期的房屋难以卖出好价格。《物权法》虽然规定，"住宅建设用地使用权期间届满的，自动续期"，但目前并没有任何规定明确70年产权到期后，抵押房屋自动续期是否有偿。如果存在续期费，对金融机构而言将是一个巨大的未知风险。

（五）我国推行以房养老方式的对策

1. 加强对以房养老的宣传

养儿防老的思想观念在国民心中根深蒂固。现如今，应让国民了解，我国传统家庭养老功能大为减弱，自我养老十分必要且具有可行性。国家应当通过各种平台宣传现代新型的养老观念,中国老人也应有"活在当下"的意识。另外,以房养老是新型的金融产品,要让民众顺利接受,还必须将以房养老相关的专业金融理财知识简化、通俗化,以便让民众了解以房养老的本质和具体操作过程。

2. 规范金融和房地产市场

具体做法主要有以下几方面:(1)规范金融市场,完善金融市场体系。以房养老作为一种新型金融工具,面临多项风险。由于以房养老参与主体较多,相互间利益难协调;其申请者大部分是老年人,维权意识和抗风险意识比较弱。如缺乏一个规范有序的金融市场,就很有可能会被个别投机商所利用。这不仅会损害老年人的利益,而且会对以房养老产生负面影响。现今参与"以房养老"的金融机构数量不多,实施方式也很单一,加上长期的银行信贷,给商业银行带来巨大的系统风险。为此改革金融市场的资金管理;积极引进先进并符合国情的融资模式十分必要。(2)调控房地产市场,发展房地产二级市场。在一个抛弃了商品性质的房地产市场里,"以房养老"施行的风险会相当大,因此需要建立一个理性和稳定的房地产市场。政府在建立健全房地产金融体制时,要对房地产市场进行适当的干预与调控,营造一种良好的发展环境。房产中介机构也是我国房地产市场的不稳定因素。"以房养老"在实施过程中,房产中介机构的不规范操作会加大金融机构的经营风险。因此,规范房产中介机构;改善房屋交易环境等措施也亟须跟进。"以房养老"涉及的房产主要是二手房,这就表示它的顺利实施离不开房地产二级市场的发展。我国的二手房交易市场日趋完善,但仍有相当大的进步空间,比如住房二级市场准入规则的建立;居民住房数据库的建立;还有相应的房地产交易信息网络的建立。

3. 完善相关制度的设计

"以房养老"关乎民生中最基本的问题——养老问题。这决定了它不仅是一个经济问题,也是一个社会难题。以房养老的成熟,需要国家从宏观层面出发,进行系统的制度设计。(1)法律制度。构建法律支撑体系,具体到住房保险的环节上,可以研究制定出涵盖房主的人寿保险、房屋的价值保险等内容的《住房抵押贷款保险法》。在资产评估环节,应根据我国已有的《城市房地产管理法》等法律,结合实际情况,制定出《房地产评估管理条例》。为了对住房反向抵押贷款申请人的权利、义务和资格,以及业务开办机构的权利与责任和操作程序等内容予以规定,还需要尽快制定出《住房反向抵押贷款条例》。(2)金融制度。以房养老在某种意义上来说也是一种金融产品的创新,因此,金融体制对其具有相当大的影响。到目前为止,我国基本上形成了一个以商业银行为主体,其他金融机构为补充的房地产金融体制，但其仍未成熟。我国目前市场容量狭小，融资工具缺乏；住房抵押贷款占贷款总额的比例较小；贷款的利率、期限、首期付款数额方面有明显的差异。因此，应积极引进先进并符合国情的融资模式；将竞争机制引入金融机构，倒逼其提升专业技能。（3）产权制度。以房养老必须以完全拥有土地产权为前提。2007年修订后的《物权法》规定："住宅建设用地使用权期间届满的，自动续期。"但自动续期是否无偿，《物权法》并未明确规定。而续期的费用，无疑将增加金融机构的成本。

二、互助养老

（一）互助养老的内涵与特征

"互助养老"作为一种新型养老模式，集合了家庭养老、机构养老和居家养老三种模式的优势，在老人们熟悉的环境中，主要依靠社区集体力量解决老年人问题。这种模式丰富了老人相互间的友情和精神世界，老人们在服务过程中学习到护理他人也包括护理自己的知识，同时增强了老人自身的独立生活意识。老年人互助组合最先是由社区中具有知识、技术专长和奉献精神的老人组织部分健康、有才智的老人帮扶困难老人，"互助友爱"是老人们互助的基本守则。互助式养老，以唤醒和提升老人生命活力作为养老的第一要素，通过运动、饮食、起居与情绪管理形成系统的健康生活指导方案。靠动员老人互助和伙伴式陪伴养成健康生活方式和落实健康指导方案，在康复身心上取得良好效果。互助养老是一种全新的养老模式，作为社区养老的补充，其更强调普通居民间相互的帮扶与慰藉。通过发起成立互助社，带动低龄老人服务高龄老人，以互助的方式解决社区养老问题。借助精准评估分析需求，以数据库建立为依托，连接爱心服务商等社会资源，提供各项居家养老服务，为社区居家养老提供低成本运营和深度满足需求的互助式系统解决方案。互助养老还包括同时住在养老机构中的老人之间通过互相帮助，实现既锻炼自身的生理机能，又帮助其他老人的目的的一种养老方式。

总结所得，"互助养老"是老年人们自主选择和政府引导相结合的产物，是老年人基于友爱互助、相互信任的基本原则，在基层社区实现的自我管理和自我服务。以社区为基础的"互助"，是城乡养老资源重组的重要协调合作机制，是实现城乡公共服务均等化的重要平台。老年人互助组合的方式是灵活多样的，涵盖了老年人邻里互助、亲友互助、社区志愿互助等多种互助形式。老年人在互的过程中实现精神情感的交流以及生活照料等需求的满足。"互助养老"不仅是老年人间的互助行为模式和"互助—自助"养老观念,也是一种基层养老体系,它以老年人的互助互爱为核心,需要政府的政策支持引导、法律保障和全社会的广泛参与构建,将养老的正式与非正式支持体系相结合,才能为老年人提供高质量的生活保障。

(二) 互助养老的价值与意义

长期以来,国内广泛实践的养老服务模式主要有家庭养老、机构养老、社区养老几种。但随着人口结构的变化,家庭规模日趋小型化,空巢家庭日益增多,子女数的减少在一定程度上使传统的家庭养老模式面临严峻挑战。同时社区养老服务和机构养老资源也难以满足老年人在生活、医疗和精神等多方面的需求。整体而言,养老模式还比较单一,整体效率也并不高,且存在着成本过高等问题。由此来看,互助养老无疑在一定程度上弥补了家庭养老、机构养老以及社区养老存在的不足。

(1) 有利于缓解养老服务的需求压力。在竞争日益激烈的现代社会,人们承担着各种各样的压力,中青年一代在照顾老年人时日显捉襟见肘,尤其照顾失能、半失能老年人时明显力不从心,使家庭养老的功能不断弱化,社会养老的供给亦无法满足日渐增加的养老需求。根据2014年"中国老年社会追踪调查"(CLASS)数据,目前我国老年人口中以低龄老人为主,60~69岁的老年人占比为54.03%,70~79岁的老年人占比为32.13%,80岁以上的老年人占比为13.84%。通过互助养老,倡导老年人之间尤其是低龄老人对高龄老人的互助帮扶,一定程度上既能解决老年人的养老问题又能缓解当前社会的养老压力。

(2) 有利于提升老年人的生活质量。根据2014年"中国老年社会追踪调查"数据,24.78%的老年人有不同程度的孤独感,尤其是独居老人孤独感较为严重,老年人的正式活动参与率、社会公益活动参与率仅为20%左右。以亲老互助、邻里互助等形式的互助养老,能够满足老年人日常交流、精神慰藉的需求。而精英大众形式的互助养老,"精英老人"可以通过社会组织,开展老年人文化娱乐活动,增强老年人参与社会活动的积极性,丰富老年人的闲暇生活,实现了与"大众老年人"间的互动与互助。

(3) 有利于完善我国的社会养老服务体系。据国家统计局数据显示,31.95%的老年人具有机构养老意愿,但68.05%的老年人表示无论在何种状况下都不会选择机构养老。其中,在具有机构养老意愿的老年群体中,因为身体不好,需要有人照料而入住养老机构的老年人占64.49%。另外,不同特征老年群体的机构养老意愿存在异质性。受传统观念的影响,年龄越大的老年人机构养老意愿越低,80岁及以上老年人入住养老机构养老的意愿比60~69岁年龄组老年人低8.52个百分点。受教育程度越高的老年人越能够接受机构养老,79.34%的文盲老年人表示无论何种情况都不会去机构养老,而大专及以上学历老年人的比例为48.28%。城市老年人的机构养老意愿比农村高17.37个百分点。① 由此可见,老年人受传统观念的影响,对机构养老的认知度不高,对养老院等养老机构的接受程度较低,要建立与人口老龄化进程相适应、与经济社会发展水平相协调的社会养老服务体系仍任重道远。因此,在探索新的养老途径中,互助养老在一定程度上可以逐渐改变老年人的传统观念,使居家养老、社区养老、机构养老及互助养老等协调发展,进而逐步完善社会养老服务体系。

(三) 互助养老的主要类型分析

互助养老不同于家庭养老和社会化养老模式,它着重强调老年群体之间的守望相助。2011年国家就提出了以村为基点,积极探索农村互助养老新模式。2012年民政部推广河北省肥乡县前屯村创办的农村互助幸福院,在此之后全国多省份都已推广这种模式。从政策到落实,从理论到实践,互助养老以多种类型在全国推广实施,综合各地实践,按照互助养老主导者的不同,可以将互助养老分为政府主导型互助养老、社会自组织主导型互助养老、家庭主导型互助养老三种类型。

(1) 政府主导型互助养老。政府主导型互助养老是指政府担当养老服务的责任主体,是互助养老推广和发展的主导者,在互助养老的推广中发挥着重要作用。其主导功能主要体现在政策支持、财政投入、规范引导、监督检查等方面,其基本原则是社区或村主办、互助服务、群众参与、政府支持。其优势体现在:一是社区或村级组织可以整合和利用现有资源进行承办;二是政府在政策和资金上的支持,既可以建立养老互助机制,也利于推广应用。比如河北省肥乡县前屯村创办的农村互助幸福院就是典型的政府主导型互助养老模式,具体由村级主办,政府给予政策和资金支持,通过开展互助服务,有效解决了当地独居老人的养老问题。

(2) 社会自组织主导型互助养老。社会自组织主导型互助养老是指由社会力量承担相应的互助养老服务责任,以社会志愿者自愿申请、政府购买养老服务等

---

① 国家统计局. 家庭照料对老年人机构养老意愿的影响——基于CLASS数据的实证分析 [EB/OL]. http://www.stats.gov.cn/tjzs/tjsj/tjcb/dysj/201902/t20190202_1648187.html.

形式开展互助养老服务。其优势主要有：一是社会自组织具有公益性、非营利性、利他性、志愿性等功能，它在提供社会服务方面具有独特作用，有利于满足全社会多样化的养老服务需求。二是有利于老年人参与其中，使老年人既成为服务的主体也是服务的对象。例如，上海推行的"老伙伴"互助养老模式就是由社会组织承接"老伙伴"计划，该计划在社会内招募低龄老年志愿者，并对他们进行相关照护方面的培训。通过低龄老人志愿者与高龄独居老人结对互助，低龄老年志愿者定期为高龄老人和独居老人提供无偿服务，让高龄老人"老有所乐"，让低龄老人"老有所为"。

（3）家庭主导型互助养老。家庭主导型互助养老是基于地缘和业缘的关系，让彼此相识、关系相近的老年人自发组织集聚在一起生活、休闲、娱乐，互帮互助，发挥老年人自身的作用，变被动为主动，既能排解子女不在身边的孤独感，也能老有所为、老有所乐。家庭型互助养老的优势主要体现在：一是老人们处在一个熟人社会网络中，彼此之间更为了解，养老服务更具针对性和实效性。二是这一类型的互助养老更迎合老年人的传统养老观念，易形成长效机制。比如，福建省泉州市的抱团互助养老已成为不少"空巢老人"自发的选择。抱团养老是一种松散的群体结构，没有约束感，抱团的老年人彼此熟悉，有共同语言，更易在养老方式上达成共识，每个人可以根据自己的实际情况选择独处或聚集，老人之间的互助既是交流也是关怀。

（四）国际互助养老经验案例

1. 西欧国家的"时间银行"互助养老

在英国、德国等欧洲国家，都以"时间银行"的形式来开展互助养老服务。会员通过为他人提供服务来储蓄时间，当自己需要帮助时，再从银行提取时间以获取他人服务。其实质是通过"时间银行"这个中介，用时间来量化服务，实现劳动成果的延期支付，从而在社区达到互助共济之目的。在德国，社区老年人共同购买一栋别墅，分户而居，由相对年轻的老人照顾高龄老人，还有的地方安排大学生和独居老人合住，由大学生照顾老人，大学生可获得免交房租的优待。

2. 美国的社会参与式自助养老

美国文化强调自强、自立，不能单纯地依赖政府和社会，所以政府提倡自助养老，政府与社会提供各种项目帮助老人做力所能及的工作，发挥其自身价值。一是祖父母的养育项目，指低收入的老人每周为残障儿童工作一段时间以获得报酬。老人可以给这些孩子个别的关注和建议并建立友谊；还可以帮助孩子完成家庭作业，并把自己的经历和智慧告诉他们。二是为老年人提供的雇用项目，老年人可以到老人服务中心、学校、日间照顾中心等做力所能及的兼职工作,并领取一定的薪水。三是老人帮助老人的老年人互助项目,指雇用低收入的老人去帮助生病的、年老的等各种有需要的老人,如陪伴、聊天、做饭等。四是老年志愿者项目,指社会服务机构、红十字会以及福利团体等招募和培训老年志愿者,让他们在社会工作者的指导下做一些志愿性服务,如接送服务对象、为卧床不起的人购物、让医院中的病人心情愉快、做维护性工作等。美国社区老年服务种类繁多,有日间护理中心、老人服务中心、廉价营养午餐项目等。

3. 日本社区居民互助养老

非营利组织是日本养老服务中的主要力量。日本的非营利组织可以划分为四种类型:社会福利协会型、政府助手型、社团组织经营型和居民互助型。由于日本政府沿袭国家福利模式,对非营利组织的支持和发展缺乏政策和法律的援助,所以规模宏大、资金雄厚的非营利福利组织体系相对比较弱,而活跃在社区层面上的小规模、自发形成的自然组织比较发达。其中居民互助型就是一种小规模的贴近居民生活的福利非营利组织,所提供的福利服务已经成为居民生活中不可欠缺的一部分。它是生活在同一社区中的居民之间,本着邻里互助的精神自发性成立的一种福利服务供给体,目的不在于营利,而在于通过互帮互助营造一种民主管理体系和比较宽松的社区生存环境。它的经济来源和劳动力来源主要依靠政府资助、社会捐助、经营收入以及志愿者提供的无偿劳动。由于居民互助型组织具有成本小、亲情味浓、能够满足居家老人要求的优势,近年来发展速度非常快。

(五) 发展互助养老模式的路径

在我国养老压力倍增的背景下,互助养老作为现行社会养老服务体系的一种有效补充,在缓解养老服务需求压力、提高老年人的生活质量、完善养老服务体系等方面都起到了积极的作用,但同时也面临许多困境与挑战,如发展方向不明、制度建设滞后、互助形式单一、资金保障不足等。互助式养老模式的兴起,与我国人口结构和社会发展步调相适应,也为年轻人解决异地养老难题、减轻养老负担提供新思路,无疑是值得肯定的创新之举。因此,积极探索建构互助养老运行机制、推动互助养老模式持续发展势在必行。

(1) 完善相关制度法规,为互助养老模式的运行提供政策支撑。目前我国的互助养老模式在多个城市付诸实践,虽然取得了一定效果,但各地做法多样化,且在管理、服务、监督机制上缺乏规范性,导致互助养老运行质量不高、规范性不够等问题。因此结合各地实践,政府可以出台相应的法律法规以及针对规范互助养老模式运行机制的相关政策,为互助养老的开展和完善提供指导依据。

（2）鼓励社会参与，为互助养老提供社会支持。互助养老在实践中仅仅依靠政府的力量已无法满足老人多样化、个性化的养老需求，同时也使政府面临更大的压力。因此，应鼓励企业、社会组织和个人参与、支持、帮扶互助养老的具体实践，为维持互助养老的实施和持续发展提供一定的资金、服务、人员、活动等方面的支持，使互助养老形式更加丰富。

（3）拓展服务内容，完善互助养老的服务功能。互助服务是互助养老的核心，开展互助服务就是充分激活老年群体力量，促成老人之间的相互扶持和相互慰藉。拓展互助内容，挖掘长者潜能，不断丰富老人"老有所为"的新形式。例如，组织老年人参加社会志愿服务等，让老年人在参与活动中有所作为，在服务他人的同时体现自身价值，并创造社会价值，赢得社会的认同和尊重。

（4）开展互助服务，发掘老年人的养老潜能。在互助养老模式中，互助服务是其核心内容。开展互助服务就是充分活化老年人力资源，形成老人群体内部的相互扶持、相互慰藉，低龄老人服务高龄老人，健康老人服务病弱老人，乐观老人服务悲观老人，有知识、技能的老人服务有相关需求的老人。它不仅从实际上满足了老人的各种生活需求，还增强了老人之间的互动，发展了友情，同时也形成了共老、伴老的生活共同体，排解了老人内心的孤独和苦闷。因此，目前应在互助服务方面进行多种形式的探索，为老年人的晚年幸福铺路。一些发达国家及我国浙江金华等地已通过"时间储蓄"和"劳务储蓄"等形式，有效建立长者之间的互助照料体系，累积并传递量化的老人服务，从而良性循环，完成低成本的老年护理活动。这些经验值得借鉴。另外，老人拥有知识、生活经验等宝贵的资源，应该以积极的视角重新审视老年人，不能把他们视为被动的"依赖者"，要为老年人构建"积极老化"的生活环境，实现其"老有所为"的养老追求。在互助养老模式中，通过老人之间能量、资源的相互交换，在帮助别人的过程中实现自身价值，赢得群体的认同和尊重，这样的实践对于施助者和受助者、互助群体乃至整个社会正能量的传递都是大有裨益的。

（六）互助养老模式发展创新模式案例——"时间银行"

"时间银行"是一种互助养老新模式，志愿者为老年人提供养老服务后，公益时长可存入"银行"，未来为自己或者亲人兑换相同时长的养老服务。这种创新的方式，目前已在北京、南宁、南京、重庆、成都、遵义等地作为试点开始试行。

在肯定"时间银行"的创新价值之余，新思考和新问题也随之而来。"互助模式"下，志愿者根据用户需求提供上门服务，服务过程难免存在独处时间，提供服务与被服务双方的安全问题成为人们的首要关注点。这就要求平台在用户注册环节多下工夫，在双方身份审核环节严格把关，审核无误后才能给予"志愿通行证"，绝不能为损害用户生命安全和财产利益的行为留有一丝空间。在扩大推广范围前，也需从充分保障各方利益的层面出发，对这一模式进行制度化和体系化的完善，加强宏观监管和细节规范，让选择加入"互助"行列的人们更加放心、安心。南京自2012年起试行"时间银行"，在建立了一套有效制度的同时，也面临一些难题：例如，如何保证服务时间准确无误；时间存储和兑换的周期长、经手机构多，容易在记录过程中发生错误甚至遗失；志愿者迁离本市后，数据如何在多地流转、通兑。2019年10月起，南京建邺区某社区试点在支付宝里存储公益时间、兑换养老服务，且整个流程被记录在区块链上。同年11月20日起，这种方式被推广到全区，建邺区也是全国首个把"时间银行"搬上区块链的地区。应用区块链技术，可确保"时间"的存储和兑换公开透明，防止丢失或者篡改，还可以跨机构、跨区域通兑。另外，志愿者积累的公益时长，可以留到自己老了以后用，也可以为父母等亲人兑换服务，还可以传给后代，或者捐给"时间银行"，赠送给有需要的孤寡老人使用。①

---

① 六成受访者愿意尝试"时间银行"互助养老［EB/OL］. https：//ishare.ifeng.com/c/s/7rlqUqy6XCe.

第四章

创新型养老服务模式探究

经济新常态下,互联网发展迅速,老龄化日趋严重,养老服务以科技发展为依托,滋生出新的形式、新的发展。近些年,我国主要进行了创新型养老服务模式的探究,主要有智慧养老、旅游养老、文化养老等养老服务模式。

第一节 智 慧 养 老

如今,日益增加的新技术被应用到养老产业,照料老年人日常生活,并且进行健康管理、医疗处理和提供精神方面的陪伴与关爱等服务。自2012年底开展国家智慧城市试点工作以来,住建部和科技部先后公布了三批试点城市名单,近300个城市(区、县、镇)成为国家智慧城市试点,包括智慧社区服务、医疗保健、养老和社区的智慧在应用程序中的应用。运用新一代信息通信技术,构建实体或虚拟的平台,创新养老服务应用,推动养老产业发展成为当前人们比较关注的话题。与智慧养老平台相关的概念和术语正大量出现,如养老公共信息平台、养老信息服务平台、养老服务运营管理平台、智能综合服务平台、养老服务OTO平台、智慧养老服务平台、养老信息化共享云平台、智慧养老大数据平台、物联网养老平台、互联网养老平台等。借助大数据、云计算等新技术,个性化智能产品不断推陈出新,为老年人保驾护航。根据《智慧健康养老产业发展白皮书》显示,目前市场中的智慧健康养老项目包括终端设备、软件产品和系统集成服务,应用服务主要包括老年人远程监护、慢性病管理、在线医疗、社区健康养老等。

一、智慧养老的概念

（一）智慧养老的基本含义

智慧养老的概念源自英国生命信托基金，是指借助网络技术与信息平台跨越时空界限向老人提供实时高效的养老服务。智慧养老借助物联网、大数据、智能化设备等新技术、新设备，为老年人提供全天候、多层次、高效便捷的养老服务，满足老年人物质需求与精神需求。在家庭养老、社区养老、机构养老等领域，智慧养老正得到推广和应用。智慧养老减少了人工成本，提高了工作效率，提升了服务品质，受到广大老年人的青睐。智慧养老有望解决传统养老产业在居家照顾、医疗保健、精神关爱等方面的痛点。具体来说，智慧养老就是以互联网、物联网为依托，集中运用现代通信技术、计算机网络技术、老年服务业技术和智能控制技术，全方位实现老年人在安全保障、医疗保健、日常起居等方面的养老服务。"智慧养老"模式依托先进的计算机技术，主要体现在"智"和"慧"的养老模式，即一方面利用互联网、物联网等信息技术向老人提供友好、自助式的生活服务，另一方面实现了涉老知识的高效管理和利用。智慧养老加强了养老服务信息化管理这一创新理念，使养老服务的信息、组织资源充分整合，社会支持更有效地汇聚。智慧养老将分散的养老服务机构联合起来，构建养老服务云平台，从而形成一个虚拟的大社区，可使老人获得更加专业化的养老服务，还可使政府部门更好地进行养老机构建设规划。智能社区还能通过高效的通信网络、便捷的操作缩短老年人与社会的距离，更多地参与社会交流。这不仅是对老年人和网络的弥合、强化甚至重构，更是一种创新的社会网络。在中国，"数字化养老"成为"智慧养老"的雏形，在此基础上业界陆续发展出了"信息化养老""科技养老""网络化养老""智能养老"等理念和应用，2013年后学界逐步用"智慧养老"覆盖和替代了上述概念。如今"智慧养老"被普遍认为是一种依托智慧城市建立的养老服务体系。不过，智慧养老产业尚处于起步阶段，还没有形成成熟的服务模式。智慧养老供给服务呈现碎片化特点，没有形成一个完整的产业循环，很多智慧养老产品的技术稳定性、可靠性也有待提升。现在有很多好的科技产品，但是应用服务跟不上。

（二）智慧养老模式的内容

根据老年人的不同生活需求层次，即老年人日常安全监护、日常生活资源供应、日常生活帮助、医疗健康服务以及精神慰藉的需求，构建智慧养老居家养老模型（见图4-1）。左侧对应智慧养老平台能够提供的服务或者平台组成部分，包括精神慰藉（spirit-comfort）、医疗健康服务（medical-care）、老年人日常生活帮助中心（aid-center）、生活物资供应（resource-supply）以及远程安全监护（tele-monitoring），从上到下5个部分的英文短语首字母组成"SMART"，左右两个部分共同构成智慧养老平台的SMART居家养老模型。SMART这个英文单词本意是聪明的、智慧的，与我们的智慧养老含义非常吻合，也非常好记忆。

```
S  --spirit-comfort-->    老年人精神慰藉
M  --medical-care-->      老年人医疗健康服务
A  --aid-center-->        老年人日常生活帮助
R  --resource-supply-->   老年人日常生活物资供应
T  --tele-monitoring-->   老年人日常安全监护
```

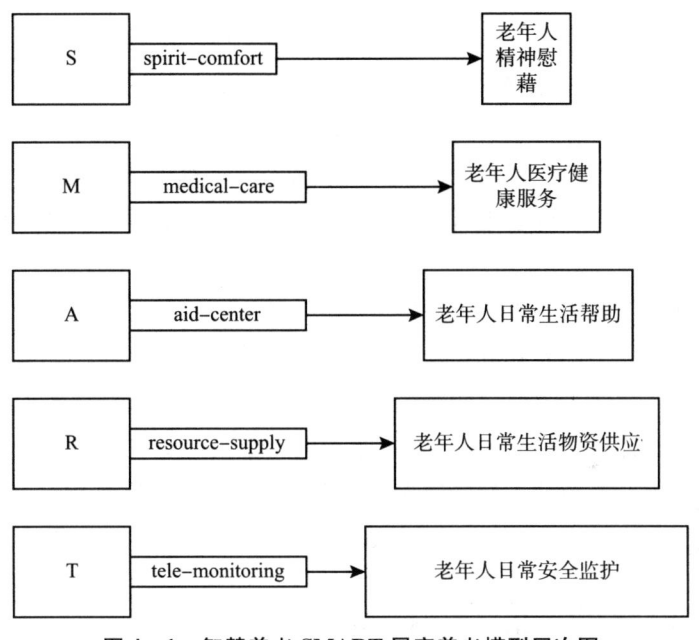

图4-1　智慧养老SMART居家养老模型层次图

（1）远程安全监护（tele-monitoring）是老年人居家养老的首要需求，也是智慧养老信息平台为老年人提供服务部分的基础功能之一。将远程安全监护作为最底一层的需求与平台模型最基础的部分，是因为相较于传统意义上的居家养老，智慧养老突出的特点在于借助信息科技的力量为养老服务提供支持；而生命安全是老人最重要的需求，老年人由于生理条件和反应能力等特点，成为意外事件的高危人群，因而对于老年人的安全监护是老年人的首要需求。特别是对于子女不在身边的老人，或者白天子女需要外出上班而无人看管的老人，发生意外时，无法得到及时的救助成为威胁老年人生命安全的巨大隐患。通过远程监控技术，可以监控独自在家的老年人的生活起居，有效规避老人发生意外时无人知晓、不能得到及时救助的情况发生。如果铺设重力感应地板等智能家居材料，还可以监测到老年人摔倒等意外情况，及时发出报警信号或者通知老年人的子女。配合移动设备，如智能腕表等以及无线互联网、GPS定位等信息科技手段，还可对老年人实行户外安全远程监控。

（2）生活物资供应（resource-supply）是老年人日常生活的另一个重要需求。老年人日常生活物资供应主要是指采用老年人的"一键通"等服务，智慧养老平台与社区附近商家、超市等合作，为老年人提供平台订货、送货上门的服务，让老年人享受到足不出户就能吃到新鲜蔬菜、喝到当日牛奶，生活日常用品全部送货上门的服务。

（3）老年人日常生活帮助中心（aid-center）则针对老年人的家政服务需求。智慧养老平台与家政公司合作，老年人在家预约家政服务，服务人员上门提供生活帮助服务。服务的质量以及服务人员的服务态度等都可以直接反馈到智慧养老平台的帮助中心，中心的管理者根据反馈情况选择优质的家政公司形成长期固定的合作。

上述需求，都是老年人的日常生活需求，也是当前许多试点智慧养老平台为老年人服务的重点。随着服务模式的探索以及资金的进一步投入，智慧养老平台有希望为老年人提供更高层次的服务。老年人的生理特征决定了其医疗健康服务（medical-care）的需求成为生活中非常重要的一部分，智慧养老平台通过投入先进的医疗设备结合专业的医疗专职人员，为老年人提供疾病诊断、治疗方案等服务，并可通过与老年人购置的个人健康设备互联，对老年人的日常健康状况进行监控。

同时，可根据专职医护人员和职业营养师等人的专业知识为老年人提供健康养生的建议，从多方面满足老年人的医疗健康需求。正如前文提到的，智慧养老除了满足老年人的物质生活需求外，还要满足其精神需求，即提供精神抚慰（spirit-comfort）。智慧养老平台可以集成一些专门为老年人开发的社交网站，老年人可以登录因特网、使用社交网络追踪社会时事新闻，与亲人朋友时刻保持联系以及进行网上娱乐等。另外，老年人还可以利用个人的智慧以及知识沉淀积极发挥余热，通过线上线下的互动贡献个人力量，实现个人价值。

因此，随着养老模式的不断发展，它所呈现出的多元化发展态势必定将更好地促进经济建设的发展。只有"智慧"地满足老年人的各项物质及精神层面的需求，同时借助信息科技的力量才能实现绿色养老、环保养老，最终为老年人打造健康、便捷、愉快、有尊严、有价值的晚年生活。

（三）智慧养老产品现有模式

1. 智慧养老平台

国内有众多学者投身于智慧养老平台及系统领域的开发研究。例如，依托电信运营企业的统一化开放平台设计智慧养老信息系统总体架构，分析服务平台的功能，完成平台功能的设计，以及平台与政府网站群对接，最后对接口管理和定制终端功能进行了描述（张宇峰，2021）；在移动互联网和社区养老模式的基础上进行基于 Android 技术的智慧养老平台设计，调研和分析了老人的需求并进行归类，然后通过 Ruby onRails 技术和 Android 技术部署到 Web 网络平台和 Android pad 移动终端，同时为社区老人建立了电子健康档案，并将整个系统部署到老人社区（向运华，2016）；另外，运用传感器技术、数据库技术、图形用户界面技术（Graphical User Interface，GUI）完成智能养老住宅远程监控系统的设计，实现老年人生命体征参数（心率、体温、血压等）以及室内环境质量参数（温度、湿度、光照、二氧化碳浓度等）的远程监测，并进行系统的跨平台运行（耿永志等，2017）；还有一些学者引入了节能的概念，从建立多个子系统（健康检测子系统、照明及温控子系统、住宅设备远程监控子系统和智能安防子系统）入手，构建智能与节能养老住宅监控系统（间志俊，2018；刘霞，2018；廖喜生，2019；屈巍，2017）。

2. 智能养老家居

国内对智能家居的研究大多集中在智能家居系统设计范畴，对智能家居产品的研究还比较匮乏，相对国外而言，研究尚处于起步阶段。国内现有研究对智能家居产品做了一些总结性的介绍，构建了一副智能家居图：虹膜识别门可自动识别老人虹膜进行开门（曹莹，2018）；气象感知器可自动测定室外温度、湿度、风速，提醒老人出门注意事项；智能恒温器能记录用户室内温度数据，进行用户习惯识别；防跌倒地板可检测到老人的异常活动状态；智能茶几能提醒老人按时吃药及吃药用量；智能鞋柜可自动推送给老人合适的鞋子，无需老人自己弯腰穿戴。另外，在家居安防的基础上提出可以检测白血球、尿糖的马桶，具有压力感应的床垫、板，以及可以检测体温的拖鞋。每一件产品都是一台健康检测仪器，可以记录老人日常生活的轨迹。还有一些对智能淋浴房和智能浴缸进行了设计，智能淋浴房可以通过手机 APP 控制卫浴情况，用声控调节水温，可进行洗浴时间的控制，还能进行针刺按摩、蒸气治疗、音乐疗养等保健活动，一旦发生意外情况会马上报警（胡凡，2019）。可穿戴设备是智能家居不可缺少的组成部分，可穿戴设备具有随身携带、灵敏度高、交互性好的特点。国内对可穿戴设备的研究并不多，主要对老年人可穿戴设备位置总结为头部、上肢、手部、足部四类。头部类包括智能眼镜、智能头箍；上肢类包括智能胸带、智能环、智能胸针；手部类包括智能手环、智能手表、智能戒指等；足部类包括智能鞋、智能足环。另外，智慧衣可以获取老年人心电信号并进行数据分析，一旦出现异常情况可向监护方和医院发出求救信号（李泽慧，2019）。智慧衣要设计得舒适，在确保接触良好的同时不能对皮肤造成伤害，要具有良好的弹性，易于身体活动。

3. 智能养老机器人

养老机器人是指辅助老年人进行日常生活照料、监护、交流的机器人。2012年，国家科技部发文《服务机器人科技发展"十二五"专项规划》，表明要促进服务机器人产业的发展，将重点开发辅助高龄老人与残障人服务机器人，将机器人发展纳入老龄化的社会背景中。按照老年人的自主能力，一般将老年人分为完全能自理老人、介助老人、介护老人三大类。养老机器人的功能主要分为生活服务、安全监护、医疗保健、学习交流四大类，可将老年人的不同需求与不同功能的机器人匹配。其中，安全监护类机器人主要对老人进行安全健康检测及救护，老人身上会配备定位、跌倒传感器和生理参数检测节点，传感器和机器人是交互的。当老人发生意外情况时，传感器进行识别并发出警报，方便家庭和工作人员进行远程操作及救助。还有一些机器人融入中医按摩理论，建立了五种按摩手法的力学模型，构建了最优几何结构模型，为老年人生活和健康带来了帮助。更深层次的医疗保健类机器人还能对老人进行康复式训练、用药提醒，并能提供寻医问药、养生保健、健康饮食等方面的咨询建议。一些学者以护理模式为切入点，确定了人性化、智能化、家庭化的护理模式，在此基础之上对机器人护理需求进行了调研，并以人机工程学、心理学、美学为设计依据运用 Rhino 软件进行了护理机器人的三维模型建立。生活服务类机器人也受到老年人的青睐，如集多功能护理床位、大小便处理装置、智能电动轮椅一体化机器人，不仅可以给老人提供护理床位的抬背、曲腿，还能进行床椅自动互换、分离、对接，轻松解决卧床老人的如厕问题。安全性也是人机交互过程中应重点注意的事项，像机械和电气性能机器人，一旦失控会直接危及人身安全，因此要加强机器人的识别、安全、可靠性。

二、智慧养老发展现状

2013 年，全国老龄工作委员会开始加强对智慧养老实验基地的管理和建设，智慧养老逐渐从社会养老服务的概念中脱离出来，发展成为一个完整的体系。

2015年，国务院发布《关于积极推进"互联网+"行动的指导意见》，鼓励移动互联网在智慧养老中的应用，进一步促进了智慧养老走出社区，向着公众服务的阶段迈进。2017年工业和信息化部、民政部、国家卫生和计划生育委员会联合发布《智慧健康养老产业发展行动计划（2017~2020年）》，国家开始关注智慧养老产业的发展，这既是对智慧养老发展的肯定，也标志着智慧养老进入了一个政企联动、开放融合、共同发展的新阶段。2017年12月工业和信息化部办公厅、民政部办公厅、国家卫生和计划生育委员会办公厅公布了2017年智慧健康养老应用试点示范名单，其中包括近200家智慧养老试点，国家对智慧养老的重视程度日益加深。虽然现在智慧养老模式已经普遍发展起来，但是在发展过程中仍然存在很多困境，主要有以下几个方面。

（一）智慧养老产业发展不成熟

目前我国智慧养老产业尚未形成规模，仅仅局限于智能穿戴设备、智能家居和医疗服务领域。而智慧养老企业尚未形成成熟的商业模式，发展初期所提供的服务利润较低，易夭折在"摇篮"中。除此之外，目前的智慧养老服务包括安全监护系统、智能养老系统和健康管理系统等，各平台之间存在"各自为政"的现象，如各类平台所承担的智慧服务、动态监测和行业监管三方面职能在顶层设计上还存在缺乏有效协作、平台间沟通不畅、功能重复、标准不统一等问题。最重要的是，政府在智慧养老中没有充分发挥作用，导致智慧养老行业缺乏整体规划和行业标准，与智慧养老产业相匹配的政策还没有得到落实，顶层设计仍不完善。

（二）智慧养老服务供需矛盾突出

当前我国老龄化情形加剧，老年服务需求不断加大，然而国内智慧养老产业尚处于发展初期，供需存在结构性矛盾。一方面，企业缺乏大众化、接地气的配套养老服务，无法满足大部分老年人的护理需求。另一方面，企业盲目发展高水平服务，脱离了老年人护理的根本需求，从而产生了高水平养老服务的"产能过剩"。

（三）缺乏专业人才与团队

智慧养老服务领域需要专业的人才及团队来推进，要在试点过程中切实针对老年人需求找出存在的问题，并通过专业化分析来解决。然而当前，我国智慧养老产业专业复合型人才缺口巨大，人才队伍整体素质有待进一步提高，这严重制约了智慧养老产业的发展。我国智慧养老产业目前人才吸引力不足，低水平从业人员较多，由于缺乏专业护理知识、心理学知识、医疗知识，自然无法为老年人提供高质量、多元化的服务。而且，老年人由于年纪较大，在情感需求上更依赖某个长期固定的服务提供者，而由于我国养老行业从业人员流动性较大，这就导致从业者无法为老人提供优质的心理疏导。

（四）智慧养老产品缺乏人性化

目前，我国智慧养老产品多以智能穿戴设备和智能家居产品为主，这样的智慧养老产品虽然突出了智能的特性，却也忽略了受众老年群体自身的特殊性。一方面，老年群体与外界沟通较少而对智能产品知之甚少，在产品使用方面存在困难；另一方面，老年人年老体弱、视力不佳，一些智能产品使用说明书字号过小，增加了老人阅读的困难，使老人在主体观念上更不愿意接纳智能养老产品。

（五）区域间差异较大

由于东西部地区经济发展状况的不均衡，智慧养老产业的发展也存在很大差异。东部地区经济发达，科技水平远超西部地区，智慧养老产业发展虽说近几年刚起步，但也在迅速发展。西部地区作为经济欠发达地区，智慧养老产业的发展也相对滞后。

（六）新技术成本高

智慧养老主要依赖智能家居、智能穿戴设备及传感器等科技品，以目前的经济水平来看，这些设备价值不菲，一般家庭难以承受。同时，一些高档养老社区虽然能够提供智慧养老服务，却也有"高门槛"的准入原则，无法满足中等及低收入老年人的养老需求，无法使智慧养老服务普及化。更重要的是，目前一代老年人大多消费观念保守，在选择高昂价格的智能产品时仍心存顾虑。

三、国外智慧养老的发展现状

在全球经济发展速度放缓、发达国家老龄化趋势日益加重的大背景下，西方发达国家的养老服务体系也出现了许多问题。劳动力成本的提高和人才的流失使得照护成本大幅度增加，照护人才供应不足，政府的财政压力增大。因此国外发展智能居家养老，一方面希望通过科技来增强老年人独立生活的能力，提高照护人员的工作效率；另一方面，出于人性化的考虑，通过减少照护人员的使用来维护老年人的尊严，尊重老人的隐私，注重老人的精神慰藉。

(一) 德国的智能家居辅助老人生活

德国是欧洲老龄化较严重的国家，也是世界上老龄化最严重的国家之一。德国政府对智能家居的发展十分重视，计划在2050年之前全面推广智能家居，让更多的德国家庭享受智能家居技术，环境辅助生活（AAL）系统就是专门为老年人设计的智能家居系统。环境辅助生活（AAL）系统，是指通过现代化的感应传输装置，将家里的各类仪器智能化，共同连通在一个具有扩展性的智能技术平台上，构建一个即时反应环境，对居家者的状态和环境对象进行分析，立即做出判断与反应。AAL系统最为人称道的地方在于它的整体性，能够将居住环境中的所有设备进行有效整合，在智能技术平台上进行统一调配，与老年人的居住环境融为一体。该系统将生活照料、医疗保健、精神慰藉等多种功能融为一体，既拥有自动喂餐机、可移动智能床等能够帮助失能老人生活的智能设备，也有血压计、血糖监测仪等医疗保健设备，同时建立老年人健康日历，对老年人的健康数据进行检测和处理，还有适合陪伴阿尔茨海默病患者的电子宠物，防止阿尔茨海默病患者半夜起床出走的床脚边感应毯等。

AAL系统可以同时满足减少人工成本和提升护理人员的工作能力，提高护理人员的工作效率的要求。更重要的是，AAL系统的整体性使之能够大幅度提升老年人居住的舒适性，智能技术平台的统一调配极大地提高了各项智能设备的使用效率，打破了传统的智能家居中各功能各自为政的壁垒，相较于传统智能家居有了极大的进步。AAL系统最大的弊端是价格相当昂贵，尽管欧盟不断促进AAL系统降价，但是对于普通家庭来说仍然十分高昂，加上每年必须缴纳的服务费用，许多经济条件一般的老人难以承受。

(二) 美国智慧养老市场化发展

美国政府对居家养老的具体运作方式不做直接干预，社区居民主动参与到居家养老服务内容的设定和服务的提供中。美国的养老服务采用了市场化的运作模式，引入了市场竞争机制，在提高服务质量的同时降低了政府的管理成本。美国的智慧养老发展也沿袭了这种市场化的方式。在美国，互联网的普及和众多的科技企业的研发为智慧养老的发展创造了条件。"婴儿潮"时期出生的美国老年人较其他国家的老年人接触互联网更早，也更能熟练地使用计算机、智能手机等设备。美国智慧养老市场发展迅速，苹果等大型的高科技厂商纷纷投身于智慧养老产品的研发，并对许多产品做了适老化改造，以适应老年人的生活习惯。认证居家养老专家（CAPS）提供上门服务，对老年人的住所进行智能化改造。供应商也开发出了为老年人提供远程慢性病监控的系统，如"照护创新"（Care Innovations）或"理想生活"（Ideal Life）。一些在线网站能够满足老年人自我实现的需求，例如可以为老年人提供工作信息，老年人可以在网站上查找在线课程及开放课件。互联网的普及为智慧养老在老年人中的普及提供了便利，同时也大大节省了对老年人的宣传和培训费用。美国众多的科技公司则为智慧养老的发展奠定了技术基础，当"居家养老"逐渐成为美国人养老的主流时，美国养老产品和服务市场开始被重塑，许多企业开始研究如何通过新技术解决居家养老的难题，由此推动了智能家居和老年人生活辅助设备的开发。智慧养老的市场化促进了智慧养老产业的快速生长，但是也带来了诸多弊端。由于智慧养老市场处于初创阶段，发育并不成熟，缺少有序的细分市场。无论是科技巨头还是创业企业都处于一种无序的竞争状态中，挤压了小企业的生存空间。此外，过度的市场化对贫困老年人产生了价格壁垒，使收入较低的老年人难以享受到智慧养老服务。

（三）日本高科技的充分运用

日本是世界上老龄化进程最快、老龄人口比例最高的国家。在高龄化和少子化的双重压力之下，日本的养老服务体系较早地建设完毕并发展成熟。在日本，完善的立法是保障养老服务体系运行和发展的重要法宝。早在1963年，日本就颁布了《老人福利法》开始实行社会化养老，经过几十年的发展形成了成熟的介乎制度。由于高龄老年人数量众多，日本的养老科技发展较早，许多高科技辅助产品的技术已经比较成熟，使日本在发展智慧养老的过程中形成了强大的技术优势。为了方便老年人居家养老，日本在智能家居的设计和建造方面积累了丰富的经验，标准化成为保障智能家居发展的重要一环。日本政府通过了《高龄者居住住宅设计指导方针》《高龄者居住安定保护法》，对智能家居的设计标准进行了规范，同时也保障了老年人居住环境的健康安全。细节化、人性化是日本智能家居的另一个重要特点，在智能家居的设计建造过程中，充分考虑了老年人的生活习惯和身体状况，充分运用建筑学和人体工学知识，凭借通过生物认证技术建立的可以自动识别来访者的自动门识别系统等，都充分体现了科技和人文的有机结合。此外，日本发达的机器人技术也在智慧养老领域得到了充分的运用。机器人产业作为新兴产业也为市场创造了庞大的效益。据经济产业省预测，到2025年，老年人用的机器人将创造出2.6万亿日元的市场份额，到2035年，市场份额将增加到5万亿日元。日本的机器人产业在老年人的照护中将发挥越来越重要的作用。①

健全的法律系统和先进的技术是日本发展智慧养老的强大优势，在完善的制度和健全的法律保障之下，日本的智慧养老市场能够更加健康地发展，各项标准和规范也更容易制定。日本政府对机器人的研发给予了大力支持，日本公布的《机器人白皮书》提议通过机器人技术来解决老龄化及人口减少问题，对面向老人的机器人技术的开发予以了重点关注。然而庞大的老年人口和长期停滞的经济则对智慧养老产业的发展产生了阻碍作用，日本政府的经济压力巨大，现有的养老服务体系本就已经难以支撑，因此对于智慧养老的支持力度有限。另外，机器人看护，或者说信息与通信技术（Information Communications Technology，ICT）从研究阶段转化到产品的周期较长，产品的研发和实际需求之间逐渐出现脱离的现象，这意味着开发成本急剧增加，产生的效益却很少，相关的制度亟须做出改革。

四、发展智慧养老的对策建议

（一）加强政策扶持力度

政府应高度重视智慧养老制度体系建设，推进顶层设计，制定智慧养老的行业标准，建立与之相配套的法律保障机制、服务监督和评估机制。制度化的养老服务标准可分为技术设施和养老服务两个方面。信息技术的基础设施是智慧养老的物质基础，对智慧养老起支柱作用，养老服务质量是智慧养老的重要体现，智慧养老的最终目标在于老年人享受到利用信息技术实现的智能化的高品质养老服务。在设施建设方面，政府应制订基础设施建设的指导性意见，避免资源浪费。对于养老服务的制度建设，重在统一养老服务标准，为智慧养老的各个环节提供规范的、可量化的标准。养老服务的供给方按照要求提供相关服务，使老年人获得优质且高效的服务。政府还应出台相关财政、税收等方面的扶持政策，积极鼓励、引导社会资源进入智慧养老产业。建立、健全智慧养老产业的监督和评估机制，保障智慧养老产业的健康发展。

---

① 机器人称为日本老人的朋友［EB/OL］.经济参考网（新华社经济参考报社），http：//jjckb. xin-huanet. com/2010 - 12/09/content_274985. htm.

（二）面向老人开展宣传

老年人的传统养老观念根深蒂固，对新鲜事物接受程度较低。智慧养老模式作为新型养老模式自然存在推广难度。因此，要面向老年人开展智慧养老宣传工作。

可以依托社区开展活动，向老年人宣讲智慧养老的概念并向其介绍养老软件或智能机器的使用情况。另外，可以安排专门的社区工作人员上门为老年人进行软件的讲解。同时，可以开通服务热线，专门解决老年人在使用软件过程中遇到的难题。社区可以组织老年人到附近比较成熟的小区参观，亲身体验智慧养老的各种平台和软件等。

（三）应用养老信息大数据

通过智慧养老平台将大量的老年人及相关各项要素的信息收集在一起，将这些海量的、分散的、零碎的信息存储形成一个系统化的数据库，深度挖掘这些数据信息，为智慧养老提供更可靠的解决方案，主动为老年人提供服务。从数据收集、存储、分析和应用到形成智慧养老的大数据生态链，对于智慧养老的发展有着巨大的经济效益和社会价值。例如，信息平台对老年人的身体健康进行实时监控，如果老年人的健康信息数据出现异常，则可以直接联系对接的医疗机构，医疗机构派出医务人员上门对老年人进行健康护理，在紧急情况下，高效及时的救助可以挽救生命。整合政府、社会等多方面养老资源，合理配置，为老年人提供高效便捷的服务。养老信息大数据的深度挖掘可以为智慧养老产业的需求和服务指引正确的方向，当社会资本涌入时可以准确地抓住切入点，在智慧养老领域有所作为，从而推动整个养老行业的发展。

（四）增强医院内部人员与信息化管理的互动性

在医院日常工作中，可以鼓励医院内部人员使用信息化管理平台，让员工对其工作业绩、年终考核等情况进行自助式查询。这样既便于员工了解新的管理模式，也能减少人力资源管理人员的工作量，提高工作效率。加快养老服务专业人才队伍建设，展现从业者在养老服务中专业化、人性化、现代化的全新面貌，提升养老服务人员的职业形象，提高其社会认同感，培养其职业自豪感。逐步提高智慧养老专业从业者的工资福利水平，通过市场化手段吸引更多优秀专业人才投身于智慧养老服务。低龄老人是整个老龄人群中活跃的群体，他们在生活上可以自理，有独立的社交能力。可以通过对低龄老人进行基础的护理照料培训，让低龄老人走进养老服务中，与高龄老人结成互助组，彼此互相照顾，在一定程度上缓解智慧养老专业护理人员不足的问题。

五、智慧社区养老服务精准化建设的路径探究

"互联网+"时代的到来，给社区养老服务精准化困境的破解提供了重要的技术支持，社区应基于互联网技术，以一定区域为范围构建一个包括需求者、供给者、监督者等信息资源在内的智慧社区养老服务平台，以实现社区养老服务的精准化。

（一）以搭建信息交流平台为重点，实现服务对象的精准化选择

智慧社区的最大优势在于其能打破信息闭塞的困境，可利用资源共享和信息在线传递的方式帮助服务对象准确找到能满足自身需求的服务机构和服务项目。政府部门应在智慧社区养老服务平台中构建一个包含所有养老服务机构的展示平台，详细记录各社区养老服务机构的各项详细情况。服务对象就可以通过"两微一端"（微博、微信及新闻客户端）网络平台，充分利用展示在平台上的共享数据，清晰地了解到在居住地附近有哪些养老服务机构以及服务机构的地理位置、服务区域、服务项目、服务内容、收费标准、服务质量、服务评价等详细情况，在此基础上，服务对象可以结合自己的需求选择相应的服务。在"互联网+"应用下，对于服务对象来说，打破了被动等待的服务模式，拥有了更多的主动权，实现了精准选择。对于服务机构而言，一方面减少了信息交流成本，实现了与服务对象的高效衔接；另一方面改变了以前封闭的市场环境，获得了公平竞争的机会，其可以通过优质的服务、适合的价格、良好的口碑来赢得市场份额。

（二）以构建数据库为载体，实现服务需求的精准化识别

应以政府为主导，引入与企业开发相关的智能软件，通过走访入户、信息采集等方式，在智慧社区养老服务平台中构建服务对象的基础数据库，以此作为社区养老服务机构设置服务项目、瞄准服务对象的需求精准化识别载体。具体来说，可以通过互联网形成四大数据库：一是服务对象基本信息库，包括服务对象的年龄、性别、教育程度、生活自理能力、经济状况等；二是养老服务信息数据库，记录服务对象历年的服务需求，并统计服务需求的频次，与老人的基础信息进行对比和分析，分析出各类老人的养老服务需求特征，从数据上保障养老服务需求精准化识别的实现；三是根据老年人健康状况形成个人健康档案，包括以往

病史、治疗经历等,为满足老人精准化的特殊照护需求提供数据支持;四是社会养老服务资源数据库,该数据库是在对老人服务需求进行精准化识别后,为分配给合适的供给主体而建立的系统,为精准化识别的后续工作奠定信息基础。

(三) 以实现供需精准契合为目的,实现服务供需的精准化对接

通过"互联网+",将整个社区医疗服务保健站、托老所、养老院、护理院、照料中心、文化活动中心等服务资源的使用、闲置情况的数据进行联网,实现资源的最大化利用;同时,通过信息传播的即时性,将服务的供给和需求进行有效对接。养老服务中心在接收到老人的预约后,与系统中服务人员的信息进行对比和配对,在最短的时间内分配最合适的人员上门为老人服务,通过系统化的形式减少了信息传递所花的时间,保障老年人的需求及时得到满足。针对临时性,而且个性化、专业化较强的服务需求,社区养老服务中心可以联系入驻养老服务系统的企业进行养老服务的供给,以保障养老服务供给的效率。

(四) 以提升治理能力为导向,实现服务主体的精准化监管

通过即时互动平台,服务对象能够参与到养老服务的管理过程中,可对服务人员的服务态度、质量进行评价,并将评价结果反馈至智慧社区养老服务机构,使其能够精准地对服务人员进行绩效考核,服务人员也能以此进行自我诊断与改进,同时评价结果在平台中的透明性,促使养老服务主体在供给服务时必须重视服务态度和服务质量,从而在根本上促进养老服务质量的提高。针对养老服务人员数量少、专业技能普遍低下的现状,应推动社区养老行业建设,通过行业协会试行专业管理和政府监督相互作用,开设养老服务应用知识方面的培训课目,如心理学、生理学、运动学、心理健康、交流技巧等,实施技能培训。服务人员须经培训并考核合格后,才能执证上岗实施服务,同时还应推进不定期的人员考核制度。

发展智慧养老产业为应对人口老龄化提供了有力的科技支撑,为扩大国内市场提供了重要的消费引擎,更为电子信息产业转型升级提供了难得的发展契机。人工智能、物联网、大数据、云计算、5G 等技术为养老产业转型升级注入了发展动力。为了进一步发展智慧养老产业,还需要政府加大科研投入,推进"产学研"相结合,引导社会力量发展智慧养老产业,解决市场小、散、乱、差、缺乏行业标准、供需不匹配、数据安全性难以保证等问题。

第二节 旅游养老

《国务院关于促进乡村产业振兴的指导意见》第（十五）条指出要"发展多类型融合业态。跨界配置农业和现代产业要素，促进产业深度交叉融合，形成'农业+'多业态发展态势。推进规模种植与林牧渔融合，发展稻渔共生、林下种养等。推进农业与加工流通业融合，发展中央厨房、直供直销、会员农业等。推进农业与文化、旅游、教育、康养等产业融合，发展创意农业、功能农业等。推进农业与信息产业融合，发展数字农业、智慧农业等"。

一、旅游养老概述

（一）旅游养老的定义

旅游养老是指老年人旅行至其常住地之外生活，连续停留时间在一个月至一年之间，旅行距离一般跨越省界甚至国界，这一概念起源于发达国家，尤其是如美国、日本等这些老年人口较多的国家。旅游养老最早由中国老年学会副秘书长程勇提出，该种养老方式是"候鸟式养老"和"度假式养老"的融合体，是有利于老年人身心健康的一种积极养老的方式。老人们会在不同季节，辗转多个地方，一边旅游一边养老。与普通旅游的走马观花、行色匆匆不同，选择"旅游养老"的老人一般会在一个地方住上一段时间甚至数月，慢游细品，以达到既健康养生又开阔视野的目的。另有一些学者将"旅游养老"定义为人们出于健康、圆梦、审美和人际等各类动机而离开常住地，连续时间不超过一年的在其他地方进行包括观光、度假、疗养和其他活动在内的一系列休闲旅游活动的总称（陈晓倩，2017）。康蕊则在《关于旅居养老产业发展的思考——以海南省为例》中把旅居养老解释为老年人为提高生活质量、修养身心健康，不再局限于地区、时间，选择气候更为舒适、环境更加优美的地方以休闲疗养为目的进行居住的新型养老方式。

2016年去往三亚过冬的老年人有近38万人，超过本地老年人口数6倍；而2016年5~9月期间去往黑龙江省长期旅游生活的老年人数也有100万人左右。[①]

---

① 数据源于互联网资料，https://www.sohu.com/a/301839973_100092903。

这些数据每年还在不断地增长，老年异地旅游养老的市场规模越来越大。除了国内旅游养老规模不断增大外，跨国旅游养老也在发展，海南开通多条直达柬埔寨、老挝等东南亚国家的航线，同时海南旅行社也推出了针对老年人旅游过冬的旅游线路。现实案例中，如云南昆明滇池旅游度假区建立了养生养老社区，接待老年人的长期或者短期观光旅游；广西巴马县建立了以老年人疗养、康复为主的长寿养生国际旅游区；辽宁大连则专门针对老年人的异地养老住宿需求开办了大连互动式异地养老服务中心。从经济层面出发，随着全国老年人数量的增加，旅游养老有着良好的经济基础和发展趋势，未来养老旅游也有着非常大的消费市场。

（二）旅游养老服务体系

旅游养老服务是指在进行旅游养老的过程中为老年人提供的符合老年人生理和心理特征的生活及旅游中的各种服务，具体来说，包括吃饭、住宿、交通、游玩、购物、娱乐、医疗保健、心理慰藉、学习、体育锻炼等方面的服务。随着旅游养老逐渐成为越来越多老年人选择的一种养老方式，针对老年人旅游养老的服务也变得越来越重要，旅游养老服务的质量将直接关系到老年人在旅游养老过程中的幸福程度。具体而言，老年人在旅游养老的过程中，需要多方面条件支持，包括国家政策的支持、相关机构部门的支持与协作、经济的保障、各方服务人员提供的各种专业服务等。因此，旅游养老服务体系是指老年人在旅游养老过程中获得的全方位服务支持系统。

（三）旅游养老模式

针对老年消费者的主要旅游目的，目的地发展旅游养老有以下典型模式：（1）针对老年人的短期观光（通常时间为一周至一个月）而形成的观光型旅游养老发展模式，典型案例如云南省昆明市滇池旅游度假区周边地区的旅游养老；（2）针对老年人探望子女亲友并在目的地暂居和适时开展一些旅游活动而形成的探亲型旅游养老发展模式，典型案例如每年春节前后北京、上海、广州等大城市的旅游养老；（3）针对老年人休闲度假、避暑避寒而形成的休闲型旅游养老发展模式，典型案例如每年夏季在贵州省桐梓县的旅游养老和每年冬季在海南省三亚市的旅游养老；（4）针对老年人治病、康复和疗养身心而形成的疗养治病型旅游养老发展模式，典型案例如广西壮族自治区巴马县的旅游养老、安徽省池州市石台县富硒村专门为癌症患者提供疗养场所；（5）对老年人全国范围内的旅游、休闲或度假，同时需要异地置换住宿设施而形成的连锁式异地置换旅游养老发展模式，典型案例如辽宁省大连市民政局开办的大连互动式异地养老服务中心。

二、我国旅游养老发展的新趋势

（一）旅游养老意愿更加强烈

一方面，现代老年人已经不再简单地满足于最基本的物质生活需求，追求更高层次的旅游休闲活动已经成为一种新的消费意愿，特别是对于生活能够自理、经济实力较好的老年人，旅游养老意愿更加凸显；另一方面，随着近年来我国雾霾天气的出现，一些大城市空气质量明显下降，也间接推动了老年人群远赴生态环境好、资源条件优越的地区进行异地旅游养老。

（二）旅游养老市场进一步扩大

据国家统计局数据显示[①]，城镇化率从 2015 年的 10.6% 上升至 2020 年的 63.9%，如果未来中国的城镇化以每年 0.8～1.0 个百分点的速度快速推进，按照国际经验，我国很快就会迈入中高级城市型社会，休闲旅游将成为城市型社会的一种重要消费模式。近年来，我国居民人均收入以 10% 以上的速度增长，人们的消费能力在日益提升，为我国旅游养老市场发展提供了更巨大的空间（陈雪钧，2018）。

（三）老年消费者可观的购买能力

旅游养老产业蓄势待发，随着社会经济的发展和人民生活水平的不断提高，老年人的可自由支配收入也在不断增加。一方面，社会保障体系的完善使老年人有了固定的退休金，中国传统的储蓄理财观念又使大部分老年人都拥有一定的积蓄；另一方面，当生命周期进入老年阶段，子女在经济上已经独立，家庭负担大为减轻，子女也会在自身经济条件许可的情况下，在经济上给予老年人一定的支持。这些因素都促成了老年人可自由支配收入的增加。可自由支配收入越高，相应的旅游支付能力也就越强。

---

① 2021 年 1—5 月固定资产投资主要经济指标［J］. 中国统计，2021（6），http：//www. stats. gov. cn/tjzs/tjsj/tjcb/zgtj/202108/t20210813_1820664. html.

（四）旅游养老形式更加多样

目前，我国养老形式和内容发生了巨大变化，已经形成"候鸟式"养老模式、立体养生养老模式、住房养老模式、农家式休闲养生养老模式、旅居式养老模式、异地循环养老模式等诸多新模式。随着新一代信息技术以及互联网技术的发展，智慧旅游与养老产业将会深度融合，旅游养老资源将会在智慧平台作用下得以重组整合，一些新型的旅游养老组织方式、旅游产品、旅游业态将不断涌现，旅游养老供给将会更加丰富。

（五）旅游养老受到国家层面政策的大力支持

2013年9月6日，《国务院关于加快发展养老服务业的若干意见》出台，提出了统筹规划发展城市养老服务设施，大力发展居家养老服务网络，大力加强养老机构建设，支持社会力量举办养老机构的优惠扶持政策。国家现有养老服务业的税收优惠政策包括，对养老机构提供的养护服务免征营业税，对非营利性养老机构自用房产、土地免征房产税、城镇土地使用税，对符合条件的非营利性养老机构按规定免征企业所得税等。2016年11月28日，国务院办公厅发布《关于进一步扩大旅游文化体育健康养老教育培训等领域消费的意见》（以下简称《意见》）。该《意见》提到，2016年底前再新增100家全域旅游示范区创建单位；降低养老服务机构准入门槛、支持整合改造闲置社会资源发展养老服务机构；清理取消申办养老服务机构不合理前置审批；推动实体零售创新转型等。《意见》还提到，为推进幸福产业服务消费提质扩容，围绕旅游、文化、体育、健康、养老、教育培训等重点领域，引导社会资本加大投入力度，通过提升服务品质、增加服务供给，不断释放潜在消费需求。

三、旅游养老持续发展的实现路径

"旅游+养老"已经成为一种新型养老方式，不仅为老年人提供了一种高品质的休闲养老方式，也为经济发展创造了新的需求。"旅游+养老"将推动优势旅游企业和养老机构实施跨地区、跨行业、跨所有制兼并重组，打造旅游业和养老业跨界融合的产业优势，产生"1+1>2"的效果，带来产品创新、技术创新、市场创新、管理创新等，并形成对其他企业或价值链环节的示范效应与"挤出效应""乘数效应"。为此，促进旅游养老服务业发展主要有以下几个方面：

（一）推进旅游养老服务制度改革

（1）建立医保异地结算制度。长期以来，我国医疗资源配置非市场化，不同制度下医疗制度差异化以及养老保险的二元结构，使得异地医保结算机制尚未形成。无法实现医保异地结算是旅游养老发展的重大制度障碍，因此，深化医保联动体制改革，建立异地就医结算机制，制定基本的医疗保险关系转移接续办法，解决由于旅游养老在异地就医时形成的跨地区转移医疗费用的问题成为当务之急。

（2）形成专项土地保障机制。旅游养老既具有公益性质又具有非公益性质，在旅游养老发展过程中，仍需要政府的大力支持。2014年4月23日，国土资源部发布了《养老服务设施用地指导意见》，营利性养老服务设施用地，应当以租赁、出让等有偿方式供应，原则上以租赁方式为主，意味着建设性养老用地有了国家规范，也标志着养老地产享受国家优惠政策，但专门针对养老地产的税费、津贴补贴等政策尚未出台。建议有关部门尽快出台专门用于旅游养老发展的国有土地划拨、出让及其配套政策，保障旅游养老发展的集体土地征收或专项使用政策，旅游养老发展土地规划或指标安排政策以及土地出让金减免或分期支付政策等。

（3）创新资金发展保障机制。创新旅游养老产业的融资方式，既要发挥政府的引导作用，也要加大社会资本的引入力度，才能激活旅游养老市场。一是全面实施公办民营、公建民营、民办公助、政府购买服务等养老服务改革；二是设立旅游养老产业投资基金，对养老服务机构、设施和服务网络以及养生养老健康产业链等重点项目提供支持；三是采取股权投资基金、上市融资、公益创投、PPP等模式，带动社会资本加大投入，兴建养老设施和提供养老服务。要吸引社会资源和调动民间资本投入养老旅游业，给予开发商工商、税收扶持及优惠。按照"民办公助""公办民营"的形式开展经营活动，使社会福利民营化、投资主体多元化，并加强非政府组织、非营利组织以及一些企业与个人参与旅游养老开发的力度。

（二）丰富旅游养老要素供给

针对老年旅游市场的特点，注重老年休养需求与旅游服务的融合。一是传统老年观光、休闲产品与高端老年养生健康度假产品的结合，如开发温泉疗养型养老旅游产品、农家乐休闲体验养老产品、休闲农庄、园艺疗养与养老养生产品、医疗保健旅游产品、亲情化的居家/旅游养老产品等；二是老年服务产品的规范化，如结合老年需求制定老年旅行服务规范标准，酒店要制定实施老年客房服务和餐饮服务管理标准，景区要完善老年服务设施规范等；三是老年养生度假产品的分时化，借鉴引入酒店分时度假体系，可以开发老年分时度假产品，满足"候鸟式""旅居式"养老需求，逐步建立和完善服务于老年人的分时多点度假网络。

（三）提升旅游养老产业生产率

（1）提升旅游养老产业发展效率。2015年我国提出了供给侧结构性改革，从提高供给质量出发，不断推进结构调整，合理配置生产要素，扩大有效供给，提高供给结构对需求变化的适应性和灵活性，提高全要素生产率，更好满足广大人民群众的需要。供给侧改革的重要内涵之一是注重发展效率，在未来很长一段时间，我国经济发展将会"坚持以提高经济发展质量和效益为中心"，旅游养老产业也应在这一方针指引下，大力提升人力、物力、财力的开发利用效率。

（2）加深旅游养老专业化分工协作。目前，我国旅游养老产业更多是以产业综合体项目的形式出现，基本囊括了旅游养老的大部分产业活动，这主要是由我国旅游养老产业链发育不完全造成的。在今后的发展中，应进一步完善上下游产业链，引导其中各个产业向精细化、专业化、品牌化方向发展。

（四）营造良好的旅游养老发展环境

（1）完善旅游养老服务标准和相关的法律法规。2016年国家旅游局公布了《旅行社老年旅游服务规范》（LB/T052-2016）行业标准，大大促进了旅游养老服务行业规范化。未来，应进一步出台相关法律，明确旅游养老发展的基本规范，制定促进旅游养老发展的行政法规和地方性法规，以及对旅游养老进行具体管理的规范性文件和行业标准等，构建起全面的旅游养老法律保障体系。

（2）加强旅游养老的公共设施建设。重点加快环境生态保护、医疗卫生、文化体育、交通等公共服务基础设施建设，逐步完善旅游养老配套设施。促进以老年生活照料、老年产品用品、老年健康服务、老年体育健身、老年文化娱乐、老年金融服务、老年旅游等为主的旅游养老服务业全面发展，使旅游养老服务体系更加健全。生活照料、医疗护理、精神慰藉、紧急救援等养老服务覆盖所有居家和旅游的老年人。民政部2019年10月31日表示，将推动建立老年人长期照护保障体系，着力补齐服务短板。[①]

（3）建立良好的旅游养老市场诚信环境。大力加强旅游养老机构诚信体系建设，研究制定旅游养老机构星级评定标准，开展旅游养老服务机构星级评定，逐步建立公开、平等、规范的准入和退出制度，进一步提升旅游养老服务工作专业化、标准化水平。通过星级评定和政策调整，进一步激发社会力量参与的积极性，逐渐形成良性竞争机制，优胜劣汰。探索建立老年人能力等级评估机制、旅游养老机构等级评定机制，将旅游养老服务机构的服务质量、信誉状况等情况纳入信用体系建设，全面塑造"尊老、敬老、乐老"的社会环境氛围。

四、案例分析——北京市通州区小海字村[②]

北京市通州区于家务回族乡小海字村的村主任——宋长春，为小海字村量身定做的集文化、旅游、农业为一体的养老产业，成为实施乡村振兴战略的一种探索。作为贫困村，小海字村存在着几大现象：村子里不见年轻人、老人生病没人照顾、村中老房屋多年失修等。

小海字村贫困的症结在于村子根本没有能够创造财富的动力源，要脱贫致富就必须想方设法制造出这样一个源头。上任初期，宋长春想能不能用经商的理念来经营村子，把村子当成企业来看待。于是，他开始通过网络查阅资料，验证想法的可行性，并开始着手对这个"特殊的企业"框架进行规划。几经考察与论证，他最终选择了养老旅游产业。

作为北京市一个风景秀丽的村庄，小海字村无论从地理位置还是环境来说，均具备发展养老旅游产业的条件，如果依托乡村旅游来抓好养老产业，不仅可以满足本村老人的养老需求，还可以吸引村外乃至北京市老人到小海字村养老，同时，也可以吸引城里人来这里体验乡村生活。相对较低的养老费用，让更多的老年人都能消费得起。如果能发挥好乡村田园养老示范带头作用，继而带动乡村周边农家乐旅游事业的发展，就可以通过优美的景色以及良好的宣传，借助养老带来的人气，最终帮助当地村民实现脱贫致富。

宋长春表示，养老产业不仅要满足老年人的基本生活需求，也要满足他们的

---

① 民政部：将推动建立老年人长期照护保障体系［EB/OL］．新华网，http：//www.xinhuanct.com/politics/2016-10/31/c_1119822967.htm.

② 相关信息由笔者搜集整理，详见裴秋菊、严格．小海字村：乡村养老旅游产业成亮点［N］．农民日报，2019-08-26（6）.

精神需求。在他看来，越是年龄大的人，越想亲近大自然。"现在的养老院已经做得非常人性化了，其所欠缺的是邻里间的人情味、露天集市的市井气、野溪垂钓的乡村情趣。小海字村旅游养老模式可以让老年人更加亲近自然。让养老不再成为一个孤岛，而是整个社会生活的有机部分，老年人的生活就会变得更加丰富多彩。"

以养老旅游产业为主导，宋长春按照旅游度假村级别对小海字村进行打造。为了能够更好地打造养老旅游产业，宋长春拿出积蓄，在村里建设了近千平方米的健身房，购置了各种健身器材，还去国外进行考察，引入绿色有机蔬菜种植技术，打造绿色农业产业链。老年人可以在这里爬山、游泳、垂钓、高歌，远离城市的喧嚣。在每个季节，可以看见不同的花开，有沁人心脾的花香，还有美丽的蝴蝶和小昆虫，这使老年人的心情更加愉悦和舒畅，身体自然更加健康。

目前，小海字村第一个规模化、专业化、人性化的综合养老社区——"海欣家园"养老公寓一期工程已基本完工。园区内配套设施完善，设有超市、健身房、餐厅、休闲娱乐中心、医疗服务中心等，空气清新、环境优美，是一个绿化面积超过80%的大氧吧。

作为一处老年人的温馨居所，公寓里的每个房间都有独立厨房和卫生间，并由专人定期打扫房间和换洗老人被褥衣物；居住区内配有按摩、桑拿等功能齐全的浴室，可满足不同人群的养生需求。同时，建有园林公园和花园一条街，为老年人营造养生佳境。此外，会员可租赁蔬菜大棚，自己种植，在劳动的同时，享受健康；也可租赁大棚雇用农民种植，享受有机成果。

第三节 文化养老

党的十九大报告指出，要坚定文化自信，推动社会主义文化繁荣兴盛。文化是一个国家、一个民族的灵魂，没有高度的文化自信，没有文化的繁荣兴盛，就没有中华民族的伟大复兴。在中国走向大国、强国的过程中，文化养老将成为文化自信的重要支撑之一。要以文化建设引领老龄事业发展，从文化层面塑造理想的老龄社会，要深刻结合老龄社会实际，大力发展老龄文化，创新老龄文化，践行文化养老，为中国特色老龄文化事业作出贡献。文化养老是一个崭新的时代命题，是近年来，随着人民物质生活水平的显著提高，为适应老年人口不断增长的文化需求而提出的一种积极的养老观念。新形势下文化养老已成为老年人的需要，正在融入老年人的生活空间，因此，文化养老问题是一个值得正视、更需完善的公共问题，对于维护社会稳定和促进经济社会又好又快发展具有深远意义。

一、文化养老的基本内涵

(一) 文化养老的定义

与物质养老相比,文化养老体现了传统文化与当代人文关怀,是一种更高境界、高品位的养老方式。它是以社会文明与发展为前提,以满足精神需求为基础,以沟通情感、交流思想、拥有健康体魄与心态为基本内容,以张扬个性、崇尚独立、享受快乐、愉悦精神为目的的养老方式,韦庆辛[1]、唐晓英[2]等也持有同样的观点。

文化养老成为一种时尚的趋势。一方面,凸显了老人精神生活的丰富,展现了广大老年朋友老骥伏枥的向上风貌;另一方面,也说明了社会在不断进步,人民的生活质量也在不断提升,老人已经从对基本的温饱的追求走向了对精神层面的追求。要满足文化养老的渴求,让文化养老成为一种气候,城市中的老人在享受文化养老的同时,更要带动周边农村地区的老人走向文化养老的新模式。农村的农家书屋、老年大学要最大可能地对老人开放,社会组织、老师们更要针对不同现状的老人,制定好学习方案,让文化养老的大格局不断形成。

随着养老观念的逐步开放,学习成为中国老年人的一种新型养老方式。从1983年中国第一所老年大学建成以来,历经三十多年发展,学校数量从0增至6万余所,学员人数从4万人猛增至800万人。[3] 老年教育作为养老方式的一种,表面上是老年人为寻求生活乐趣,没有目的和计划地学习,但深层上,老年人也渴望再次得到社会认可。作为一种养老方式,学习养老从无到有的发展实际上反映出21世纪以来养老观念的转变,积极的养老观取代了消极的养老观。老年人和整个社会都不再将自己和老龄化社会看作社会的问题和负担,老年人口成为社会财富和经济发展的资源。养老观念的转变、退休后拥有大量的空闲时间、日渐完善的社会养老保障,这都使老年人开始转向追求更高的养老需求。

总结来说,文化养老作为一种新兴的养老方式,对满足老年人精神养老具有重要意义。文化养老是在充分肯定物质养老基础保障的前提下,在社会经济发展

---

[1] 韦庆辛."文化养老"初探 [J]. 黑河学刊, 2012 (9).
[2] 唐晓英. 传统文化视阈下我国社区文化养老方式探究 [J]. 西北工业大学学报 (社会科学版) 2011 (6).
[3] 学习已成老年人新型养老方式 [EB/OL]. 中国经济网, https://baijiahao.baidu.com/s? id = 16411065 58698054371&wfr = spider&for = pc.

到较高水平时,更加注重对老年人的精神关爱、情感慰藉和道德支持的养老理念,这一理念既体现了我国优秀传统文化,又彰显了当代人文关怀精神。

(二) 文化养老的内容

老年人因为身体各项机能的逐渐退化,容易产生诸多不良情绪,比如孤单、焦躁、忧郁、不安等。在这种情况下,政府及社会能够提供一定的文化活动,引导老年人培养各类兴趣爱好和特长,使其找到自身价值,这对于老年人的身心健康将会产生很大的积极影响。文化生活从内容与功能两个层面划分,可以分成愉悦型与保健型。愉悦型包括各种文化体育活动,比如传统的琴棋书画、音乐、舞蹈、戏曲等,强身健体的慢跑、保龄球、太极拳、保健操等,以及各种民俗文化活动。这些文化活动积极健康,对老年人的身心具有良好作用。保健型则包括各类医疗保健项目和相关的一些健身活动。随着我国社会经济的不断发展,人民的文化水平和思想素质也在不断提升,人们在健康问题上已经走过了传统的"有病治病"的模式,上升到了"无病防病"的预防模式。这便需要政府及相关部门积极把握民情,颁布相关的政策措施,以此来适应我们的文化养老实践工程,发挥出政府的巨大影响力。

(三) 文化养老的类型

文化养老要真正形成大格局,社会的保障只是其中一个方面,另一个方面还需要家庭、子女为老人建构起文化养老的氛围,只有家庭在文化养老上给予老人足够的物质和精神支撑,鼓励老人走出家门参加各种文化活动及文化学习,文化的多姿多彩才会吸引更多老人走进文化养老的队伍中来。当前,我国的养老模式基本可分为三个类型,即家庭养老、社会养老以及政府养老。文化养老须与这三种类型进行有效结合,让文化养老的理念渗透融入其中,共同作用形成自身相应的类型或模式。

(1) 家庭文化养老。家庭养老是建立在中国传统孝文化基础上的一种环环相扣的反馈模式。上一辈养育下一辈,下一辈赡养上一辈,在家庭内部实现和完成供养的过程,这种养老模式也是目前我国主流的养老模式。但受到计划生育政策的影响,"421"的家庭类型在我国十分普遍,这无疑加重了家庭的养老负担,很多老年人实际上得不到家庭的精神抚慰。将文化养老与之结合形成家庭文化养老,则有利于促进上下辈之间的沟通交流,增进彼此的理解,有利于老年人获得精神上的满足与情感上的愉悦。

(2) 社会文化养老。我国的社会养老以敬老院、养老院、福利院等社会机构养老为主流模式。这种模式主要针对一些孤寡或家庭养老有困难的老年人，以维持老年人生存为主要目的。目前，我国的社会养老不仅存在资金匮乏、专业护理人员短缺的问题，而且由于多数社会养老机构的商业属性，难免出现商业养老机构为了追求片面的经济效益，而使文化养老的具体内容难以得到真正有效发挥。因此，社会养老中的文化因素微乎其微。随着国家经济社会的不断发展、国民素质的不断提高以及政府对老年人的重视与关怀，在未来的养老产业发展趋势中，社会养老若不及时转型升级，注入人文关怀与文化内涵，其发展前景堪忧。所以，应该看到体现传统文化及人文关怀的社会文化养老是具有广阔的发展前景和空间的。

（3）政府文化养老。中国是社会主义国家，政府在整个国家养老保障体系中发挥着巨大的作用。对政府文化养老而言，政府是落实文化养老的中坚力量，起着重要的主导和支撑作用。当前，政府文化养老的方式主要是依靠社会公共文化服务体系，一方面树立积极健康的文化养老理念，构建文化养老长效机制；另一方面通过打造"老有所学、老有所乐、老有所教"的各大文化养老平台，实现文化养老阵地全覆盖。目前，在养老公共文化服务体系方面，无论是在建设规模还是在供应的文化产品数量与质量层面，均无法适应当前老年人日益高涨的文化需求，这便需要政府及有关部门采取相应的措施来解决这个社会问题。

二、文化养老模式的发展现状

目前，我国文化养老还处在起步阶段，各地在实践中通过政策扶持、财政投入、基础设施建设、文体娱乐活动组织等手段，在一定程度上推动了文化养老事业的发展，但文化养老的理念还不够深入，其功能远未真正发挥。

（一）思想认识不够到位

一是政府层面。很多地方虽然制定了保障政策，实施了养老工程，但并没有真正将文化层面的养老服务供给纳入重点，存在文件强调而落实虚化、形式大于内容的倾向。二是社会层面。由于缺乏有效引导和宣传，社会整体对文化养老的关注度不高，文化养老的社会化氛围尚未形成；即便有所认知，有针对性的文化产品仍然比较缺乏。三是老年群体层面。在文化养老方面，老年人的认识并不统一，较大比例的人群缺乏主动参与意识，特别是通过社会化服务提供渠道接受有偿服务的比例明显偏低，自主利用文化养老社会资源方面受自身观念制约现象突出。根据2019年《全民学习报告》①，约有10.47%的老年人不愿意参加老年教育。其原因一方面受制于传统的以家庭为主的养老观念，另一方面会受到性别、年龄、职业和学历等因素的影响。

（二）政策推动不够有力

政策保障和财力保障是影响文化养老的显著因素。在养老人群分类中，离退休干部的文化养老属于重点投入，但即便如此，仍然存在一些问题。譬如，目前仍有部分基层政府对离退休干部的精神生活在政策的制定、扶持措施的落实等方面关注极少；一些地区在财政预算中没有将离退休干部文化养老专项支出列入，或者只是按规定进行拨款，但投入严重不足、经费来源单一；部分地区老年大学建设较为滞后，在当地的经济社会发展整体规划中没有安排部署，设施陈旧落后，教学资源匮乏，教学内容不够丰富，教学场地严重不足，办学规模受到各种限制。

（三）服务管理不够完善

对老年人的文化关怀主要是实现其精神的宽慰和愉悦，由于老年人个性化需求的千差万别，客观上对服务管理提出了更高要求。有学者分析称"年龄跨度大、文化需求差异性大、倡导文化养老理念难、活动融合难度高、活动开展参与面不广等问题"对文化养老的服务管理带来了新挑战（曹瑞祺，2018）。从实践来看，这方面工作的滞后尤为突出，特别是在空巢、失独、失能等特殊群体的文化服务方面比较欠缺，人文关怀的力度和物质保障相比明显失衡。

（四）活动载体不够丰富

文化活动载体是文化养老的重要渠道和基础，是能否有效吸引老年群体参与其中并增强愉悦体验的关键因素。如果总是简单的重复，就很难激发老年人的参与动力和热情。目前一些依托活动基地组织的文体娱乐活动种类较少、套路老化、形式单调、层次不高，缺乏创意和特色，品味和内涵参差不齐，还不能满足不同层次老年人群体的需要。

（五）社会参与不够集聚

文化养老工作具有社会性的特征，需要积聚力量、统筹资源，构建体系化的

---

① 新型养老方式——活到老，学到老 [EB/OL]. https：//www.iyiou.com/analysis/20190726106715.

工作机制。从目前来看，虽然社会力量在文化养老方面有所参与，但大多数情况下参与力度不够，覆盖范围不广，资源相对分散，工作的统筹性和针对性不强，提供的服务也缺乏持续性和全面性，文化养老社会化服务资源的挖掘和服务体系的形成还有待推动。

三、文化养老模式未来发展路径

在实际工作中，文化养老依然面临诸多困境，如对文化养老的紧迫性与重要性认识不到位、文化养老阵地建设滞后、文化养老体制建设尚未健全等。这无疑严重影响了文化养老的健康快速发展。探索一条既符合我国现实国情和经济社会发展阶段特点，又能满足老年人的文化养老需求的文化养老发展路径，是全社会共同的责任。那么，主要从下面几方面探究文化养老未来的发展路径。

（一）探索文化养老的科学内涵

探索文化养老的科学内涵是做好文化养老工作的前提。在科学界定并概括文化养老内涵的基础上，为政策决议提供理论支持与服务，这是当代理论工作者责无旁贷的社会责任。各高校和科研单位的理论工作者，应紧跟文化养老的社会发展现实，在联系我国养老事业工作实际的基础上，结合对我国传统文化和现代人文理论的研究，以举办征文比赛、学术论坛、研讨会议等具体形式，努力探寻文化养老的基本概念、适用范围、主要内容和主要特征，为文化养老的顶层设计打下坚实的理论基础。

（二）完善文化养老的扶持政策

配套的政策体系是促进各项事业蓬勃发展的有力保障。文化养老的发展离不开各项养老工作政策的扶持与护航。社会保障、医疗、教育、文化等各涉老部门，应当在文化养老领域中协同创新，凝聚合力，为老年教育、老年文娱、老年维权、老年社会参与等方面提供细致而有力的政策保障。在《老年人权益保障法》的指导下，既要制定配套政策，又要制定具体工作制度，为文化养老提供全方位具体化的支持。

（三）宣传文化养老的时代理念

先进理念的传播和人性化政策的实施都离不开宣传工作。我国城市、乡镇各级宣传部门应当充分调动电视广播、报纸报刊、网络等媒体平台的积极性，一方面广泛宣传和引导人民群众更新养老理念，提高民众尤其是老年人对文化养老的认知度和接受度，促进老年人思想的解放，激发老年人的文化养老意识；另一方面积极传播文化养老的政策与工作导向，提高涉老部门对文化养老的关注度和重视度，营造全社会各部门共同促进文化养老工作的积极氛围。

（四）搭建文化养老的阵地平台

文化养老的具体实现依赖阵地平台的搭建。具体来讲，一方面要充分发挥老年大学、老年图书馆、老年网络中心等教育阵地的辐射功能，在采购老年人喜闻乐见的图书影像资料和配置适合老年人使用的电子设备的前提下，科学设计老年人课程，从而更好地实现和拓展老年教育事业的功能。另一方面要加大老年文娱活动中心的建设，采用传统戏曲、书画展、文艺晚会、健康养生讲座、文体团、旅游团等丰富多彩的文娱形式，鼓励和扶持老年人积极参与到社会文化生活中来，在提供精神愉悦的同时提升老年人的社会融入感。此外，重视老年人社会参与平台的搭建，利用各行业协会、各专业论坛等形式，充分挖掘老党员、老干部、老职工、老专家等老年集体的知识、经验和技能潜力，在"传帮带"中给予老年人施展才华、发挥余热的空间和平台，让老年人在体验文化养老新理念的同时，开启晚年生活的新航程。

（五）组建文化养老的工作队伍

文化养老理念与政策得以实施的另一个重要因素是，需要培养一支从事文化养老的专业工作队伍。这就对传统的涉老工作队伍提出了更高层次的要求，除了要具备传统的涉老工作知识储备和实际经验之外，还要强调对文化养老理念、文化养老政策的教育与培训，定期考核其文化养老整体观、文化养老工作素养等方面的业务能力，为文化养老的健康快速发展奠定人才队伍基础。与此同时，老年人也应积极主动地参与到文化养老工作中来，在"自我管理、自我服务"中展现当代老年人与时俱进、热爱生活的精神风貌。老年人的精神文化需求在不断提升，让更多的老年人在文化的浸润下书写晚年的精彩，让他们过上更加有尊严、有存在感的老年生活，文化养老的供给侧结构性改革必须深入和具体。

四、案例分析——上海市青浦区老年综合服务中心[①]

青浦区是全市较早进入人口老龄化的区之一。截至2018年6月底，全区户

---

① 本部分数据由笔者根据上海市青浦区老年综合服务中心数据整理。

籍常住人口49.78万人，其中老年人口15.2万人，老龄化比例达30.5%；80周岁以上高龄老年人2.49万人，占老年人口的16.3%。为了有效地满足老年人日益增长的养老服务需求，青浦区相继出台了《青浦区养老设施布局专项规划(2013—2020年)》《关于推进青浦区医养结合工作的实施意见》《关于开展青浦区老年照护统一需求评估工作的实施方案》《关于贯彻落实上海市老年综合津贴制度的实施意见的通知》《关于本区开展长期护理保险试点进一步调整养老服务补贴政策的通知》等文件。2019年研究制订《公建民营养老机构规范运营以及加强养老服务设施运营管理的指导意见》，进一步明确了"十三五"时期青浦养老服务体系建设目标，确立了扩大服务供给、完善社区养老、推进医养结合、加强行业监管等重点任务。

为了进一步营造爱老、敬老、助老的社会氛围，健全为老服务设施建设，青浦区结合本地特色，大力推动"老年文化活动设施"建设，让老人们在充实和欢乐中，感受到高品质的为老服务。青浦区老年综合服务中心是全区为老服务的窗口。2007年由原来的青浦图书馆改建成青浦区老年综合服务中心，占地面积2800平方米，2008年9月正式对外开放，是一家公建公营的为老服务机构。内设文化书场、阅览室、排练室、健身室、多功能厅、棋牌室、书画室、戏曲室等，还配有老年助餐点，提供扦脚和医疗保健、法律咨询等项目化服务。建立初期，就得到了广大市民的欢迎。为了更加便捷地服务，服务中心建成后马上配备了全区第一家综合性的老年助餐点，为前来活动的老年人及在家行动不便的、需要提供助餐的老年人提供助餐服务。

此外，针对如何解决养老从业人员队伍紧缺的问题，青浦区已经出台了一系列扶持政策。比如针对养老护理人员，在开设培训班的同时，对获得职业资格证的人员进行培训费报销和误工费补贴，通过这些措施短期内也迅速提高了从业人员的数量。未来还将尝试将养老顾问纳入人才建设的梯队，给予他们更多的职业发展空间和社会认同感。

第五章

医疗机构参与养老产业的"医养结合"模式

近年来，随着我国高龄老年人、空巢老年人和失能老年人日益增多，迫切需要为老年人提供综合的、适宜的、持续的医疗服务。医疗康复保健与养老相结合的"医养结合"新型养老服务模式，有效解决了老人的养老及就医问题，不仅让群众"老有所依"，更让他们"老有所医"。国家推行医养结合，目的就是要通过"医"的加入，突破传统的养老服务模式，并利用"医"的成熟标准，提高养老服务的专业性，切实增强服务品质，提升养老服务质量。而"健康中国"一词也是第一次被写入了政府工作报告。党的十五届五中全会上也提出了应该对人口老龄化采取一定措施，形成多层次的养老服务，让医疗卫生和养老服务相适应。实践中把医疗资源和养老资源两者的融合称为"医养结合"，这种结合不仅体现在资源上，并且体现在服务、功能以及效用上，这是一种全新的养老模式。对于两者结合的优点来说，它能够积极地解决人口老龄化问题，是一个使用期限较长的工具，不仅可以提高我国的经济发展效率，也有利于实现资源利用效率最大化。

第一节 "医养结合"理论基础

一、发展背景

目前，我国老龄化程度较高，空巢高龄老人问题较突出，由于对老年人抚养比例的明显减少，老年人出现疾病问题以及瘫痪和半瘫痪问题的数量是日益激增的。就当前的社会问题来讲，一对年轻的夫妇要赡养四位老人的现象是非常普遍的，最普遍的就是"4—2—1"的人口模式。虽然未来可能由于我国医疗条件改善、人口寿命延长以及三孩政策的放开，出现"8—4—2—1"或"8—4—2—2"的人口模式，但这需要一个漫长的过程。这时人们便考虑到了医疗机构或养老机构养老，但是医疗机构具有护理时间短，不能提供长时间服务的局限性；养老机构虽然可提供养老住所，但具有无法提供配套的医疗服务的局限性，再加上老龄人口多，供需不匹配，这都是养老目前面临的困境。而医养结合模式的出现，能够有效解决这一养老困境。《国务院关于加快发展养老服务业的若干意见（2013）》中明确提出"医养结合"指的是生病时及时医治，不生病时得到养老。考虑到医疗和养老的结合，解决人口老龄化问题，使老年人得到持续性的医疗和养老保障。因此社会医疗和社会养老结合的全新养老方案，不仅使老年人在生病后得到生活上、精神上、文化上的恢复，还提出了关于"疾病恢复服务体系"这一重要名词的概念。该体系拥有疾病医疗、健康咨询、文化生活等全方位的服务系统，助力于把老人的健康社会生活服务放在核心地位，打破以往简单地给予老人最基本生活保障的养老服务体系。这一动作有利于解决我国目前在人口老龄化、养老方面所面临的难题，也是未来养老发展的趋势。

伴随着经济社会的发展、物质生活水平的提高和医疗卫生条件的极大改善，促使养老的健康、精神文化需求更加突出。近年来，虽然社区养老、机构养老、以房养老等养老模式不断发展，但在满足老年人实际需求上收效不显著。在"医养分离"的背景下，由于养老院只是用于养老，医疗机构只提供门诊和住院服务，所以经常有患有慢性病的老人"挂床"，浪费了大量的医疗资源，常把医院当成养老院，占着床位，浪费医疗资源，使更多需要医疗服务的老年人得不到医疗资源，造成了医疗机构的负担；而养老机构只提供基本的生活照料和护理，难以针对老年人的突发性疾病及慢性疾病提供相应的医疗服务。"医养分离"的现状导致我国医疗资源的分配十分不合理，再加上现阶段我国养老服务业和养老产品的供给严重不足、市场发育不健全、相关扶持政策亟待落实等现状，进一步深化社会保障制度和医疗卫生制度改革迫在眉睫。

近年来，在养老机构中增设医疗机构、医疗卫生机构开展养老服务、养老机构与医疗机构协议合作、医养结合进社区和进家庭等多种医养结合养老模式在全国范围内进行了初步探索。从当前的实践情况来看，我国养老服务市场的产品和服务供给不足、质量有待提高、市场发育不健全等问题制约了养老服务业的发展势头。

二、基本概念和服务模式

（一）基本概念

英国学者劳伦斯等（Lawrence et al.，1967）最早提出了关于"医养结合"的观点，主要指把专业的医疗技术检查和先进设备与康复训练、日常学习、日常饮食、生活养老等专业相融合。顾名思义，医疗与养老是完全不同的两个部门，但两者之间在资源以及目标上存在诸多的联系，因此劳伦斯就提出了要将两者进行一个统一，统一的目的就是让资源能够得到聚集，使目标更加明确，执行起来也就变得简单了。医养结合在英国的发展，使学者格伦迪宁（Glendinning，2003）在观察英国的医疗卫生以及社会服务后，指出医养结合的核心内容是：把养老机构和卫生机构只关注小范围部门责任，转变成关注整个养老系统的责任和供给，并且明确了医养结合模式中最关键的因素还是责任。另一些学者鲁默里等（Rummery et al.，2003）对"医养结合"进行了更为深度的剖析以及提出：虽然把社会护理以及健康问题进行统一是可以采取的方案，但是"医养结合"最根本的意义还是在于怎样才能解决好治理的福利问题以及各方伙伴之间的协调问题。国内学者近些年也开始探索"医养结合"的发展模式，他们的定义则是："医养结合"是医疗服务与养老服务有效的统一，作为一种新型养老模式的出现，它不仅实现了有病时能治病，无病时能进行护理的创新，也包含着一种创新型养老模式的出现（陈静姝，2017；郝涛，2018）。

总的来看，"医养结合"是指整合医疗和养老资源，从而更好地优化资源，满足人们在养老过程中所遇到的各种需求。医养结合的目的在于有病治病、无病养护，它实现了医疗和养老资源的整合，是有别于传统模式的一种新型养老服务方式，为老人提供持续性的照顾服务。还有学者认为医养结合与国外"长期护理"的基本内涵是一致的，都是对那些处于大病康复期，患有慢性病、易复发病，肢体残疾等的老年人，提供日常生活照顾、医疗护理以及康复服务等，它是对传统养老服务的扩展和延伸（成洁楠，2018）。从供给和需求方面来说，政府把医院、养老院、护理院以及各类小型诊所的服务资源进行了一个整合，组建医养机构，为患有疾病需要医疗服务以及养老服务的老年人提供了有效的帮助（韩蕴琪，2017）。对于老年人的服务，不仅包含日常起居的照料，还包含健康的护理及老年人健康维护、恢复等项目，使老年人能够在养老的同时还能够得到医疗的保障，具有双重服务的性质（郭聪，2016）。

第一，"医养结合"模式是一种创新。一方面，为了追求更高的生活质量，越来越多的人开始对自己或他人的养老过程加以关注，尤其是在医疗照护这一方面；另一方面，随着社会经济的飞速发展，各种养老措施及保障制度也愈加完善，国家对养老问题进行了大力度的宣传，这也促使人们的养老意识得到提升，更加期望获得一个较满意的养老服务过程。所以"医养结合"是人们自己和社会共同作用的结果，是养老的一个重要保障。

第二，"医养结合"包含了医疗、养生和养护。随着人口老龄化程度的加重以及人体健康水平的下降，人们对自己的身体健康状态也是越来越在意，人们越加侧重于养生，其次为医疗，再次为养护。而对于医疗来说，人们希望国家能够改善医保制度和养老制度，从而获取更多的医疗资源，目前，许多相关机构也是按照这个流程来操作的。但只是简单的通过扩大医疗规模来解决医疗的问题是不太现实的，这是因为一方面，各种资源都是有限的，一些复杂昂贵的医疗服务只有高收入人群可以负担，而对于低收入人群甚至是贫困人群来说，这种昂贵的医疗服务是无法被接受的。另一方面，中国老龄化的加剧和人口基数太大会导致医疗覆盖面无法扩展得太广，甚至在一些偏远山区，医疗覆盖率很低，且医疗覆盖过程也很困难。所以，如果我们的侧重点只在于"医"这个层面，并将所有资源都集中在医疗上的话，所能够获得的效果不会很明显，也很难达到所期望的目标。如果人们"养"好了自己，那么"医"的需求也会减轻许多。人们在年轻的时候有较好的养生理念，对自己的身体健康付出更多的关心和保护，这样不仅能够避免人们年老时罹患较多的疾病，也能够延缓人们衰老的速度，提高老年后的身体素质，从而能够大大减轻医院的负担，为更多有需要的人提供更多的医疗资源。

第三，目前老年人的身体状况可以分为健康、基本健康、半失能和失能这四大类。其中，前两类老人身体状况较好，所以更要着重于"养"，后两类老人已经处于较差的身体状况了，所以要侧重于"医"，因而通过"医养结合"中的"医"和"养"，能够实现所有老年人"老有所医、老有所养"的目标。

第四，相对于基础的养老服务来说，"医养结合"的实施显然更为复杂和专业化。所属机构不仅需要较为专业的管理团队及服务团队，而且需要水平较高的医疗器械及房屋设备等。因为既要包含"医"所涉及的范围，也要涵盖"养"所涉及的人才及设备。

第五，"医养结合"可以说是打破了传统的基本养老形式，它的服务对象也不仅仅局限于那些入住养老机构的人，更涉及那些还没有入住养老机构的老年人甚至是年轻人。同时，"医养结合"覆盖面也变得更广，能够较好地嵌入各种养老模式中，实现"医养结合"服务的全覆盖。

（二）服务模式

在构建"医养结合"服务模式的过程中，需要分析以下几个问题，即"医养结合"服务的对象、服务内容、服务提供方、实现方式、服务人员及资质和标准等方面。这些方面完整阐述了"医养结合"养老服务模式的运行内涵（见图5-1）。

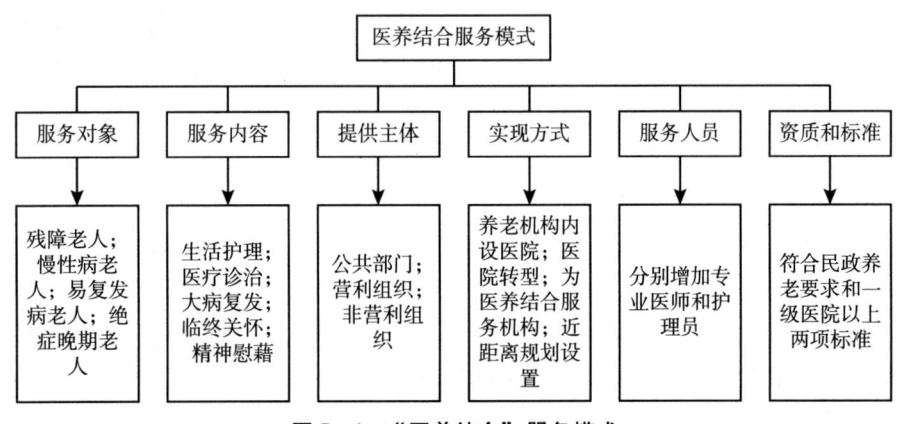

```
                    医养结合服务模式
   ┌──────┬──────┬──────┬──────┬──────┬──────┐
 服务对象  服务内容  提供主体  实现方式  服务人员  资质和标准
   │        │        │        │        │         │
残障老人；生活护理；公共部门；养老机构内 分别增加专 符合民政养
慢性病老  医疗诊治； 营利组织；设医院；医 业医师和护 老要求和一
人；易复发 大病复发； 非营利组 院转型；为 理员         级医院以上
病老人；绝 临终关怀； 织         医养结合服             两项标准
症晚期老   精神慰藉             务机构；近
人                             距离规划设
                              置
```

图5-1 "医养结合"服务模式

（1）服务对象。与普通养老机构的老年人不同，主要面向患有疾病的老年人，主要包括患有慢性病、易复发病的老人，大病初愈的老人，以及具有残障或绝症的老年人提供双重服务。

（2）服务内容。除了基础的生活服务、护理服务以及精神慰藉服务外，还包括提供疾病诊治服务、大病康复服务以及临终关怀服务等附加项，这是区别于普通的养老机构最重要的服务内容。

（3）提供主体。有公共部门、营利组织和非营利组织三大类。目前单一主体无法满足群众日益增长的对医疗结构服务的需求，因此"医养结合"服务模式应调动各方面的因素，积极整合多方资源。

（4）服务模式的实现方式。首先政府在整个规划中应该起主导作用，在目前社会上普遍存在的传统养老机构中增加医疗服务这一项，然后将部分一二级及小型医院转型为老年人康复中心，设置养老机构以及医疗机构之间的距离规划，为实现该目标，可通过合作协议的方式来进行。

（5）服务人员。打破传统非专业服务人员的模式，为养老院里的医院增加有专业能力的医师和护士,针对多种医院转型的养老服务机构,增加相应数量的护理人员,以满足老年人口增加的现状。

(6)服务机构资质和准入标准。医疗水平至少达到一级医院的标准,不能是简单的小型诊疗室水平和规模。

三、运行模式分类

随着我国老龄化的加剧,老龄人口数量以及问题的严重性也是愈演愈烈,而传统的养老模式由于自身的局限性,所起到的功效也日渐甚微。为了更好地满足更多老年人的养老需求,我国政府也在不断改革,创造出新型的养老服务模式。为此,各种类型的"医养结合"养老模式也随之形成。

(一)独立运行模式

独立运行模式包括为老年人提供医疗养老服务的单一机构,主要分为两种情况:养老院办医院和医院办养老院。

养老院办医院,这种模式的运行主体是养老机构,即在养老机构内设医疗卫生机构,如门诊科、卫生室等,由专业的医疗团队运行,在养老机构中对健康状况较好的老年人提供定期体检、健康检查、养生专业指导,对健康状况差的老年人提供医疗诊治和康复护理,并且还提供健康咨询和临终关怀等各项服务,使在养老机构中的老年人不用奔波于医院和养老院之间就能够得到良好的医疗护理服务。

医院办养老院,这种模式的运行主体为医疗机构,即在医院内部或者医院附近设立具有专业养老功能的机构。入院的老年人病情严重的在医院接受治疗;病情缓和、需要长期静养的老年人可以转入医院或附近具备养老功能的护理中心,接受专业护理人员的后续服务,这种分离医院的"医"和"养"环节,分开治疗和护理的方式,正是对"医"和"养"更好的结合。这样既节省了老年人病发接受治疗的时间,也缓解了老年人在医院"挂床"的现象,使医疗资源得到充分利用,有效满足了慢性病、大病康复期和癌症晚期老年人的养老需求。进而一些为达到医养结合目的的医疗机构,转型成能够为老年人提供医疗服务和养老服务的专门机构,从而也达到了对医疗资源的充分利用。

案例 5-1:北京市某山庄

该项目位于北京市昌平区北安河,距市区约 40 千米,有公交线路直达,路况较好,占地约 100000 平方米,一半以上为绿化面积,环境优美,空气清新。

房屋结构基本为庭院和多层结构设计，其经营模式采用会员制，入住人员交纳押金后可获得会员资格，并免费享有居住权或可租赁居住。建有中医院，包含太医馆和体检中心，具有医保资格。其中太医馆的养生保健服务主要包括关于临床诊疗的相关服务、权威专家提供会诊服务等。

案例 5-2：长沙某国际老年生活示范城

该项目包括老年人呵护中心、关于老年病的医院以及翠湖山庄，占地面积共 350 亩，床位共 5000 张，总投资共计 10 亿元，主要包括的两种物业形态为"疗养型公寓"以及"养生型住宅"，是集医疗+地产+养老于一体的 CCRC 社区。其中设立的二级甲等医院不仅配备了全自动生化仪、中心供氧、CT 机、彩超、500 毫安 X 光机等先进的医疗设备设施，还有老年病科、神经内科、心血管内科、呼吸内科、康复科、临终关怀科等具有个人特色的科室。

案例 5-3：北京市某医院

北京市某医院是一家国有企业医院，于 2010 年建成，共设有住院病床 80 张。在随后几年的经营中，医院陷入了长期亏损的境地。面对困境，医院想到了改革。按照具体改革计划，医院原先有 80 张床位，将会拿出一半用于养老院改建，同时保留医院的门诊，从而形成医养结合的新模式。

（二）联合运行模式

所谓联合运行模式，就是医疗机构和养老机构达成相关合作协议的医养结合方式，为了缓解老年人奔波所带来的不便，医院的医生和护士会定期到这些机构给老人进行身体检查。并且，当机构里的老人突发疾病时，联盟医院可以在第一时间给予最专业、最及时的救治。医院的医生和护士定期去其相对应的加盟养老机构，给当地的老年人进行免费的诊治，并且归纳存档好相关档案，对患者的个人情况进行准确诊断，从而对不同的老年人进行精准医疗服务。这一种全新的模式，不仅打破了医疗机构和养老机构之间原本互不干涉的局面，还实现了区域内医疗和养老的共同协作，满足了老年人个性化的需求，达到了"一站式"服务的目的。这无疑是一种双赢的局面，把医疗和养老两方面的资源进行有效结合，不仅使养老机构能够获得更加专业的医疗服务的支持；医疗机构也能够在利用自身资源的同时，达到更好地服务大众的目的。这种模式目前来说优点很多，唯一的缺陷是需要两种机构之间的距离较近，才能方便医院的人员对养老院的老人进行服务。

（三）支撑辐射模式

这种模式的运行主体主要是社区医院，社区医院与辖区内养老机构合作，将社区医院的医疗资源辐射到养老机构，双方签订合作协议，结成分工合作联盟，利用社区医院的医疗资源为附近养老机构的老年人提供定期上门检查、诊疗、康复护理以及心理咨询等服务，为老年人建立健康档案，实现"小病在社区，大病去医院"的分级诊疗。这种医养结合的养老模式既能带动社区医院的发展、充分利用社区医院的医疗资源，同时也为辖区内的养老机构中的老年人提供便捷、连续、便宜的健康管理和医疗服务。以上海为例，该市通过和其他地区签订协议以及巡诊制度的方式，把各社区医院的资源辐射性地分散到其管辖区域内的各个养老院，同时通过阶梯形的医疗报销比例方案，实现医疗资源的合理利用，这就是所谓的上海中心城区全科医生模式。把以上几种模式的运行路径总结如表5-1所示。

表5-1　　　　　　　　医养结合养老服务模式及运行

模式分类	图示关系	特征
依托养老机构，添置医疗功能	养老机构　医疗功能	在养老设施内进行基础医疗救治，其医疗水平有限
依托医疗机构，开设养老服务	医疗机构　养老功能	方便老年患者在大型医疗救治后，进一步康复修养
养老机构与医疗机构合作运营	养老机构　医疗机构	满足老年人养护和医疗的需求，但两者需要距离较近
依托养老机构，与医疗机构联系	养老机构　医疗机构　医疗	老年人在养老机构中获得基础医疗服务，并与周边医疗机构对接，处理紧急情况

四、医养结合实践状况及案例分析

医养结合养老体系最主要的是以家庭养老为基础、社区养老为依托、机构养老为补充的模式,这也是我国在发展养老事业的过程中,需要逐步探索并实现的目标。从我国近些年多省市的试点工作结果来看,养老和医疗资源相统一的模式,是应对我国关于未富先老、未备先老和孤独终老的危机的有效方法。

(一) G 和 H 老年公寓设立医务室

G 成立于 2012 年,位于北京市,是运用医养结合养老模式的成功案例之一。该民建盈利性养老机构由 L 集团投资新建,可容纳 400 多张床位,主要的服务对象是能够自理以及半自理和需要全方位呵护特护的老人(异地老人也可办理)。该机构提供吃住医养乐等全方位的服务,成为具备医疗和养老等双重设施的机构,这离不开其奉行的服务宗旨——"持续照料",为当代老年人提供了多方位、高品质以及"一站式"的服务。同时北京市在 2013 年将其确定为首个医养结合试点单位,为其配备了一系列的服务设施。机构充分尊重老年人的不同需求,为他们量身定制个性化、多样化的护理服务内容,并且安排指定的护理人员为其提供护理服务,主要包括定期检测身体各项指数,每两个小时进行一次巡房检查以及为老年人提供陪同和特殊的护理需求服务。与此同时,机构内除了医务室外,还拥有具有高素质能力的医疗团队,医护人员每个人都具有职业资格,附加上每个病房内的 24 小时呼叫系统,为养老机构里的老人提供了充足的保障。作为民营的以盈利为目的的机构,G 的消费主体和发展对象主要是具有高收入的老年群体,这一机构对老年人的消费水平有很大的限制,其收费标准根据选择的不同项目进行变化,基本收费也在每月 12000 元以上。G 模式是在普通养老机构基础上的附加,它会在该机构的周围设立一个专业的医疗服务中心,并且配置高品质的护理设备、专业的医疗人员以及舒适的居住环境等。

相较于现实生活中大多数的养老机构来说,中小型机构的经济实力比较弱,其入住对象往往难以支付高额费用。以中小型养老机构为例,成立于 2007 年位于北京市东城区的 H 老年公寓则是典型。相较于上一例中完全民营的机构来说,它是公建但民营的机构,由东城区民政局统一监督管理,并且由 HC 养老机构有限公司负责运营。该机构的模式则是运用了医院中的老年病专科模式,北京市 LF 医院××院区设立在公寓楼的一层,配备了相应的专业医疗设备以及康复设备,并且拥有具有专业职业资格的医师以及经验丰富的护士。该老年专科医院还设立了日常门诊,对于基本科室的治疗,如内科、外科和康复都能够进行诊断,可以满足老年人患病后的基本需求。除此之外,H 老年公寓还为老年人配备了随身携带的呼叫设备,使老年人在发生意外事故或突发性疾病时能够及时得到处理;日常生活中会进行定期体检,并将每一个人的档案进行区分;定期定时换药,以及对身体状况进行检测,提供提醒以及陪同的服务等。同时,公寓与医院建立了合同协作关系,为老人提供全面急救措施,急需救治时能够走专用通道以节省时间。这种医养结合模式适合规模较小的养老机构,同时政府也会对其进行协助,为将医院的老年专科诊室引入养老机构内提供支持和资源。

(二) 北京市××医院开设老年示范病房

医养结合养老模式由于以拥有老年病科的综合医院作为支撑,所以对于老年人的病因可以做出更加准确的判断,方便有针对性的诊治,也可针对老年人复杂的病情举行多科室的会诊。现代医学上互联网技术发达,综合医院可以借助这一传播媒介,对其下级或者那些基层的医疗机构实行远程操作和指导,方便集中讨论和对多重病因的诊断。北京市××医院老年医学科室的老年示范病房就是一个典型的例子,该老年示范病房建立于2007年,属于大内科,其宗旨是推广现代老年医学的理念,除此之外该病房还配备拥有多年临床经验的专业医生,专门治疗疑难杂症患者,例如由多种病因所引起的疾病,或常年存在乏力头晕和偏头痛等情况的老年患者等。另外老年医学科室是由老年病专科医生、保健师、药理师、营养师、心理师以及专业护士等专业团队所组成的一个整体,用他们自己的专业化以及团队合作,来为老人提供及时的救助以及护理。目前的老年示范房已有24张床位,实行主治医生负责和三级查房制度,针对不同老人的需求,结合定期检测老人身体状况的依据,再与各体检科室进行统一合作,从而制定出适合不同老人的健康保健计划,提出相关建议。

医养结合养老模式适用于那些医院里设备非常齐全,且各科室之间有统一协作联合关系的医院,这是在老年病专科室的基础上,进一步体现资源合理综合利用,且为老人提供个性化、多样化治疗方案的措施。

(三) 北京J敬老院与医院建立合作机制

北京J敬老院是国有公办连锁养老机构,成立于2001年,由北京JT集团有限公司投资,北京市西城区民政局核准创办,共计500张床位和4家分院。养老机构为了能够照顾老年人的日常生活起居,并且满足老年人在医护照料上的需求,配备医务室、药房和医生办公室。与此同时,与北京市第×医院签订了医疗服务合作协议。北京市第×医院作为老年专科医院,具有悠久的社会历史,也是西城区的二级甲等综合医院和医疗保险定点单位。由于该地区老年人口的数量很多,北京市第×医院通过与养老机构建立合作协助关系,成立了属于自己的"为老服务网络",主要包括:依托养老机构,服务老年人群体,建立以医院为载体、专业医师和护理团队为整体的基础性医疗服务。每个星期二的下午，该医院的专业医生及护士团队就会到 J 敬老院为老人进行免费问诊，对每一个老年人的身体健康状况都进行全面的检测和估计，建立档案观察健康数据，同时上传到网络上进行保存管理。对于那些没有患病或者是存在隐患的老人，他们会给出自己的指导建议，并且制定具有针对性的方案；对于那些病情已经非常严重的老人，他们会结合自己的专业知识进行判断，再安排医院相关科室人员到敬老院出诊，然后进一步为老人进行具体的诊疗。即使出现突发紧急状况，北京市第×医院也会提供及时的救助方案，派出救护车以及运送相关设备去敬老院，争取为更多的老人提供治疗服务。

第二节　医养结合养老模式的发展现状

一、医养结合养老服务的供需现状

（一）需求现状

根据国家统计局数据显示，我国老年人整体健康状况不容乐观：一是超过 1.8 亿老年人患有慢性病，患有一种及以上慢性病的比例高达 75%，失能、部分失能老年人约达 4000 万；二是我国 2018 年人均预期寿命是 77 岁，但是健康预期寿命仅为 68.7 岁。[①] 这说明我国老年人患病比例高，进入老年后患病时间早，带病时间长，生活质量不高。目前国际上判断失能的标准是吃、穿、上床睡觉、上厕所、运动和洗浴这六项指标，其中如有一项做不了就是完全失能，而如日常行动和日常照护有一点困难的情况则是半失能。随着老龄化的加剧，失能老年人大多数是慢性病引起的，心脏病、脑血管病、恶性肿瘤排名前三，另外还有呼吸病、代谢病等其他疾病，因此要做好这些疾病的防控。按照《国务院关于实施健

[①] 孙金明、张国禄. 精准扶贫背景下中国失能老人多维贫困研究——基于 2014 年中国老年健康影响因素跟踪调查［EB/OL］. 国家统计局, http://www.stats.gov.cn/tjzs/tjsj/tjcb/dysj/201812/t20181220_1640538. html.

康中国行动的意见》要求,在未来10年,65~74岁老年人失能现象的发生率要减少,将失能的发生尽可能延迟到生命的终末期,这也是世卫组织提倡的健康老龄化的一个指标。

中国的人口老龄化问题越来越严重,随着老年群体的日益增加,其需求也是日益增加的,未来将会有更多的老年人需要得到及时的照料。现在已有部分老年人对养老有较强的需求,也为自己未来的养老生活有所担忧,其中农村地区的老年人的需求是更多的,这些信息源于全国老龄工作委员会办公室的相关数据统计。受经济发展状况、城镇化现象以及社会结构变化等各个方面的影响,在未来老年化问题的发展趋势上,养老问题则会更加突出。

随着老龄人口年龄的增加,他们最突出的问题则是在生活中的自理能力,这是老龄化社会发展问题急需考虑的问题,不同年龄段老人生活自理能力存在较大差异,这一理论在相关的国家数据统计中得到了验证。通过国家统计局的数据可以看出,从全国老年人总体看,60~64岁的老年人生活能够自理的比例高达96.8%,只有3.2%的老年人不能自理,60~69岁的老年人中不能自理的比例也只有5.1%,因此70岁以下低年龄老年人的生活照料问题并不突出。但是,随着年龄的增大和老年人身体条件变化等原因,70岁以上高年龄老年人生活不能自理的比例不断提高,80~84岁组的老年人有1/4生活不能自理;90岁以上的老年人中,生活不能自理的比例已经达到50%。因此,高年龄老年人的生活照料问题最为突出。从城乡失能老人的统计报告中可以看出,我国现在急需护理的失能和半失能老人数量是极速上升的,其中还不考虑农村状况,农村状况应是更加令人堪忧的。另外,该数据显示:2005年、2010年、2015年我国失能老人人数分别为915万、1085万、1241万,可以看出其增长速度是逐渐上升的。2.49亿人这个数据则是截止到2018年底老年人口的总数,其中失能老人超过4550万人,老年人失能发生率高达18%。2010年城市和农村地区的失能人口比例分别为5.6%和7.6%;2015年分别为4.52%和6.83%,后者均比前者高出约2%,这足以证明,城市和农村的差距是非常明显的(见图5-2)。[①]

[①] 朱宝生,乔晓春. 北京市养老机构入住率的影响因素研究——基于北京市养老服务设施摸底普查数据 [EB/OL]. 国家统计局, http://www.stats.gov.cn/tjsj/tjcb/dysj/201809/t20180905_1621051.html.

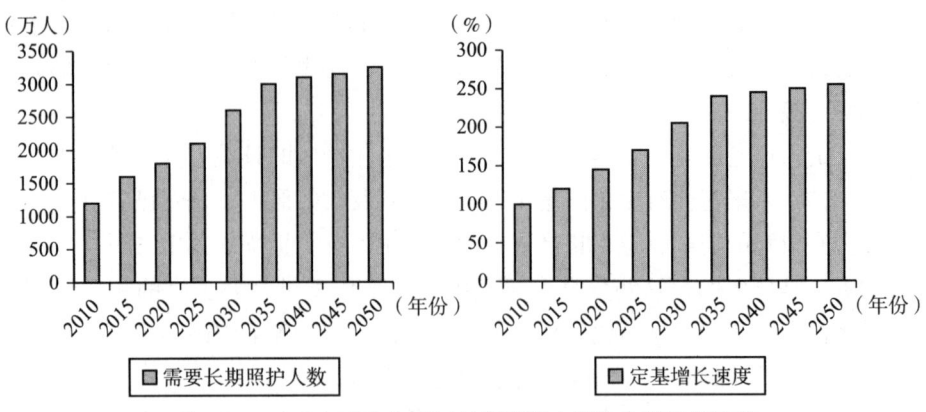

图 5-2　2010~2050 年需要长期照护人数和定基增长速度

资料来源：朱宝生、乔晓春. 北京市养老机构入住率的影响因素研究——基于北京市养老服务设施摸底普查数据［EB/OL］. 国家统计局，http：//www.stats.gov.cn/tjzs/tjsj/tjcb/dysj/201809/t20180905_1621051.html.

（二）供给现状

我国对养老产业的重视度较高，并为其出台了许多文件。2017 年 3 月，国务院提出预计在 2020 年，建立全覆盖、更公平、更完善的社保体系。为了解决养老问题，在 2013 年国务院发布相关规定后，养老机构数量大大增加，使我国养老床位供应量也大幅度升高，如图 5-3 所示。据 2016 年的数据统计可以看出，平均 1000 位老年人仅有 52.3 名能够享受到养老机构提供的养老服务。这样一来"医养结合"的养老机构所能提供的养老照护服务更是很乏力。

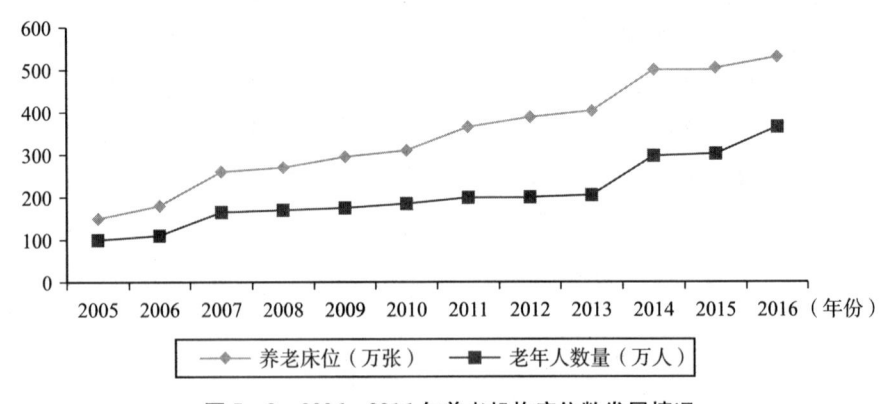

图 5-3　2006~2016 年养老机构床位数发展情况

资料来源：国家统计局. 中华人民共和国 2020 年国民经济和社会发展统计公报［EB/OL］. http：//www.stats.gov.cn/ztjc/zthd/lhfw/2021/lh_hgjj/202103/t20210301_1814216.html.

（三）供求矛盾

据民政部数据显示，目前我国对养老服务行业的投入仅占GDP的7%，远远低于欧美近25%的比例，说明中国养老产业的投入不是很高。另外，2010年我国老年人口消费规模达1万亿元，预计到2040年将达17.5万亿元。2014～2050年，中国老年人口的消费潜力将从4万亿元增长到106万亿元，年均复合增长达10%，占GDP的比例将从8%增至33%。通过这个增速可推导，2025～2040年，我国约有5000万老年人需要通过专门的养老机构来养老，按照目前每人每年5万元的养老费用计算，整个市场产值有2万多亿元。① 虽然各省市的"医养结合"养老模式的开展热度相当高，也有越来越多的老年人开始接受这种新的理念和服务，保险机构也不断地涌入进来，但"医养结合"养老模式的发展现状不是很乐观，供与求之间的矛盾越发突出。首先，供求矛盾大。由于"医养结合"养老模式是一种创新型养老模式，缺乏借鉴经验，这就不可避免地会在供给方面造成矛盾现象的发生。其次，养老发展滞后。国务院要实现养老服务在城镇的全覆盖以及农村的半覆盖，通过社区服务建设来推动养老服务的发展。但由于政府在前期体系构建的过程中，主要关注点在于机构养老的投资建设，对其他方面关注度不够，这就导致养老服务整体发展仍然较为滞后。为此，政府近年来，每年都将大量资金投入社区服务设施中，并且投资金额逐年增加。表5-2显示了我国每年所投入设施的总量。

表5-2　　　　　　　2006～2016年全国社区服务设施总量

年份	社区服务设施（万个）	社区服务中心（个）	社区服务站（个）	便民利民网点（万个）
2006	16.0	8565	—	45.8
2007	17.2	9319	50116	89.3
2008	16.2	9873	30021	74.9
2009	17.5	10003	53170	69.3
2010	15.3	12720	44237	53.9
2011	16.0	14391	56156	—
2012	20.0	15497	87931	—
2013	25.2	19014	108377	—

---

① 民政部.健全基本养老服务体系需多方发力［EB/OL］.http://www.stats.gov.cn/ztjc/zthd/lhfw/2021/lh_hgjj/202103/t20210301_1814216.html.

续表

年份	社区服务设施（万个）	社区服务中心（个）	社区服务站（个）	便民利民网点（万个）
2014	25.1	23088	120188	—
2015	36.1	24138	128083	—
2016	47.2	30212	167930	—

资料来源：纪竞垚. 家庭照料对老年人机构养老意愿的影响——基于 CLASS 数据的实证分析[EB/OL]. 国家统计局, http://www.stats.gov.cn/tjzs/tjsj/tjcb/dysj/201902/t20190202_1648187.html.

中国目前的社会养老模式与社会现状是不匹配的，人们对于养老服务的需求和我国现存养老服务供给总量之间的矛盾是日益凸显的，且这种供需矛盾还在不断加剧。医养结合这种模式对于"医"的要求是非常高的，要求医疗卫生水平达标、医疗卫生环境良好以及医疗资源分布相适应，而对于很多城镇以及农村地区来说，这种较高的要求是无法达到的。特别是那些落后的农村地区，其医疗资源和养老资源都是十分缺乏的，再达到医养结合这种高的标准是不切实际的，这些都是影响医养结合模式发展的难题。从医养结合这个模式的供需关系以及要求来看，医养结合模式更适合经济发达地区，经济发达地区拥有一定的经济基础，也具备相应的医疗条件。但就算城镇适应，其中的老年人并非全部能够接受这一养老模式的出现，而这在一定程度上又导致了供需的不均衡，这也成为医养结合模式进一步发展的难题。虽然机构养老对于失能老人的定义是明确的，但在现实运行过程中存在不适应的情况。规定上来说，医养结合养老机构的服务对象主要是患有残疾、智障且生活不能自理、有慢性疾病或其他特殊疾病的失能老人，但在实际运行中这一数据是具有偏差的。比如一些失能老人由于自身社区医疗卫生条件好或其他原因，而选择了居家或者就近养老；或者原本可能选择医养结合养老的老人，因为自身的经济条件而不能选择。这些情况的发生都在影响着医养结合养老模式从设想转换成现实的过程，同时也影响了养老需求的有效转化。

民政部门的统计数据反映：截至 2014 年，我国城乡各养老机构总的容量为 112.6 万人，但其中只有 1/4，约 28.2 万人是失能老人的养老服务容量。近些年来，养老人口数量受经济发展等的影响呈现出了快速增长的趋势，然而养老需求也是同步增长的，按照 20%、40%、60% 的需求比例计算，"整合照料"机构养老模式供需严重不协调，分别以 40 万人、80 万人、150 万人的巨大悬殊而存在。其中的 20%、40%、60% 指当前失能老人群体中，对于医养结合养老模式的接受意愿比例，而需求比例以当前养老对象作为基数进行计算，两者对比就呈现了巨大的矛盾。[①]

二、医养结合养老模式推进中存在的问题

(一) 政府部门多头管理,权责不明

医疗机构由卫生部管理,普通养老机构由民政部管理,社区和居家养老由老龄办管理,而医疗保险由人社部管理,因而医养结合养老服务机构要受到卫生部、民政部、老龄办、人社部等部门的多头管理,在筹资、拨款时还需要受到财政、发展和改革委员会等行政部门的制约。以评估标准为例,民政部和卫生部使用了不同的护理标准,民政部以生活自理能力作为养老院的准入基准,而卫生部以身体健康水平作为护理院准入基准,医养结合的养老机构具体执行标准没有定论。目前各部门对医养结合政策仍缺乏统一的认识,在相关政策的制定、调整和落实上难以达成一致。在管理过程中,各部门的职责和定位不明确,管理上存在交叉,浪费了大量的养老机构和管理部门的资源,降低了医养结合养老模式发展的效率。

(二) 相关政策支持和保障措施落实不细化

尚处于起步阶段的医养结合养老模式,其快速发展需要依赖置地、税收、医疗、培训、通信和水电气暖等多项补贴优惠和扶持政策的配合。以医保政策为例,目前很多医养结合单位无法纳入城乡基本医疗保险定点范围,由于医疗系统和养老系统自成体系、相对独立,医养结合处于两者之间的尴尬位置,对于医养结合单位能否纳入医保定点,各地的标准和政策各异。当前医保政策未能针对老年人的健康特点,报销范围不包括养老机构内设的医疗机构,基本仅限于医疗机构。《关于全面放开养老服务市场提升养老服务质量的若干意见》中提到,要将条件符合的养老机构内设的医疗机构纳入医保定点范围,该项措施的落地有望解决当前问题,扩大生活护理、医疗护理等服务的覆盖面。再看补贴,医养结合养老模式的补贴分为两种:建设补贴和运营补贴。在实际发放过程中,需要经过层层审核,往往在滞后一到两年后方能领取到补贴,补贴兑现存在着明显滞后性,优惠政策不能及时、有效到位,有违政策设计的初衷。

---

① 民政部. 在加速养老服务体系建设中提质量优服务 [EB/OL]. http://mzzt.mca.gov.cn/article/zt_zylfw/mtbd/202007/20200700028471.shtml.

(三) 医养结合专业人才匮乏

我国医养结合服务队伍在人员配置上不论是数量还是素质都无法满足医养结合养老模式的发展需求。一方面，养老护理行业的劳动强度大而工资相对较低，且社会认可度低，难以吸引高素质护理人才的加入。目前我国高校和专科的护理专业毕业的学生在择业时以医院为主，很少有学生会从事护理工作。就高校的学科设置和人才培养来看，国外有专门的老年照护专业，从本科到硕士再到博士，而我国在老年护理领域则缺乏这方面的专业人才。养老院内设的医疗机构和医院转型后的护理医院内，专业的医师、护士和护理人员都严重短缺，且面临着严重的人员流失问题。另一方面，现阶段养老护理行业的从业人员多是一些专业素质低、能力不足的农民工，大多数还是年龄较大的人群，往往没有经受过专业系统性培训就上岗。而医养结合养老模式下对护理从业人员的要求是非常高的，由于他们要为老年人提供特殊的护理以及康复服务，所以他们要具有较高的素质、专业的技能，并且还要懂得一定的医疗护理知识。

(四) 医养结合服务定价相对较高

医养结合养老化机构因其提供综合性、专业化的医养服务，收费相较于普通的养老机构更高。而且由于医保等配套政策还未到位，很多医养结合机构难以纳入医保定点范围，老年人入住需要自掏腰包，费用较高。另外，目前医养结合养老机构的定位存在偏差，主要定位在中高端客户，定价高昂，大部分老年人承担不起。各地医养结合养老机构的收费标准通常能达到甚至超过当地居民人均消费的2~3倍，老年人更倾向于收费标准相对较低的低档养老机构（黄佳豪，2018）。当前的医养结合养老机构的档次结构与老年人的经济承受结构之间存在着严重错位，压制了老年人对医养结合养老模式的消费需求。在目前的收费标准下，大多数老年人被排除在医养结合养老模式之外。

(五) 医养结合监督评估体系不健全

一个制度的推广往往与该制度所匹配的监督体系是不能及时匹配的。目前来说，虽然我国医养结合养老模式已在全国范围内试点，但对其监督体系无法做到严格落实，比如对于收费标准、服务标准以及机构的职责和定位，都没有专门的行业监管。各试点单位的创新性和自主性虽有利于该模式的发展，但也要在统一的制度监督下进行才能够长久，这样才能避免医养结合养老模式发展出现混乱，避免各地出现乱建设、乱收费等乱象。在实际操作中，已经出现部分企业借医养结合项目的名义开发房地产或是开展其他与医疗养老服务无关的盈利活动,完全改变了养老的性质,浪费了政策资源。目前各地对养老机构和医疗机构的监管也主要集中在"安全"上,往往忽视了对服务质量、服务态度和入住满意度等的评估,这种单一化的监督管理方式无法适应医养结合养老模式多元主体、综合服务的特点。医养结合养老模式的深入开发和创新需要深化监督检查,构建科学合理的评价体系,引导医养结合养老服务面向不同阶层、不同经济条件的老年群体,加强共济性,为建立全国范围的统一性医养结合养老体系指明方向。

第三节 医养结合国外发展经验借鉴及对我国的启示

一、国外发展经验借鉴

(一) 日本的医养结合经验

日本的人口老龄化及老年人问题是政府最为重视的部分,毕竟日本是全世界老龄化最严重的国家之一。1963年日本政府的《老年人福利法》提出:政府出资为老年人修建特殊养老院,为那些缺乏自理能力、体弱多病的老人提供服务;1982年《老人保健法》提出:为短期内无法得到生活保障的老人出资,提供住所以及配套的医疗服务,甚至康复服务;1989年《高龄者保健福利推进十年战略》提出:积极鼓励关于老年人活动中心、老年人医院、老年公寓和敬老院的推进。日本不管是政府还是民间组织,甚至企业、个人都可以兴办养老机构,但必须共同提供标准化收费标准或无偿收费标准,从此可以看出日本对养老机构设立的门槛是比较低的,没有过多的限制。养老机构会根据不同老年人的具体状况和相匹配的经济能力,实施有等级的护理,这显出了护理分级的划分方法,同时也体现了日本养老机构划分具有多元性。除了设有老人养护之家或特别养护之家等养老机构以外,在福利院方面也是很完善的,比如日本的护理、特别护理老人福利院,低费老人福利院和收费老人公寓等。

值得一说的是日本的长期护理,长期护理在日本称为介护。《介护保险法》2000年出台,并且五年后进行了一定修订。具体流程为:被保险人提出介护申请,地方政府下设的专业评估机构根据申请人的生理和精神状况,评定需要介护的时数和级别。护理程度由低到高依次为:"需要支援""需要护理1级""需要护理2级""需要护理3级""需要护理4级""需要护理5级",这也是长期护理的六个等级。这六个等级所对应的护理时间也各不相同,"需要护理1~5级"的护理时间依次为30~41分钟、50~69分钟、70~89分钟、90~99分钟、100分钟及以上。介护保险支付的服务内容十分广泛,最基本的是居家护理服务和机构护理服务两种,其中机构护理服务又有老人保健设施、提供特别护理的老人院和医养型医护机构三种。疗养型医疗机构提供的介护服务包括一般的介护和特殊的介护。一般的介护包括居住环境服务、活动支援服务、衣食住行服务、身体清理服务、沟通交流护理和康复护理等;特殊的介护包括脑卒患者护理、痴呆患者护理、失禁护理、视觉障碍护理等。

日本的介护保险将养老与护理进行了有机统一,是典型的医养集合案例,其最突出的特点是法律制度相当完善,先后制定《老年人保健法》《老年人福利法》和《护理保险法》等多个法律文件,这些法律条文都明确规定了服务对象、国家和各地方政府的责任,使老年人的日常照料、保健、医疗等各方面都有法律的保障和支持。介护保险的资金源于三部分:40岁以上的人群可以开始缴纳介护保险,其中40~64岁的人群由政府承担50%,个人和单位承担50%;65岁及以上的人群政府和个人各承担50%。具体来说就是根据收入水平的不同,介护保险将人群分为六个等级,收入最低的等级只用缴纳标准保费的50%,收入最高的等级需要缴纳标准保费的150%。对于赔付额度,65岁以后如果有护理需求的,可在评估等级后接受护理,个人只承担费用的10%,其他由保险给付。将护理程度分为七个等级,根据等级不同,其月度支出的上限不同,需支援约为每月5万~11万日元(约合人民币0.3万~0.7万元),需要介护的每月约为17万~40万日元(约合人民币0.9万~2.3万元),超出部分需要自费。[①] 介乎保险制度的实施使得日本"社会性住院"状况得到缓减,减轻了政府和子女的财政压力。

(二)美国的医养结合经验

美国的联邦法律认为,长期护理机构主要是护理院和专业护理院。以下七个方面为长期护理机构的服务内容:日常生活起居服务、饮食服务、医疗服务、康复服务、牙科服务、护理服务以及药物服务。护理院要对患者负责,在患者进院的第一周内或病情变化周内,运用美国每个州的评估工具——RAI进行评估工具检测,还有每个月对患者进行定期的身体评估。评估工具检测内容必须要包括:

---

① 民政部. 国外推进养老服务产业化发展的经验做法 [EB/OL]. http://mzzt.mca.gov.cn/article/zt_zylfw/mtbd/201908/20190800019189.shtml.

身份信息、常规检查、生理功能、社会心理状态、排泄控制力、情绪行为状态、口腔营养问题、疾病健康问题、皮肤状况、活动消遣、服用药物、特殊处理和操作、认知形态和视力沟通能力等。在这些服务的基础上，各州可以根据自己的法律基础和经济基础进行服务补充，形成更加规范的护理院标准化服务。然而对护理人员的专业能力、服务的数量也有明确的规定，一天24小时都应该有负责执勤的护理人员，且每个护理人员在岗时间不得低于8小时。护理人员在为生活不能自理的患者提供服务时，要在衣食住行上对他们给予帮助；与患者进行日常交流，保证患者视觉和听觉能够正常；帮助精神疾病患者并且提供心理服务。在上述基础上，也包含以下特殊需求：结肠直肠造口术、注射肠内外、营养肠道造口术、气道吸引术、气管闭口术、呼吸护理和足部护理等。医养结合服务机构要求每个患者都有自己的主管医生，医生要定期巡视检查，保证患者入院前三个月每月检查一次，三个月以后每两个月检查一次的频率，如遇紧急情况，要能及时取得联系并进行救治，这一过程服务称为医疗服务。当然，医生的医疗服务也可在法律条件允许的情况下，授权给助理医生、护士或者其他的护理专家。

（三）德国的医养结合经验

人口老龄化趋势是各国面临的共同难题，德国又是最早进入老龄化社会的国家之一，自20世纪70年代开始，人口老龄化程度便日益突出，90年代起，德国的失业问题越来越严重，老年失业群体庞大，老年贫困问题严重。随着人口结构的变化，家庭结构小型化日益凸显，老年人独居生活的越来越多，无人照顾变得很普遍。再加上劳动力结构的变化，许多妇女走出家门、参加工作，使得家庭照顾功能进一步减弱。在20世纪80年代末期，德国老人医疗护理费用的支出居高不下，老年群体生活越来越困难，老年人尤其高龄老年人的护理需求日益增加，社会化的护理保险制度亟待建立。1988年《健康改革法案》颁布；1994年《长期护理保险法》颁布，并于1995年1月1日实施；1995年4月1日起，开始提供与居家服务相关的保险给付和服务；1996年6月1日起，开始提供与机构医疗相关的保险给付和服务，德国的长期护理保险体系逐渐建立。德国的长期护理保险遵从"护理保险跟从医疗保险的原则"，即参加医疗保险的人都要参加长期护理保险。政府官员、军人和法官的护理保险费缴纳由国家全权负责，他们不需要承担任何缴费责任，除此之外，全体国民都被强制性要求加入长期护理保险，保障范围广泛。年轻人若是需要的话，也可以享受长期护理。参保者非正规就业的配偶和子女也可以享受同样的保险待遇，而不用增加保险费的缴纳额。

德国的长期护理服务也分为居家和设施两大类，法律明确规定居家护理服务优先于设施护理服务，在没达到进入设施接受服务的条件时，只能接受居家护理服务。居家护理服务包括家人、朋友提供的非正式服务和健康护理人员提供的正式、专业上门服务。设施护理服务则由专业的护理人员提供正规的护理服务，保险费的支出只包含在护理院接受护理服务的服务费里，床位费和伙食费则需要使用者自付。长期护理由轻到重分为三个等级，级别不同接受护理的时间、次数不同。

德国的长期护理保险是整个社会保险的第五大支柱，并且由医疗保险基金担任护理保险基金的角色。基金费用主要由保险税款提供，遵循自行支付的原则。德国长期护理保险资金的绝大部分源于保险费用，就连没有工作的人的保费也会由劳动局支付，这是与日本完全不同的。在长期护理保险制度正式实施之前半年，德国就开始征收保险费，不提供护理保险服务。保费依据投保人的收入征收，在 1995 年护理保险开始实施时，以 1% 的标准征收；1996 年 7 月 1 日起，费率固定为 1.7%，由雇主和雇员各承担一半；2008 年保险费率提高到 1.9%。随着老龄化程度的加深，德国准备到 2030 年将缴费比例提升至 2.4%。[①] 领取养老保险者及医疗需求者也需承担保险费，但养老保险基金为其支付一半费用。

（四）瑞典的医养结合经验

瑞典在 20 世纪 90 年代初期建立了国家照护管理委员会，该委员会主要负责家庭照护以及养老院和其他养老机构的事务。瑞典的老年人大多不同自己的子女在一起生活，虽然他们有自己的住宅，并且都会拿到养老金，但是他们中的多数人喜欢搬到公寓里住。在这些老人看来，他们积极纳税，晚年也应该享受到政府提供的福利。并且，老人住进公寓后，还可以减少孤独感，也可及时得到必要的救助。例如瑞典的康复中心，主要采用日托的形式，接收一些精神和智力残障的老年人，每天有专车接送。康复中心内设有康乐室、手工作业室、午间用餐的餐厅和休息室等硬件设施。除此之外，还配有医务人员，如医生、康复技师、心理学家等，他们向病人提供咨询和治疗。

就照护服务来说，瑞典比日本人民的资金负担率要低很多，相差约 4%。这主要是由于瑞典照护服务的资金绝大部分由税收给予，老年人在这种津贴的补贴下，缓解了自己的经济压力。

[①] 民政部. 国外推进养老服务产业化发展的经验做法 [EB/OL]. http: //mzzt. mca. gov. cn/article/zt_zylfw/mtbd/201908/20190800019189. shtml.

二、国外模式对我国的启示

(一) 注重发挥政府的主导作用

政府作为政策的制定者和法律的规范者,在养老服务机构的发展和运行上,也是不可缺少的组成部分。近些年来,不管是国内还是国际上,都认为政府不能够代替家庭和社区单独提供福利,但是可以由政府、家庭和社区等共同来为社会提供福利。尽管想法是理想化的,但就上述几个国家的例子和现代社会的发展趋势来看,政府还是在医养结合服务模式中起主导作用。尽管非政府组织、私有机构等都有出力,但政府却以绝大部分的占比仍然处于主要地位。主要原因还是政府可以制定相关的法律法规,并且明确医养结合服务如何发展,更加了解老年人的个人需求,并且提供相匹配的援助,这都是其他组织所不可比拟的作用。以美国为例,美国非营利组织所需资金主要源于政府,并且政府还能为需要帮助的老年人提供政策上以及经济上的援助。

(二) 重视完善法律体系的建设

若想医养结合服务模式能长远的发展,法律体系系统化的构建则是必不可少的。国内和国际都非常重视法律法规的作用,并逐步将医养结合服务模式推上更加制度化、系统化的道路。对于各国来说,只有将法律法规作为基础性的标准,并且在社会发展的基础上进行不断的修改和完善,才能使医养结合服务模式更好地发展。在服务机构、服务对象、服务标准以及服务人员等方面,法律都应该为医养结合服务模式作出明文规定。只有在法律的伴随下,医养结合服务模式才会更加规范化,做到有法可依。

(三) 积极建立测算系统,统一护理服务标准和服务内容

美国的评估工具RAI,应该给予医养结合服务模式在评估方面的启发,应该建立自己的预算系统,统一护理机构的服务标准和内容。服务机构在给老年人提供服务之前,应该先对个人进行统一、全面的评估,确定该患者是否需要接受护理服务以及接受护理服务的水平高低。评估工具可以借鉴美国系统或澳大利亚工具,对于没有统一评估工具的国家或地区,也要在评估内容上进行明文规定和限制。由此而提供的护理服务是更加具有个性化和针对性的,且在全国范围内都可以进行比较,这才是一种标准化和规范化的服务内容,也更有利于医养结合服务

模式标准化的发展。

综上所述，每个国家医养结合服务模式的过程都有积极和消极的部分，且与各个国家的国情密不可分，具有各自的适应性。我们需要汲取他国的积极部分来进行自我吸收，并且与自己国家的实际相结合，探索出一条适合我国的医养结合发展模式道路。即使我国目前没有现成的案例可供参考，但通过借鉴和发展，我们也可以形成带有中国特色的医养结合服务模式。

第四节　推进我国医养结合养老服务模式的对策建议

一、医养结合服务模式建设的定位与思路

（一）指导思想和原则

"独立、参与、照顾、自我实现和尊严"五原则，是1991年12月联合国大会上通过的《联合国老年人原则》的相关内容，主要目标是希望政府能够将这些内容融入各国养老问题的规划中。所谓"照顾"就是指老年人，要拥有最基本的人权和自由，虽然人老了但仍然要得到他人的尊重和需求要得到满足，不管在任何地方，比如养老院或敬老院，都应该有为自己选择何种品质生活的权利。《2002年马德里老龄问题国际行动计划》（以下简称《计划》）在第二次老龄问题世界大会上提出，《计划》包含了老年人与其发展、促进老年人健康和福祉、确保支助性环境这三个方面。这三个方面具有其内在的联系性，虽然从表面上来看，它们是相互独立的三个部分，但最终目标都是为老年人提供更好的生活品质。中国老话说得好，"老有所养、老有所依、老有所教、老有所学、老有所为、老有所乐"，而这六个方面也将成为未来中国发展老龄事业的目标之一。而医养结合服务，应该以满足其服务对象即老年人的需求为目标，不仅要满足其生理上的需求，还要满足其精神上的需求，要维护他们的自尊心、维护他们的合法权益，保证他们的身心健康。我国也将坚持贯彻落实以"政府引导、政府扶持、社会经办和市场推动"的原则，并结合社会需求去逐步推进医养结合服务模式。

（二）医养结合服务模式的发展目标

始终以政府主导、社会参与的基本社会养老服务的保障体系为主，坚持满足

老年人日益增长的物质、文化、精神需求，同时能为他们提供良好的医疗条件。在结合中国具体实际的基础上，坚持全面建设小康社会、和谐社会的整体目标，抓住社会化养老服务体系建设的上升期，以及现代医疗体制改革的发展期，努力完善我国城乡医养结合服务。在提升我国养老服务水平的同时，也要提高我国医疗服务的水平，实现医养结合服务体系多层次、多元化的发展。丰富服务方式、投资主体，完善医疗措施，构建专业团队，扩大医养结合服务模式的覆盖面积，推动医养结合服务机构整体化发展。

（三）医养结合服务的性质

发展医养结合服务模式的前提是要明确其性质，性质主要包含服务对象、服务范围、服务方式、服务内容和资金来源等方面，性质还在一定程度上决定了政府应该起到什么作用，以及政府资源如何划分，在国家、市场的互动上也有重要的影响。就服务对象来说，医养结合服务的对象主要是生活不能自理的老人，比如残障老人、有慢性病的老人、绝症晚期老人等，其中，孤、老、残等有特殊困难的老人也成了政府关注的重点对象。医养结合服务的性质主要分为两类：商业性和福利性。商业性遵循等价交换的原则，各类需求以市场提供的服务来满足；福利性与商业性正好相反，需求由政府和非营利组织提供的服务来满足，注重在公共资金的支持下，关注弱势群体的需求，根据人们的实际需要进行分配。这一原则是现代区分医养结合服务模式性质的主要依据。医养结合服务的性质应该是福利性的，而并非商业性的，就目前我国福利社会来看，老年人的福利主要从补贴型向普遍性转化。但就目前来看，社会福利社会化改革的变化对医养结合服务也有影响。首先从资金来源来看，随着社会对医养结合服务模式的支持，资金不断涌入，虽然政府投入资金较多，但比例却呈下降趋势；其次从运行机制方面来看，政府先让一些政府办医养结合服务机构面向市场，并且支持竞争用以提高效率。

二、健全医养结合服务模式的构成要素

（一）医养结合服务模式运作机制

首先，要认识医养结合服务模式。从整体上来说，医养结合服务模式应该作为一个系统而存在，这便离不开系统论的相关知识。贝塔朗菲是一般系统论的开创者，他认为系统就是各个要素之间相互作用、运行而复合产生的，这些要素种

类繁多，并且具有内在关联性。在现实生活中几乎没有独立存在的元素，换句话说，我们所看到的事物都不止由一种元素构成，没有任何关联性的事物在物质世界也是不存在的。结合系统论的定义，延伸到医养结合服务模式上，也可以认为它是一种系统性的存在。在构建医养结合服务模式时，主要从社会生活的各个方面，用多样化、多层次的眼光进行探索，组合各优秀结构功能。同时，考虑各元素之间的内在联系，遵循系统各元素相互依存又相互制约的原则，在医养结合服务模式的探索中，注重整体的协调性，不忽略任何领域的要素，这也是医养结合服务模式与其他服务模式的本质不同。

其次，医养结合服务模式经营活动的运作机制。要了解医养结合服务模式的运行机制，首先要区分市场经济和经济活动。要区分这两者，首先要了解社会福利市场化和社会化的区别，我们知道"社会福利市场化"是以市场为主导，尊重市场需求，采用适者生存的方式促进资源的合理分配，从而实现效率最大化；而"社会福利社会化"是与其相对的概念。但中国社会福利化所运行的并不是市场化，而是利用市场在资源配置中的基础性作用，引入市场机制实现医养结合服务模式中资源单一的配置，实现市场机制配置的好处。但这里的市场化机制并不等于市场化，而是医养结合服务模式在社会福利发展过程中，所必须运用的一个市场策略和逐步转变的过程。始终还是坚持政府的主导地位，在医养结合服务领域中，政府要为养老机构提供资金和制度的双重支持，也重点为落后地区农村老人提供援助。社会福利社会化改革中的市场化因素，只体现在经营和管理方面，即利用市场化的运行机制，同时加以合理利用政府资源，来促进资源的合理分配，提高成本的利用率以及服务的品质。《关于加快实现社会福利社会化的意见》提出："对于新成立的社会福利机构，要突破以往的规矩，在按照市场经济运行要求的情况下，进一步加快市场资源的配置提高价值，促进公平竞争、实现优胜劣汰，达到自主经营，自负盈亏，自我发展的目标。"为进一步维护老年人权益，确定医养结合服务目标和性质，我们要更加规范医养结合服务的经济行为，进一步探索医养结合服务模式的运行机制。

（二）政府主导，多元化供给

首先，制定医养结合服务的相关法律制度以及完善其发展政策。有了政策的保障，才能更好地为医养结合服务的发展保驾护航。国家应根据医养结合服务模式目标，为其发展制定相匹配的规划以及支持政策，要在明确医养结合服务机构服务性质、对象、主体、范围、标准的基础上，吸引社会各阶层力量的支持。关于区域老龄发展规划、卫生和医疗规划中，应该有医养结合服务模式的一席之地，政府更应根据医养结合服务模式实际情况制定专属规划。要根据当地实际、老龄人口对服务的需求以及服务的时数，分配服务资源和卫生资源，强调区域布局和设置，将医养结合服务机构和现有机构进行充分融合，促进资源利用最大化，实现相互互补，同时通过密切合作的方式，为老年人口提供更高品质的服务。

其次，优化医养结合服务模式发展软环境，完善相关扶植政策。政府制定相关政策，通过优惠或者补贴政策，吸引社会各方力量，投身医养结合服务事业之中。改善民营机构难以生存的困顿，出台相关优惠政策以及细化准则，为更多养老机构提供公平竞争的市场环境。

最后，投资建立典型的医养结合服务机构，起到示范作用。政府财政对医养结合服务模式的投资应加以倾斜，建立大型医养结合服务机构试点，解决老年群体养老困难，在社会上形成一种示范效应，让更多社会力量也参与到医养结合服务模式中来，从而促进该模式的进程与发展。

（三）明确医养结合服务机构的服务内容和准入标准

医养结合服务机构作为养老机构的一种，首先要明确其服务内容并且能达到准入标准，这样才可以运行。医养结合服务的内容，除了包括基本的养老服务以外，还附加了医疗的服务。首先在老年人的日常生活方面，我们提供生理上以及精神上的服务，对于部分生活不能自理而进入养老机构的老人，提供衣食住行上的帮助；其次医疗上的服务主要包括进行定期问诊、提供大病康复服务以及临终关怀服务等。医养结合服务机构与其他机构的最大区别在于，其具备医疗这一特点，因此对其医疗资质的水平就有一定的规定。对医养结合服务机构的要求，不单单是提供看诊开药这种简单的医疗服务，还必须以达到一级医院以上水平为最终目标，这样对于那些有慢性病的老人、需要急诊以及身患绝症的老人，才能够真正发挥作用，真正体现医养结合的服务功能。医养结合服务机构还必须拥有硬件和软件的双重资源，达到拥有全面诊疗项目以及健全科室的目标，不仅要配备足够的医疗场地和医疗器械，还应该配备专业的医师和有丰富经验的护士。

三、推进老年人医养结合服务模式建设的条件

（一）全社会的高度重视

任何事物的建设发展都必须以社会的重视和认可为前提。医养结合服务模式的探索与发展，并不单单是建立几个养老机构、康复院或护理院，这是对于老龄

问题工作一个新的探索，也是适应我国目前人口老龄化发展的必然要求，是为了解决我国人口老龄化问题，促进养老与医疗机构连续、整体协调发展的措施。医养结合服务机构可以对急需进行长期医养护理的老人进行区分，提供服务，缓解大医院看病难的问题，提高医疗资源和养老资源的利用效率。医养结合服务模式是对人口老龄化问题的全新挑战，政府和社会各方面应该正确思想，高度认识到这一模式在社会发展上的紧迫性和有效性。

（二）及时全面的政策保障

政府的制度政策为事物的发展提供了方向和支持，政府应完善相关的扶持政策，确保各性质医养结合服务机构坚持其公益性。特别是民办医养结合服务机构，政府应在土地拨划、财政补贴以及税率优惠等方面给予倾斜，使其能通过各渠道筹集运营经费，缓解经济压力，保证持续性经营。对于公办的医养结合服务机构，城市"三无"人员、"农村五保"和特殊群体（高龄、失能、残疾等）应成为机构重点优抚对象。只有考虑到更加全面的政策保障，才能为困难老年群体提供更需要的服务。

（三）制定统一的医养结合服务机构的准入标准

为进一步推动医养结合服务模式的发展，各部门都应坚守自身职责、遵循行业规范，使医养结合服务模式在制度化的标准下规范运营。应倡导政府以及社会各界都对医养结合服务机构进行监督，使其能在制度化和规范化下长久运营。作为结合医疗和养老功能的特殊机构，各级卫生主管部门和民政部门，都应该努力建立健全更加完善的法规和监管制度，其中包括：对于服务机构的服务标准、设施标准和管理标准规划；对于因病托老机构建设标准的规划；对于不同养老机构等级评定的规划。对于医养结合服务机构，政府还应加强对其准入和退出机制的管理，只有严格各类机制的管理，才能使医养结合服务模式更加平稳、长久的运行。

（四）确定医养结合服务模式的管理主体

严看严管的方式，更有利于医养结合服务模式的长远发展，而管理主体必不可少。管理主体要对服务机构起到监管作用，以维护其正常、合法、规范的运营，并且对于机构未来的经营发展状况起到启示作用。然而养老服务研究在学界和医学界，对于管理主体有不同看法。养老服务学界把侧重点放在服务对象上，认为服务机构从本质上来看还是养老机构，而医疗机构只是在该基础上的附加，因此要由民政部门来做管理主体。事实上，我国老龄事业规划的管理主体，其组成部分不仅有民政、卫生组织，还有国家发展和改革委员会等相关部门，从整体上来看，应由各级老龄工作委员会主导。但结合实际情况而言我们不难发现，老龄工作委员会在服务机构的整个运营过程中，并没有发挥多少作用。要发挥老龄工作委员会的作用，就必须从根源上进行改革。辽宁大学人口研究所的秦岭教授，在《促进老龄工作应对老龄社会》专题常委会会议中建议：为提高资源的有效性，可成立老年工作局，将从事老龄工作的必要行政人员和财政资源进行整合，发挥老龄工作委员会的积极作用。

四、培养医养结合人才助力社区养老

中国已经进入了老龄化社会，居家养老正成为目前国家层面大力推广的政策之一。医改的其中一项重要议题就是增强基层的医疗服务能力，而关键则在于人才。现实中存在老百姓担心社区医疗不健全、刚毕业的大学生不喜欢去社区等问题，应加强医养结合人才的培养。养老服务工作关系民生、连着民心，推动养老事业发展关系到千千万万家庭和所有老年人的切身利益。2018年，天津市出台了《加快养老服务发展的若干意见》，针对当今养老行业人才短缺的现状，将进一步完善养老服务教育体系，鼓励高职院校与本科院校合作培养本科养老人才；推进实训基地建设，加快培养老年康复、护理、营养、心理等方面的人才；扩大就业政策，提出针对养老护理员的"海河英才"计划等。[1]

针对目前养老事业的新需求，以及养老人才培养不充分不平衡的现象，天津职业大学与天津理工大学联合开办养老专业本科教育，在天津理工大学社会工作专业基础上增加"老年福祉与管理"专业方向，旨在培养老年服务中高层管理人才。

另外，《北京市养老服务人才培养培训实施办法》（征求意见稿）明确，"养老服务人才"是指在本市各类养老服务机构从事养老服务的养老护理人员、专业技术人员、养老管理人员，以及家庭照护人员、老年人能力综合评估机构的评估人员。其中，国家统招北京生源或北京地区普通高等院校、中高等职业学校的应届毕业生和毕业一年以内的往届毕业生，进入本市养老服务机构专职从事养老服务工作的，从入职满一年后分三年发放一次性入职奖励，标准为本科及以上6万

---

[1] 天津市人力资源和社会保障局. 政策"一点通" 助您详细了解"海河英才"行动计划 [EB/OL]. http://hrss.tj.gov.cn/xinwenzixun/gggsnew/202012/t20201203_4304922.html.

元、专科（高职）5万元、中职4万元。对在养老机构护理岗位上从事一线护理工作的养老护理员，按月发放一线养老护理服务奖励津贴，补贴标准为每人每月1000元。事业单位编制身份的养老护理员按照相关规定执行。

通过国家相关部门公布的政策和实施的方案可以看出，国家对于养老人才的需求已经过充分调研，并通过一定的优惠政策鼓励刚毕业的大学生和社会人士参与到养老产业中，助力养老事业各方面的快速、高效、全面发展。

第六章

保险业参与养老产业建设的探究

2017年6月，国务院办公厅印发《关于加快发展商业养老保险的若干意见》，明确提出依托商业保险机构专业优势和市场机制作用，扩大商业养老保险产品供给，拓宽服务领域，提升保障能力，健全养老保障体系，促进养老服务业健康发展。保险是市场经济条件下风险管理的基本手段，是经济金融体系和社会保障体系的重要组成部分，发挥着社会"稳定器"、经济"减震器"和"助推器"的积极作用，具体体现在：通过各类保险产品，为社会经济发展提供风险保障；通过保险资金投资，为社会经济发展提供长期资本，增强中长期经济发展的韧性。党的十八大以来，在党中央和国务院的正确领导下，保险业持续快速发展，服务大局能力显著提升。另外，保险业属于社会保障体系的有机组成部分，能够为养老服务体系的有效运行提供财务支持；保险业拥有大量具备长期性、稳定性的可运用保险资金，与养老产业资金需求的匹配度高；保险业拥有丰富的客户资源，能够为高端养老服务提供大量高净值客户，为中高端养老服务拓展市场提供便利。保险业参与养老服务业所具备的这一系列良好条件，使得其积极参与对于养老服务业的发展来说显得十分重要和珍贵。

第一节 保险业参与养老产业建设的意义

保险业参与养老产业，不仅可以带来经济社会效益，促进社会的和谐与稳定，还能带来行业效益，推动保险业自身健康、快速发展。

一、具有较强的经济社会收益

（一）有利于健全多层次、多支柱养老保障体系，减轻政府养老负担

近年来，我国逐步建立了养老金的"三大支柱"模式，并取得了一定的成果，但第三大支柱的发展实质上滞后于政府的养老金负担。保险业参与退休行业的发展有助于商业保险充分发挥作用，建立和完善多阶段养老金制度以及减轻政府养老金压力。保险业参与养老产业的建设有益于多层次、多支柱养老保险体系的丰富和完善，在应对人口老龄化、促进养老保险制度可持续发展等方面有着重要的意义。

（二）有利于满足不同层次的养老需求，提高老年人生活质量

由于身体和心理有着和前期年龄段不同的变化，使老年人有着与其他年龄段不同的特殊需求。《中华人民共和国老年人权益保障法》规定，"老有所养、老有所医、老有所为、老有所学、老有所乐"。这也表明老年人的需求是多方面的、高水平的。当前，我国老年人的购买力在不断增强，但在高级养老市场中，养老产品和服务是匮乏的，保险行业对养老行业的投资有助于社会养老环境的改善和老年人生活方式的多样化。医疗、精神健康等产品和服务可以在各个层面上满足老年人的需求，并提升老年人的生活质量。

（三）有利于增加就业岗位，缓解就业压力

养老行业涵盖了广泛的领域，例如日常所需的家庭服务、大部分老年人需要的医疗保健、提升老年生活水平的文化和娱乐服务等。这些服务和行业大多数是劳动密集型行业，需要做更多的工作。根据对国际年龄社区的分析，老年人和直接服务人员的比例为1:1，间接帮扶老年人人员的比例为1:4，这意味着每个老年人需要5个人对他提供服务。此外，与其他行业相比，养老行业对劳动质量的要求更为灵活，并且大多数劳动力不是高技能的劳动力。因此，中国保险业通过发展服务业的"短处"，释放有效需求，创造数千万个工作岗位以及缓解就业压力，特别是对中低收入工人的就业压力，在一定程度上解决就业困难。

（四）有利于拓宽保险业支持实体经济的渠道

保险业为实体经济和社会发展服务是保险业的自然使命。利用保险业产品和资金的优势推动养老保险业的发展，可以帮助保险业从"虚拟经济"向"实体经济"转变，支持实体经济发展。首先是更新储蓄保险产品并提供健康和医疗保险，促进保健产品和服务的多样化，并满足人们的各种健康需求。其次，充分利用保险资金的规模、寿命和可持续性，积极参与养老金投资，增加社会养老金资源的供给，促进保险业与养老产业的融合与发展，促进社会和谐稳定。最后，养老产业可以将健康保险、护理保险和养老保险联系起来，同时还可以帮助发展医疗、康复服务等，并促进保险和实体经济的平稳持续发展。

二、有利于保险业自身的持续健康发展

（一）有利于改善保险资产与负债匹配

保险基金具有规模大、长期性强、债务性强的特点，这就需要选择长期性高、安全性高和稳定性高的投资项目。养老行业投资规模大、投资周期长、中后期资金稳定回报、长期综合投资收益高、承担风险的机会强等特点，完全可以满足保险的要求。作为债务管理行业的保险业要求保险支付与投资周期相匹配，以确保其稳定的偿付能力。由于养老产业的资金链需求量大且资金使用期限长，因此在保险基金中投资养老社区不仅可以为自有资金开辟新的投资渠道，避免周期性的经济风险，而且可以减弱资本市场波动对保险公司投资收益的影响，还可以满足长期养老基金的要求。对资产的需求使资产和负债的匹配更加可行，从而增加了保险公司的对抗风险能力和可持续性。

（二）有利于延伸保险产业链

就进入养老产业而言，从国际养老行业的发展经验来看，将保险产品与退休社区联系起来，是保险公司的主要商业模式之一。通过建立自己的社区，主要面对的人群就是那些需要养老的老年人，为客户提供可见的一些产品，作为与客户服务链的最终连接，可以申请有效使用保险产品和养老金，并更改养老金保险的保护形式，提供更专业、更具包容性、更适用和更好的养老服务设施。在这种模式下，保险公司可以通过退休公司为客户提供退休服务，例如提供退休金、医疗保健和护理，直到他们去世为止。同时，保险业可以通过灵活的政策制定服务于

不同部门和不同类型的养老金需求,并为老年人社区提供个性化和高质量的服务选择。

(三) 有利于推动保险产品和服务创新

保险业对养老金行业发展的参与促进了保险产品和服务创新的扩展。第一,通过支持医疗设施和与建立诸如健康、保健、康复、娱乐和福利等设施相关机构的产品开发和生产。第二,研究商业保险机构与各种养老机构之间的关系和优劣势,开发满足养老机构风险管理要求的综合责任保险,可以提高养老机构的效率和可持续性。第三,根据老年人的需求,他们将逐步建立全面的退休计划,如长期护理、健康与营养融合以及保健与营养融合。

第二节 保险业参与养老产业的基础和条件

一、相关政策法规的提出奠定了制度基础

一方面,国家政策法规支持保险业参与养老产业。近年来,尤其是党的十八大以来,我国高度重视发挥保险业在服务养老产业发展中的作用,发布了一系列旨在促进和引导保险业积极参与养老产业发展的政策文件。2014年8月,国务院《关于加快推进现代保险服务业的若干意见》提出,推动个人储蓄性养老保险发展,开展住房反向抵押养老保险试点。同时,支持符合资质的保险机构投资养老产业,促进保险服务业与养老服务业的联动协调发展。2015年2月,民政部、国家发展和改革委员会、中国保险监督管理委员会(以下简称"保监会")等十部委在《关于鼓励民间资本参与养老服务业发展的实施意见》中提出,鼓励民间资本参与居家和社区养老服务、机构养老服务、养老产业发展的具体举措,推动社会力量逐步成为发展养老服务业的主体。2016年3月,中国人民银行、民政部、中国银行业监督管理委员会、中国证券监督管理委员会、中国保险监督管理委员会(以下简称"中国保监会")在《关于金融支持养老服务业加快发展的指导意见》中提出,为加大对养老服务业发展的金融支持力度,促进社会养老服务体系建设,要推动完善养老保险体系建设,优化保险资金使用。2017年5月,中国保监会在《关于保险业支持实体经济发展的指导意见》中强调,要发挥保险产品和资金优势,推动健康和养老产业发展。2017年6月,《国务院办公厅关于加快发

展商业养老保险的若干意见》提出,要创新商业养老保险产品和服务,促进养老服务业健康发展。这些政策的出台,充分肯定并明确了商业保险在养老产业发展中的功能和作用,也为保险业参与养老产业提供了坚实的政策支持。

另一方面,地方政府积极支持保险资金投资养老产业。为支持养老事业的发展,一些地方政府专门设立了养老产业投资项目,由招商引资部门专人负责。2013年4月,北京市规划和国土资源管理委员会公布《北京市2013年度国有建设用地供应计划》,首次将养老设施用地纳入土地供应计划。按照规划,北京市政府将事先设定的100公顷、共计7块养老设施用地指标下放给了北京市各区县,并由各区县自行推动,同时降低土地保证金(竞买底价的5%),以吸引社会资本参与养老综合用地竞拍。贵州省则明确规定,对于老年住宅项目用地,可以不通过"招拍挂",而是由开发商与政府直接签协议出让,以降低土地成本。宁波市政府专门制订了养老地产招商引资计划,养老地产用地由专人负责,主要面向大型险企、有实力的外资机构等。如果险企以设立基金的方式投资养老地产,还可获得财政补贴,具体的措施是返还营业税的80%,返还企业所得税的36%,返还个人所得税的32%,这一补贴制度目前在全国处于领先水平。[①]

二、保险业具备专业投资实力及业务运作经验

(一)保险资金具有规模大、周期长、稳定性强等优势

养老产业因所需资本量大、回收期长,对社会资金的吸引力通常不大,由此引发了资金不足的困难。保险资金投资养老产业,可以充分发挥规模大、周期长、稳定性强等优势,缓解养老产业资金不足问题,同时有利于拓宽保险资金的投资渠道,提高保险资金的投资收益率。

(二)保险业在长期资金管理方面具有专业优势

保险投资是保险公司不可或缺的组成部分,保险业负债经营的性质要求保险企业必须充分利用由负债业务所获得的资金,产生稳定收益。目前,我国保险业有专门的保险资产管理公司或者保险资产管理部门,保险公司在此基础上积累了大量的投资经验,可以利用更准确的投资信息进行投资。

---

① 养老地产成地方招商考核指标——险企投资可返税80% [EB/OL]. 中国网, https://tax.rednet.cn/c/2014/01/02/3240999.htm.

（三）保险公司有着丰富的商业养老保险产品经验

保险公司可以在深挖客户数据和科学、充分把握产品费率、收益率的基础上，丰富养老保险产品种类与体系，将养老保险、医疗保险、健康保险、长期护理保险、反向抵押贷款等产品形成"一揽子"方案，真正实现"从摇篮到坟墓"的流程式保障服务，增强服务的专业性和全面性。

第三节　保险业参与养老服务体系建设的主要路径

保险业可以通过三种主要方式参与养老金体系的建设：第一，投资养老机构和设施的建设；第二，为老年人提供全面的养老计划；第三，提供相关的风险管理的应对措施。

一、投资兴办养老服务机构和设施

商业养老保险基金具有长期稳定的优点，只要符合合法性、合规性、稳定性和安全性的原则，保险公司就可以通过投资、新建、参股、并购、租赁和受托人等方式积极建立退休社团和提供养老金，为医疗保健、康复管理、休闲和其他医疗保健设施及老年人的发展和生产提供支持，以加速建立社会护理系统。自2007年以来，面对在中国建立养老体系和医疗体系的艰巨任务，中国许多保险公司在养老社区中采用了多种方法。

（一）我国保险养老社区发展的简要历程

投资于养老社区是保险部门参与建立养老服务系统的重要方式。考虑到发展部门的扩张、保险业的扩张及其与保险业务的战略互动，2007年，面对在中国建立服务养老体系和万亿元的养老护理市场的艰巨任务，几家保险公司开始履行自己的使命，积极参与养老社区建立。根据近年来保险公司投资建设养老社区的过程，中国的保险和养老社区共经历了三个阶段。

1. 借鉴探索阶段（2007年3月~2012年5月）

此阶段主要是研究美国和日本等国家及地区的最佳实践结果，探索投资并创建和运营传统社区的方式。其间，一些保险公司成立了赴美国、日本和其他国家及地区对其养老金市场进行现场检查的小组，并进行了深入研究，开始投资于养老服务行业。其中,我国某人寿公司已开始在武汉开展一个养老的社区项目。

2. 建设起步阶段（2012 年 6 月~2015 年 5 月）

在此阶段,保险公司投资退休公司的思路逐渐清晰起来,许多其他保险公司已开始建设老年人社区项目。

3. 加快布局阶段（2015 年 6 月至今）

在这一阶段,多家保险公司加快了养老社区的安置和建设。其中部分保险公司开始了多地养老社区建设。

（二）保险机构投资养老社区的策略及运作特点

对于保险公司来说,养老服务是一个全新的业务板块。从 2010 年以来保险养老社区建设运营的情况看,已投资建设的几家保险公司都进行了大量探索,采取了相应的投资策略,形成了不同的运作特点。

1. 保险机构投资养老社区的策略

（1）轻重资产相结合,国内外联动。以重资产方式投资建设大型养老社区。在海外收购养老社区,有助于将海外成熟养老社区、护理/康复中心的服务标准、运营体系引入国内的养老项目中,促进国内养老社区和产业的快速发展。同时,以股权投资的轻资产模式在国内收购养老社区或机构。（2）养老社区投资、开发、运营一体化,推动保险与养老、医疗的有机融合。在投资建设养老社区方面,养老社区的所有者与管理者相结合,确立"重资产投资+轻资产服务"商业模式。（3）遵循"大养老"思路,重资产推进"三点一线、四季长青"战略布局,"跳出养老做养老"。依托保险金融业的资源优势,以满足老年人的需求为投资战略,把健康医疗产业投资、健康养老服务和保险结合起来,推动建立基于满足客户健康养老需求的综合服务体系。（4）以自有资金投资建设,以"租赁+销售"模式运作,打造全龄化、全配套、"一站式"养生养老综合服务社区。项目选择的盈利模式是"租赁+出售"。

2. 保险机构养老社区的运作特点

（1）目标客户定位于中等阶层,融居家、社区和机构三种养老方式于一体。将客户群体定位于中等收入阶层,将社区选址锁定在养老压力较大、收入中等的二线城市,每个项目都可容纳上万人,床位数量多。打破居家养老、社区养老和机构养老三种养老模式不兼容的状态,融居家、社区和机构三种养老方式于一体,既保留了居家养老的亲情和舒适环境,又配置了大量社区娱乐休闲场所,同时引入机构提供持续照料和护理服务,让老人们享受到"居住在家中、生活在社区、服务于机构"的退休生活。（2）以变革老年生活方式为目的,推动"五位一体"社区建设，突出"医养融合"。从丰富和提升客户体验着手，以中高端客户为主要服务对象，努力打造"五位一体"的医养社区，即医养社区是生活的家，入住居民能够独立自主；是老年大学，能够提供丰富的文化、娱乐活动和多种体育设施；是优雅开心俱乐部，有利于居民之间开展社交；是高级保健医疗中心，随时可以得到健康方面的呵护；是一个精神家园，让入住老人都有归属感。(3)"健康管理＋养老养生"，为老年人提供一种健康养老与实现价值的全新生活方式。以解决温饱、安居之所为最终需求的传统养老模式，在经济富足、价值多元、追求更多体验的当代，显然过于单一，难以满足需求。基于这一认识，面对当代更丰富、更多样的养老需求，构建"健康管理＋养老养生""一站式持续照顾＋退休养老＋分时度假""各级护理＋康复"等一系列遵循生命周期特点的养老新模式，致力于为老年人提供一种健康养老与实现价值的全新生活方式。(4) 参照国际上CCRC运作模式，设置独立生活、协助生活、失能及失智护理等不同区域，为老人提供不同程度的照护服务。若老人健康状况变化，可迁移至相应的住区。

（三）保险养老社区发展的关键问题探讨

迄今，我国已有多家保险公司的养老社区建成开业，但总体来看，仍处在加紧建设和快速扩张阶段，还有不少公司刚刚涉足或在谋划当中。在这一过程中，不可避免地会遇到一系列问题，对这些问题的认识程度，决定了公司未来投资建设养老社区或参与养老服务业的前景。基于这一现实，这里选择几个关键问题予以探讨。

（1）建设理念。建设养老社区的目的是什么，这一问题是首要问题、根本问题，不同的回答决定了不同的运作方式和前景。在保险养老社区建设过程中，一些公司从一开始就着眼于提升老年人的生活质量，将为老年人提供优质服务放在最优先位置。但也有公司单纯从商业角度出发，主要考虑的是盈利而非服务，未能充分顾及老年人的生活方式和质量。

习近平总书记在中央政治局第三十二次集体学习时强调："要着力增强全社会积极应对人口老龄化的思想观念。要积极看待老龄社会，积极看待老年人和老年生活，老年是人的生命的重要阶段，是仍然可以有作为、有进步、有快乐的重要人生阶段。"这句话给保险养老社区建设也指明了方向。保险公司投资建设养老社区，在给失能、半失能老人提供适宜助养场所的同时，应当把给老年人创造"有作为、有进步、有快乐"的生活方式放在核心位置，不仅解决吃喝住医护等基本问题，使老年人安度晚年，也要努力提高老年人的生活品质，维护老年人尊严和权利，使老年人各得其乐。只有这样，才是真正服务于满足人民群众对美好生活向往的需要，才能在为社会、为人民服务中获得实实在在的收益。方式决定一切。无数商业实践证明，一项业务的成败，往往不是取决于做了什么，而是怎么做。部分保险公司的养老社区建设之所以进展较快，入住资格"一床难求"，就是因为一开始就把提升老年人的生活品质放在了核心位置。所以，保险公司在决定投资建设养老社区之前，首先必须有一个正确的理念。理念正确，路才能走得长远。

（2）市场开发。投资建设养老社区，最担心的是入住率。如果项目建成后入住率高，就能保证项目的盈利前景。反之，如果入住率低，或流失率高，就会有亏损的风险。但入住率的高低，取决于多方面的因素，除了潜在的市场潜力外，做好市场开发工作也十分重要。在美国成熟的养老社区，入住率可以达到95%，老人在养老社区的平均居住年限超过10年，很多人在养老社区的生活时间达到20~30年，所以，美国成熟的养老社区可以实现稳定盈利。[①] 在通常情况下，养老社区从开业到入住率达到95%，大概需要3年时间，我国目前已经开业的养老社区在不长时间内都达到了很高的入住率，说明了两个问题。一是市场潜力大。我国的养老服务体系包括居家养老、社区养老、机构养老三部分。关于三者的比例，国家没有给出统一规划，但从各地情况看，主要有"9073"（如上海）或"9064"（如北京）两种安排，即90%为居家养老，7%或6%为社区养老、3%或4%为机构养老。保险养老社区属于机构养老的重要形式。3%或4%的机构养老比例，为保险养老社区的发展提供了巨大的潜在客户资源。二是市场开发工作做得好。目前，在市场细分和目标客户定位上，各保险公司各有侧重。不过，在市场开发过程中，也有一些问题需要引起注意。一是当前需要入住的客户主要是"30后""40后"，两个年龄段的老人习惯居家养老，不愿意住养老社区，在消费观念、消费习惯、消费能力等方面都有自己的特点，因此要做好耐心细致的市场开发工作，并讲究市场开发的技巧和策略（李丽，2020）。二是根据国家相关规划，机构养老应以失能、半失能老人为主要服务对象，提供专业的长期照护服务，但目前我国的保险养老社区多倾向于面向健康老年群体的"活力养老"，如何把失能、失智老人作为养老服务的重点人群，把长期照护体系作为社区建设的重要内容，是值得研究和探讨的重要内容。三是由于销售人员对养老社区的后续运作及客户入住后的一些情况不甚了解，加之一些业绩的冲击或压力，可能会存在一定程度上的销售误导，这会给社区未来的正常运营埋下一些隐患。

---

① 美国养老产业经验借鉴？[EB/OL]. https://ecoapp.qianzhan.com/answer/181130-118d510c.html.

(3) 投资策略。投资策略决定着保险机构投资养老社区的具体方式。在美国，保险业主要通过资本市场间接投资养老社区，即投资者通过投资专项基金投资各个单一项目的养老控股公司，再由养老控股公司下辖多家专业养老运营公司。在我国，保险公司对养老社区的投资都较为直接，一般是由公司直接投资或参与运作养老社区项目。那么，这里就有一个问题，投资养老社区究竟是采用重资产模式还是轻资产模式？从理论上讲，投资策略的选择要以资本实力、商业模式为支撑。养老社区开发资金需求量大、回收期长是一座难以翻越的"大山"，正因为如此，公司资本实力如何，就成了限制投资策略选择的第一道屏障。因为重资产运作只有实力雄厚的大公司做得起，实力较小的中小公司做不了，只能选择轻资产模式。对于大公司来说，虽然可以选择重资产模式，但之后还有一个商业模式的问题。考虑到投入周期长、商业模式不明确、盈利前景不明朗，即使是一些大公司，也可能倾向于首选轻资产模式。轻重资产模式各有优劣。轻资产模式资金投入少、简单灵活，可以快速复制，易受资本商青睐，但形不成规模经济，对养老产业链的参与、整合力度小。重资产模式资金投入大，盈利模式复杂，不易复制，回报率低，但易形成规模经济、提高服务效率，能推动养老设施全产业链发展，并与保险业务及其他业务版块产生战略协同。所以，公司如何选择，应服从、服务于自身的总体发展。

(4) 盈利模式。对于重资产投资来说，最重要的问题是盈利模式。如果盈利模式不清晰，就难以推动相关进程。若盈利问题不解决，则养老产业就不能健康持续的发展，尤其是高端项目的投入规模大、建筑设计标准高、医疗等配套要求高，投资期较长，未来回报存在一定的不确定性。总体上看，投资养老社区是一种低回报、长周期的项目。从置地、建造到推向市场，要做到收支平衡通常需要6~8年，真正实现盈利需要8~10年，在实现盈利前的这段时间是没有收入的，但未来社区成熟后会带来长期、稳定的现金流和收益。养老产业的建设周期比较长，与保险资金的长期性相匹配，养老社区的投入在建设期可能是亏损的，但作为保险公司，可以通过其他投资收益来补贴，建成之后则可以获得持续稳定的现金流。这就是说，投资养老社区虽然周期长、回报率低，但一旦成功，却可以实现持续稳定盈利。目前，国际上养老社区的盈利模式有多种：一种是出售型，即利用银行资金和短期资金来开发建设，开发完后直接出售收回投资并获取利润；另一种则是长期持有型，即通过获得运营收入（主要是入门费、月租金和服务费）和土地、物业增值收益来收回投资并盈利。保险公司由于受到保险投资监管政策的制约，只能采取长期持有型运营模式。不过，基于前述分析，在确保较高入住率的前提下，已经足以实现稳定盈利。尤其是，对于投资运营的保险公司来说，还可以发掘其他盈利点，如通过与养老社区相衔接，形成对保险业务的撬动效应；深入开发客户的其他养老、保障、理财需求，获得额外增值服务收益等。当前，我国建设的保险养老社区基本都是借鉴美国成熟的持续护理退休社区模式，采取出租的方式向老年人提供日常所需的生活照料以及医疗护理，所以前期投资主要通过房租及后续的运营净现金流来回收。在投入端，各种投入主要包括前期投资、折旧摊销费用、运营管理成本等。在收费端，主要通过"押金+房租+服务费"的收费模式获得收入。其中自理型客户的服务费为普通月费，对应养老社区提供的基础服务包；介助、介护型客户的月费为"普通月费+护理费"，护理费与客户护理等级及所需护理服务挂钩。

（5）医养结合。随着我国老龄化进程的加快，60岁及以上人口的数量快速增加。由于一些"老年病"的常发、易发和突发性，患病、失能、半失能老人的治疗和看护问题困扰着千家万户。而中国的现状却是医疗机构和养老机构互相独立、自成系统，在养老院不方便就医，在医院里又不能养老，老年人一旦患病就不得不经常往返家庭、医院和养老机构之间，既耽误治疗，也增加了家属负担。医疗和养老的分离，还使许多患病老人把医院当成养老院，加剧了医疗资源的紧张，使真正需要住院的人住不进来。基于这一情况，2016年10月，中共中央、国务院印发的《"健康中国2030"规划纲要》明确提出，推动医养结合，为老年人提供治疗期住院、康复期护理、稳定期生活照料、疗护一体化的健康和养老服务。党的十九大则强调，实施健康中国战略，推进医养结合，发展健康产业。医养结合指促进医疗资源与养老资源的有机衔接，推动医疗、康复、养生、养老等的"医养一体化"发展，实现社会医养资源利用的最大化。这其中，"医"包括医疗康复保健服务，具体有医疗服务、健康咨询服务、健康检查服务、疾病诊治和护理服务、大病康复服务以及临终关怀服务等；"养"包括生活照护服务、精神慰藉服务、文化娱乐服务等。对于拥有世界最大规模老年人口的中国而言，医养结合是发展养老产业的一个十分重要的方向。养老社区与医疗保健是"天然拍档"，没有医疗的协助，养老社区将无法开办。通过这种整合，为客户提供全方位、一体化的健康、医疗、养老和保险服务，创造新的商业价值。基于"医"和"养"的这种天然的黏合关系，保险公司在投资运营养老社区时，应从一开始就对"医养结合"进行统筹规划，使"医"和"养"等功能性设施在养老社区内得到合理配置和有机统一。

（6）保险产品对接。进行保险产品对接是当前保险养老社区的通行做法。所谓保险产品与养老社区对接，是指在消费者购买了一定种类及金额的保险产品后，取得将来入住养老社区的资格。目前，各个保险养老社区基本上都实现了与特定保险产品挂钩。实现保险产品与养老社区的有效对接有许多好处：一是将无形的保险产品与有形的养老住宅乃至养老服务相结合，实现保险产品的具体化、实物化。二是通过保险产品锁定客户，实现保险业务与养老社区业务的相互促进与协同。三是促进保障性养老保险产品的销售，推动行业回归本源，聚焦主业。四是有助于为客户提供全方位的养老服务，既能满足客户财富保值增值的需求，也能提供养老、医疗、健康等保险产品。随着国务院《关于加快发展养老服务业的若干意见》出台，这项业务面临难得的发展机遇。然而，从目前整体情况看，保险产品与养老社区的对接尚属浅层次。各家公司与养老社区对接的产品并无特殊之处，除了个别保险公司实现了一定程度上的"实物"对接外，并不包含其他与养老社区服务有关的内容，实际上只是在保险产品与入住资格之间形成的一种"外联"，有关入住资格、入住服务等内容主要体现在保险合同之外的入住协议等材料中。就此而言，目前所谓的"对接"，仍可看作是保险公司的一种销售策略，至于真正的深层次对接或嵌入式"内接"，还有待保险公司作进一步的探索。

（7）人才供给。保险养老社区的快速发展和扩张，对养老服务人才提出了质和量双重新要求。然而，由于养老产业发展时间短，迟迟未能成为国家产业发展的重点，因而，这方面的人才资源极为短缺。例如，根据北京师范大学中国公益研究院发布的《增长与短缺——2017中国养老服务人才培养状况》研究报告，仅就2015年全国的4063万失能老人来说，按照每3名失能老人配备1名护理员的国际标准推算，中国至少需要1300多万护理员。民政部提供的资料也显示，未来我国最少需要1000万名老年护理人员。然而，截至2014年底，全国养老从业人员不足50万名，持证上岗人员更是不足5万名，养老人才急缺。保险养老社区建设需要大量养老服务专业人才。这其中，既包括高水平的养老机构经营管理人才，也包括从事照料、护理、康复、家政等服务工作的养老从业人员。为了解决这一问题，不少公司已经支付了很高的成本。养老服务专业人才培养是国家建设养老服务体系的重要组成部分，也是保险养老社区实现正常运营必须要解决的重要课题。为此，一方面应加强与相关职业院校、应用型本科院校的人才培养合作，另一方面加强公司的职业教育培训。通过这两个方面"双管齐下"，努力造就一支数量充足、结构合理、质量较好的养老服务人才队伍。

（8）风险防范。当前，保险养老社区建设虽然风风火火，但也潜伏着一些风险，必须引起高度重视。一是投资风险。养老社区投资量大，动辄十几亿元或上百亿元，且只能作为物业长期持有，不能出售，流动性弱，如遇到土地和房地产市场价格较大波动，将无法及时收回投资成本。二是业务风险。保险公司重资产投资养老社区，会全方位介入养老产业链，涉足医疗、护理、照料、物业等全新领域，业务范围更宽，时间跨度更长，无法准确估测其中很多环节的成本，复杂程度远高于一般保险业务，这种情况意味着更高的业务风险。三是销售误导风险。由于产品复杂，而且时间、范围跨度大，保险公司在销售中存在有意或无意误导的动因与外部条件，一旦发生大面积误导，就可能引发误导风波。有效控制风险是实现养老社区可持续经营的必要前提。为此，无论是重资产还是轻资产投资养老社区或其他养老服务项目，都应将风险防范放在首要位置，通过加强风险分析和监控处置，为平稳推进养老社区业务奠定基础。

（四）我国保险业参与养老社区建设的对策

1. 保险机构方面

（1）灵活设定养老社区的入住门槛。

因为保险公司比较了解自己客户的情况和养老需求，所以可以对不同客户设定不同的入住门槛。对于一些保险意识较强，从年轻时候就开始购买保险产品的客户，可以为他们设定年金保险、养老保险、医疗保险的组合规划，并把这些作为入住养老社区的条件，按照交纳保费的多少来设定不同的服务标准。同时为了增加客源量，可以给予现有客户的家人和朋友一定的优惠，通过降低一定的入住门槛和收费标准来吸引更多的人入住养老社区。对于一些保险意识较弱，年纪大了以后才开始购买保险产品，想用保险为养老做准备的客户，可以借鉴国外的一些成功经验，把老人的住房一类的固定资产向保险公司进行抵押，用抵押而来的钱来交纳入住费用，但这个方法推行起来还需要时间。

（2）充分考虑不同的养老需求。

这方面可以借鉴美国养老社区的模式，充分考虑不同水平老人的服务需求。受中国传统观念的影响，老人对子女的依赖较强，所以可以让老人在刚入住养老社区时，允许亲属陪同，等老人适应以后，子女再离开，帮助老人适应从居家养老到社区养老心理上和环境上的转变；现阶段的养老社区收费标准较高，不符合大部分家庭的消费水平，所以可以根据家庭支付能力的区别，来设定不同的准入门槛，减少"空床"现象；根据老年人自理能力的不同也要提供不同程度的护理，同时满足老年人在饮食、娱乐、健身、医疗、心理等多方面的服务需求。

另外，在条件成熟的情况下，养老社区的选址可以尽量做到城市、郊区均有分布。在城市建设养老社区虽然建设成本较高，但是可以依靠市区内成熟的医疗、交通、娱乐等基础设施，省去保险机构在这方面的额外投资。保险机构可以整合保险系统内的资源，并在形成规模后吸引社会资源的聚集，使养老社区降低运营成本，提高服务质量，增加利润。比如，保险机构可以选择不同地区布局分支机构，客户可以任意选择居住场所，减少居住地的单一性。

（3）加强内部风险管控体系建设。

虽然投资养老社区收益相对稳定，但任何投资都存在风险，养老社区也不例外。首先，建设养老地产等类不动产所需时间长，资金耗费大，投资回报期长，流动性较差，不易变现。保险机构是负债经营，随时都有可能发生赔付，因此必须保证资金的流动性，计算好投资养老社区的资金在投资用资金中的比例。另外，由于保险机构缺乏相应的投资经验，必须做好投资前的充分准备。

（4）提高专业人员水平。

一方面，保险公司需要提高管理人员水平。一个完整的养老社区涉及多个领域，包括房地产投资、医疗健康、娱乐服务、金融等多个行业的参与，如果想建成一个良好的养老社区，各个行业的优秀管理人员都缺一不可，保险公司只能进行护理费用和医疗费用的测算，对一些风险进行管理，其他方面则不太擅长。所以保险公司可以将管理外包，由第三方组建专业的管理团队，从而提高整个养老社区的运营效率。

另一方面，保险公司需要提高服务人员水平。比如保险公司可以与各大高校合作，成立专门的养老护理专业，培养专业养老护理人才；同时要定期对养老社区的服务人员进行专业素养培训，不断学习，不断提高服务水平；还可以提高养老服务人员的薪酬水平，从而提高人们加入这个行业的积极性。

（5）借助外力，增强管理和运营能力。

现如今，国外有几十家专业的养老服务公司，初期阶段，我国的保险公司可以跟它们进行合作，一方面它们面对中国庞大的需求市场，也想寻求合作伙伴来共同谋取利益；另一方面我国的保险公司有了它们的帮助，可以提高管理水平，提升养老社区的服务质量，快速在养老服务产业里占领一定的市场。等我国的养老社区发展成熟之后，保险公司可以成立自己的养老服务管理子公司，专门负责养老社区的建设和运营。

2. 政府和监管部门方面

虽然养老服务业社会化是促进其多元创新发展的一项重要手段，但是养老服务业的公共产品属性却决定了政府介入其中的必要性。养老服务的社会化并不表示政府的完全退出，养老服务的公共产品属性决定了政府是承担养老服务的主体，政府有责任积极促进社会力量投入养老服务，社会力量的投入是养老服务社会化体系建设的有益补充。政府应当对养老服务供给这一公共领域加强监管，在保证养老服务供给充分性的同时，确保服务的质量。

（1）政府进行政策鼓励支持。

土地优惠政策：因为养老社区的建设含有一定的社会福利性质，所以在保险公司的选择上不仅要求他们有一定的经营能力，更需要他们有一定的社会责任心。如果采用招标的方式去竞拍土地，保险公司或者拿不到自己需要的土地，或者以高价取得，导致经营成本过高。所以鉴于养老社区的特殊性质，政府应该对建设养老社区的土地进行"专地专用"，采用其他方式合理转让土地的使用权，降低企业的置地成本，从而才能让投资养老社区的保险公司，有更多的资金去提高运营和服务水平。

贷款利率优惠政策：因为养老社区在建设初期需要大量的资金，而且需要较长的周期才能取得回报收益，所以政府可以给予一定的贷款利率优惠政策，明确区分商业地产和养老地产，按照保险公司的信用等级，适当地降低贷款利率，甚至减免贷款利息，从而使投资养老地产的保险公司获得稳定的资金来源，形成一个良好的资金循环。

公共事业和税收优惠政策：由于养老社区在我国处于初步发展的阶段，并且带有公共福利性质，投资高、回报晚，所以需要一定的财政支持。一方面，对于养老社区的水费、电费、电话费等公共事业项目收费应给予一定的减免政策，把像养老社区这种带有公益性质的机构，和其他单纯追求收益的商业机构区分开，从而减少养老社区的行政费用支出。另一方面，在税收方面也应该给予养老社区一定的减免优惠。

（2）政府和相关部门应当加强监管。

谨慎审批保险机构投资养老社区的资格：在全国房价不稳定，且总体趋于上升的大背景下，为了避免保险公司借投资养老地产的名义，进行其他用途的房地产开发，所以在选择保险公司时，需进行严格的资格审批。对投资用途进行严格的限制，保证土地的"养老"属性。具体体现在规定养老设施配备的数量和比例、保证护理的专业程度等方面。如果不进行严格的资格审批，一些别有用心的保险公司在获得土地的使用权后，将养老地产变成普通的商业性房地产开发，就失去了养老社区设立的初衷和特殊性质，所以必须严格把控保险公司投资养老社区的准入机制。

多部门协调配合监管：中国银行保险监督管理委员会（以下简称"中国银保监会"）需要加强养老社区有关保险部分的监督。比如涉及的财产险、养老险、医疗险、护理险等多个险种，需要对产品设计开发、产品销售、后期理赔服务等多方面都进行严格的监管；因为养老社区主要涉及房地产、服务两个方面，而中国银保监会只能涉及服务这一个方面，所以就需要其他相关部门加强对房地产方面的监管，建立协调监管机制，严格监督管理每一个领域，共同防范可能出现的风险。

行业标准与退出风险应对机制的建设：因为我国保险业参与养老社区的建设处于初步阶段，仍然存在很多的问题，所以未来就有可能出现支出大于收入的现象，所以应该提前做好最坏的打算，未雨绸缪，提前做好应对准备。一方面可以计提准备金，来应对资金困难问题，避免出现破产现象；另一方面，如果真的出现破产情况，要安排好后续的接管情况，安置好养老社区里的老人，不能让他们既没人照顾，又蒙受钱财损失。所以要提前制定好退出应对机制。另外，我国养老社区缺乏统一的市场规范与行业标准，没有科学规范的评估体系，缺乏有力的行业监管机构，因此建立一整套完善的相关法律规范也是刻不容缓。

二、提供综合养老保障产品

近年来，商业保险持续发力产品创新，不断拓宽养老资金来源，提升了养老保障水平，为个人和家庭提供了个性化、差异化、适老性强的商业保险产品。

（一）积极开发老年人意外伤害保险

老年人意外伤害保险指由投保人与保险人签订保险合同，在被保险人因遭受外来、突发、非本意、非疾病的事件直接导致身体伤害或死亡时，依照合同约定，给付受益人保险金的一种商业保险。老年人在日常生活中遭受意外伤害的风险远高于其他年龄群体，这不但会增加基本医疗保险的支付压力，也会加重老年人及其家庭的经济负担。开展老年人意外伤害保险工作，逐步建立和完善政府支持、社会捐助、个人自费投保相结合的老年人意外伤害保险制度，形成政府、社会、家庭和个人应对风险合力，既是应对人口老龄化带来的养老、医疗等方面的社会风险，增进老年人福祉和保障的现实需要，也是发挥商业保险的补充作用，提高老年人及其家庭抗风险能力，减少因老年人意外伤害引发的矛盾和纠纷、促进社会和谐稳定的必然要求。近年来，国务院和相关部委高度重视防范、化解老年人意外伤害风险，连续出台相关政策文件，支持老年人意外伤害保险工作。《国务院关于加快发展养老服务业的若干意见》提出，鼓励老年人投保健康保险、长期护理保险、意外伤害保险等人身保险产品。《国务院关于加快发展现代保险服务业的若干意见》要求，积极发展意外伤害保险，增强全社会抵御风险的能力。老龄办、民政部等24部委《关于进一步加强老年人优待工作的意见》强调，要倡导老年人投保意外伤害保险，保险公司对参保老年人应给予保险费、保险金等方面的优惠。尤其是2016年5月，老龄办、民政部、财政部、保监会四部门联合印发的《关于开展老年人意外伤害保险工作的指导意见》中进一步指出，鼓励有条件的地区根据实际情况，完善特殊困难群体和重点优抚对象等老年人购买意外伤害险统保的相关政策，完善针对保险公司的激励政策，使意外伤害保险最大限度地惠及广大老年人。近年来，我国在老年人意外伤害保险工作方面进行了积极的实践探索。一方面，我国部分省（区、市）在老年人意外伤害保险工作方面进行了积极探索，积累了一定经验，取得了良好的社会效益。另一方面，一些公司针对老年人意外伤害的特点，开发了老年骨折意外伤害保险、老年人公共场所意外伤害保险等。这类保险保费低，保额相对较高，具有良好的社会效益。

（二）深入开展老年人住房反向抵押养老保险试点

作为一种养老财务安排，住房反向抵押养老保险是实现"以房养老"的有效途径，它是指符合条件的老人以其自有产权住房作抵押，向政府部门或相关金融机构获取养老、护理资金，待去世时由继承人返还贷款本息取得房屋产权，或将房屋直接划归政府或金融机构所有的财务安排。其突出特点是，在保持原屋主居住权的基础上实现房地产存量资产向养老现金流的转化，避免了以往售房养老、租房养老所带来的屋主住所迁移问题、高昂税费负担，以达到合理化配置资产、保持原有居住品质的目的。"以房养老"在西方发达国家应用推广已有几十年的历史，在应对多元化养老需求、构造多层次养老保障体系中起到了积极作用。改革开放40多年来，我国家庭的财富积累显著增加，家庭资产构成呈现出新的特点。国家统计局住户调查办公室发布的公告显示，2020年底，我国城镇居民家庭自有住房率为91.1%。另据中国家庭金融调查中心2020年的调查数据显示，我国家庭资产绝大部分囤积于房产，房产占我国家庭总资产的78%，在北京等发达一线城市，这一比例更高达89%。如果能够将庞大的房地产存量资产转化为现金流，作为基本养老保险的有益补充运用于老年人退休后的生活，实现"以房养老"，不仅能够畅通社会存量资产向养老资源转化的途径，增加养老资金来源，缓解我国养老体系的压力，还可以为部分养老储备不足、房产价值在总资产中占有绝对比例的中低收入老年群体提供新经济来源、增强老年人的自我保障能力，更能在一定程度上促进房地产、金融等相关市场的创新与发展。同时，与养老社区相比，养老社区更多的是面向中高收入阶层，提供机构养老服务；而"以房养老"面向工薪收入阶层的老人，包括有着巨大养老需要的空巢家庭、失独家庭的孤独老人。

为扩大养老服务供给方式，构建多样化、多层次、以需求为导向的养老服务体系，2013年9月，《国务院关于加快发展养老服务业的若干意见》提出，开展老年人住房反向抵押养老保险试点。为贯彻落实该文件精神，2014年6月，保监会印发《关于开展老年人住房反向抵押养老保险试点的指导意见》，明确自2014年7月1日起，在北京、上海、广州、武汉四地开展老年人住房反向抵押养老保险试点，鼓励保险公司积极参与养老服务业建设。老年人可根据自身情况和需求，自愿选择参与老年人住房反向抵押养老保险，在仍然居住在自有房产的同时，获得保险公司提供的养老年金，提高养老保障水平。老年人住房反向抵押养老保险业务试点，探索出了一条养老融资的新路，满足了老年人居家养老、增加养老收入和终身分期领取养老金等核心诉求。

为进一步促进老年人住房反向抵押养老保险业务发展，深化商业养老保险供给侧改革，为老年人增加养老选择，2016年7月，保监会印发《中国保监会关于延长老年人住房反向抵押养老保险试点期间并扩大试点范围的通知》，决定将老年人住房反向抵押养老保险的试点期间延长至2018年6月30日，并将试点范围扩大至各直辖市、省会城市（自治区首府）、计划单列市，以及江苏省、浙江省、山东省、广东省的部分地级市。

（三）积极开展长期护理保险

长期护理保险是以因保险合同约定的日常生活能力障碍引发护理需要为给付保险金条件，为被保险人的护理支出提供保障的保险。作为支付长期护理费用的一种融资形式，长期护理保险不仅能够为个人和家庭提供经济保障，还可以给商业寿险公司带来巨大经济效益。德国、日本等发达国家护理保险发展的经验表明，相比社会救助的福利政策模式、商业保险模式，社会保险模式是解决老龄化带来的长期护理问题的可行选择。"十三五"规划提出"探索建立长期护理保险制度，开展长期护理保险试点"，明确了我国长期护理保障模式采用社会保险制度模式。2016年6月，人力资源和社会保障部印发《关于开展长期护理保险制度试点的指导意见》，决定在承德、长春、齐齐哈尔、上海、南通、苏州、宁波、安庆、上饶、青岛、荆门、广州等15个地区开展长期护理保险制度试点，利用1~2年时间，探索建立以具有社会保险性质的长期护理保险为基础、以建立商业性的长期护理保险为辅助的长期护理保险制度。2020年，国家医保局会同财政部印发《关于扩大长期护理保险制度试点的指导意见》。意见着眼于建立独立险种，明确了制度试点目标，提出力争在"十四五"期间，基本形成适应我国经济发展水平和老龄化发展趋势的长期护理保险制度政策框架，推动建立健全满足群众多元需求的多层次长期护理保障制度。

近年来，针对老年人护理需求较大的现状，我国一些保险公司积极开发长期护理保险产品和承办"社保模式"的长期护理保险，以满足失能、失智老人长期护理的需要。保险公司主要通过以下方式发展长期护理保险：（1）积极开发商业长期护理保险产品。例如，2001年，分别由太平洋安泰人寿保险公司和信诚人寿保险公司开发的"安安长期护理健康保险""信诚挚爱人生附加女性保障长期护理保险"是我国最早推出的长期护理保险产品。（2）积极承办"社保模式"的长期护理保险。目前，我国青岛、南通、长春、东营、日照等地已经启动"社保模式"长期护理保险制度试点，其中，青岛、南通引入了保险公司承办机制。青岛于2012年率先开展长期护理保险试点，试点期间由人力资源和社会保障局（以下简称"社保局"）的社区医保处负责管理和承办护理保险，尽管社保局为该处临时增配了部分人员，但根本无法对近2万名申请待遇的失能者是否符合条件逐一进行现场评估，承办管理人员不足的问题日渐突出。2015年7月，通过招标的形式，正式引入保险公司承办。

（四）探索开展计划生育特殊困难家庭综合保险计划

2013年12月，国家卫生和计划生育委员会（以下简称"国家卫生计生委"）、民政部、财政部等五部委在《关于进一步做好计划生育特殊困难家庭扶助工作的通知》中指出，发挥保险机制作用，完善计生家庭保障制度。2014年《国务院关于加快发展现代保险服务业的若干意见》提出，发展独生子女家庭保障计划，探索对失独老人保障的新模式。2014年初，国家卫生计生委、中国计划生育协会（以下简称"中国计生协"）在《关于开展计划生育特殊困难家庭社会关怀的通知》中提出，探索发挥保险机制的作用。这些政策的出台，一方面将有力聚集各方力量，进一步促进失独家庭保险保障体系建设；另一方面也为做好失独家庭保险工作，完善"失独"家庭帮扶体系提供重要的政策支持。为加快推动计划生育特殊困难家庭保障制度建设，中国计划生育协会开发了对失独家庭父母养老、医疗等保险产品，北京、安徽、广东、江苏已在全省（市）范围内全面开展。① 根据中国银保监会的数据，2013年全国计划生育保险参保人数3400万人，计划生育保险业务总保险费4.1亿元，其中计划生育家庭意外伤害保险3.8亿元，计划生育手术意外伤害保险720万元，其他相关险种2300万元。② 其中，

---

① 失独家庭养老问题［EB/OL］．中国计划生育协会网站，https：//www．chinafpa．org．cn/．
② 中国银保监会．我国全面推进生育保险和职工基本医疗保险合并实施［EB/OL］．http：//www．cbirc．gov．cn/branch/chongqing/view/pages/common/ItemDetail．html？docId＝482614&itemId＝1982&generaltype＝0．

北京市开展关爱计划生育特殊困难家庭综合保险保障项目——"暖心计划"，建立了独生子女死亡家庭父母保险制度和失独家庭综合保险制度。自2012年起，多家人身险公司先后配合北京市计划生育协会建立了独生子女死亡家庭父母保险制度，由市财政按照每人2789元/年的标准出资，覆盖全市1.1万余名失独家庭成员，为其提供养老、身故、意外身故伤残、意外医疗、女性重疾等多重保障。在首个3年周期，依据每人每年2900元的养老金支付标准，已给付失独家庭到期养老金6204万元。在2016年12月启动的第二个周期中，将失独老人领取养老金的等待时间从3年缩短至1年。"暖心计划"充分发挥了财政资金的金融杠杆效应，通过引入商业保险保障机制，当失独家庭发生风险时，在经济上给予适当补偿，同时每年支付失独家庭成员一定的养老保险金。这种保险保障模式既提高了财政资金的使用效益，又对失独家庭的经济保障起到了积极作用。

三、开展养老机构责任保险

推进养老机构责任保险工作，是完善构建养老服务业风险分担机制的重要内容，有利于提升养老机构责任意识和风险意识，强化养老机构内部管理，降低运营风险；有利于做好养老机构责任事故善后处理，有效维护老年人合法权益，减少诉讼上访事件，防止引发社会问题，维护社会和谐稳定。近年来，我国高度重视养老机构责任保险工作。2013年修订的《中华人民共和国老年人权益保障法》指出，国家鼓励、引导养老机构投保意外责任保险，鼓励商业保险公司承保意外责任保险。2013年《国务院关于加快发展养老服务业的若干意见》指出，鼓励养老机构投保责任保险，鼓励保险公司承保责任保险。2014年2月，民政部、保监会、老龄办在《关于推进养老机构责任保险工作的指导意见》中强调，各级民政、保险监管和老龄部门要积极推动养老机构责任保险工作，制订完善工作方案，广泛征求养老机构、保险公司以及相关部门的意见，并报告当地政府，积极争取政策支持。2014年《关于推进养老机构责任保险工作的指导意见》发布以来，各地养老服务机构责任险业务迅速发展，提升了养老服务机构的服务保障功能，提高了养老服务机构发生意外责任风险时的应对能力和善后处理能力，有效分散了养老（助老）服务机构的运营风险。

第四节 发达国家保险业参与养老产业的经验借鉴

多数发达国家在20世纪60年代前后进入老龄化社会，并于1975~1990年先后进入重度老龄化社会。为应对人口老龄化问题，发达国家纷纷将保险业参与养老产业发展作为解决老龄化的重要途径，并针对本国国情采取了一系列举措，其成功经验对我国保险业参与养老产业具有重要启示。

一、美国的经验借鉴

近年来，受美国"婴儿潮"时期出生的老人进入退休年龄而导致社会的快速老龄化、收入水平不断提高和医护市场逐步成熟等因素的推动，美国养老市场快速发展。目前，养老产业在美国已占经济总量的很大比重，随着老龄化率的不断提高，养老产业日渐发达。在美国，老年产品、服务不胜枚举，只要是老年人有需求的地方，就有市场，也因此吸引了保险业的投资。

（一）美国商业保险参与养老保险体系的情况

美国养老保险体系主要由三部分组成：社会保险、雇主支持的退休计划、个人储蓄养老保险。其中，社会保险是基石，雇主支持的退休计划是重要补充，个人储蓄养老保险发挥着重要作用，三大支柱共同构筑了美国较完备的养老保险体系。美国商业保险资产规模大，市场成熟度高，税收优惠政策灵活，参保率高。其中，以个人退休账户和年金保险为代表的商业养老保险在美国养老保险制度中发挥着重要作用。一是个人账户养老保险计划。美国的个人退休账户（IRAs）是根据1974年的《雇员退休收入法》而推出的，目前已成为美国养老计划的重要组成部分。根据美国投资公司协会的调查，2014年中期，大约有4150万户（34%）美国家庭拥有个人退休账户。个人退休账户资产规模高达7.44万亿美元，占养老总资产的30.19%，是规模最大的单项养老资产，在美国商业养老保险中占绝对优势地位。二是年金保险。2014年，美国年金及相关产品的资产为2.032万亿美元（其中包括个人退休账户所持有的资产）。虽然年金资产规模仅占养老资产的8%左右，但是年金保费占寿险公司净保费的 50% 左右。①

（二）美国保险资金投资养老产业情况

在美国，保险资金运用有着广泛的投资渠道，多样化的资金管理模式，以追求高稳定性的投资回报为目标。在养老产业投资方面，美国保险公司多以投资商角色出现，通常采用间接投资的方式。房地产信托投资基金（REITs）是美国养老产业的主流投资模式，美国保险公司多以财务投资方式购买 REITs，延伸至养老地产，并拓展养老服务，实现产业整合和投资回报。由于投资收入可预期、管理透明及总体回报较高，美国保险公司对 REITs 的投资额要高于其他投资方式。REITs 的可靠收入源于不动产（包括养老社区在内）长期出租的租金收入以及资产融资的利息收入，同时大多数 REITs 采用简洁直接的商业模式，即通过入住率和租金的增加来获得更高收入水平，再加上红利和资本利得，REITs 的总体回报相当可观。除了 REITS 投资方式外，美国保险资金投资养老产业的方式还包括以下三种：一是通过下设的投资公司或资产管理公司发起基金，直接设立并募集不动产投资基金，通过专业化的基金管理获取佣金；二是直接进行置业投资，购买物业资产，为高收入者提供独立生活型老年社区；三是提供咨询服务，利用自身资源及经验提供不动产投资领域的相关工程和建筑咨询。

（三）美国保险业参与养老产业的其他方式

一是开展住房反向抵押贷款保险。1961 年美国波特兰市一家借贷机构推出第一笔反向抵押贷款业务，此后 30 年这一市场发展缓慢；直到 20 世纪 90 年代末"房产反向抵押贷款"（HECM）正式运营后，市场发展才步入快车道；2009 年以来，受金融危机影响又有所回落。HECM 贷款针对 62 岁以上老年人，对住房贷款上限、保费以及相应的担保机制等方面都有严格规定。虽然美国反向抵押贷款市场有近十年的较快发展，但依然是一个小众市场。在雇主购买的长期护理保险中，很多是企业购买的团险计划（大约占护理产品的 30%）。尽管美国是商业长期护理保险最发达的国家之一，但由于近年来护理服务费用成本的快速上升，美国长期护理保险市场呈弱势发展状态，市场规模仍十分有限。

---

① 中国基金业协会. 美国投资公司协会（ICI）2017 年调查报告——个人退休账户（IRA）在美国家庭退休储蓄中的角色（二）：统计数据分析［EB/OL］. https：//www.sohu.com/a/297644998_658654.

二、日本的经验借鉴

日本于1970年进入老龄社会，是世界上最早进入老龄化的国家之一。20世纪90年代后，日本老龄化现象日益严重。2014年，日本65岁以上老年人口达到3296万，占日本总人口的比例也达到25.9%，而且高龄化严重，每8个人中有1人年龄在75岁以上（赵阳，2016）。据日本国立社会保障及人口问题研究所预测，65岁以上老年人的比例到2024年将突破30%，2035年将达到33.4%，老龄化形势日趋严峻。为了应对严峻的老龄化形势，日本政府着手建立和完善养老服务体系，以解决老年人的收入、医疗、护理等保障问题，并大力发展了养老产业。

（一）日本保险业参与养老保险体系的基本情况

老龄化问题给日本提出了严峻挑战，也促使日本较早开始养老保障体系的研究和建设，通过采取多项举措，目前日本的养老保障体系已经基本成熟，形成了公共年金、职业年金和个人年金共同支持的多层次养老保障体系。其中，公共年金是主导，职业年金是重要补充，个人年金发挥着重要作用。日本拥有继美国之后的世界第二大人寿保险市场，保费收入占亚洲保费收入的一半以上。日本人寿保险业务主要分为个人保险、个人年金保险、团体保险、团体年金保险及其他。其中，以个人年金保险和团体年金保险为代表的商业养老保险在日本养老保险制度中发挥着重要作用。据相关数据显示2013年，日本人寿保险的保费收入为347380亿日元，其中个人保险保费收入为227210亿日元，个人年金保险保费收入为43120亿日元，团体保险保费收入为11120亿日元，团体年金保险保费收入38510亿日元。近年来，与个人保险保费收入相比，个人年金保险和团体年金保险的保费收入额不断下降。2009年，日本个人和团体年金保险的保费总收入占整个寿险市场保费收入的30%；2013年，日本年金保险保费收入占比下降为23.5%。[1]

（二）日本保险资金投资养老产业情况

旺盛的养老需求和积极的养老产业支持政策，使日本养老产业成为投资的热

---

[1] 2016年日本寿险行业现状及保险投资资金运用情况分析［EB/OL］.产业信息网，https：//www.chyxx.com/industry/201609/452311.html.

点，投资主体呈多元化态势：既有专业地产商、垄断性大型国企，也有专门定位于高端养老地产运营管理的机构，还有保险公司。2006年日本制定了《特定设施入住者生活护理规定》，严格限制每年新增的收费养老机构数量，使新建养老机构成本大为增加，大量原先进入市场的中小企业破产，日本保险公司凭借独特的资金、客户资源等优势介入养老产业。日本保险公司投资养老产业，多采取股权投资的方式，即以股东出资方式成立合资公司，进而参与养老地产项目。除了股权投资方式外，日本保险资金投资养老产业的方式还包括通过股权收购的方式投资养老产业。

三、国际经验借鉴总结

从世界范围看，发达国家在保险业参与养老产业发展方面已取得了一定成效，积累了一些经验，其中有一些经验值得我们借鉴。

1. 政府主导，构建全方位养老服务体系

发达国家保险业参与养老产业的经验表明，为了鼓励保险等社会力量参与养老产业发展，构建全方位的养老服务体系，应加强政府在制度安排、规划设计以及市场监管等方面的职责；逐步完善土地供应、税费优惠和补贴支持等方面的政策；统筹规划发展养老服务设施，从顶层设计角度构建全方位养老服务体系。

2. 社会参与，打造多层次养老服务市场

发达国家保险业参与养老产业的实践证明，在政府保障基本养老服务的前提下，开放社会养老服务市场，引导和规范保险等社会资本进入养老服务领域，培育和扶持养老服务机构和企业发展，既可以引导社会投资进入养老服务等短缺领域，培育新的有效需求，增强经济未来发展的动力，还可以形成政府财政和民间资本互相协作、互为补充的养老服务体系。

3. 丰富商业养老保险产品供给，满足多样化养老保障需求

灵活多样的商业养老保险产品对不同的群体具有不同的意义。对于那些已经参加基本养老保险的群体而言，灵活多样的商业养老保险产品只是一种补充。而对于那些因诸多原因无法参加基本养老保险和职业年金的群体而言，灵活多样的商业养老保险产品可能是他们主要的退休收入来源，对保障他们的退休生活具有重要意义。因此，开发灵活多样、适合不同群体的商业养老保险产品就显得十分重要，不仅有利于调动金融机构参加个人养老保险的投资管理积极性，增加产品的丰富性，提高产品竞争力，还有利于满足不同群体的差异化的养老服务需求。

4. 通过税收激励等政策促进个人储蓄性养老保险发展

发达国家纷纷建立起针对个人养老金计划的税收激励政策，而且这些政策灵活多样，适合不同人群，最大限度地发挥了税收激励效果，吸引了更多人群参加个人养老金计划。针对个人养老金计划，各国税收激励政策可以分为两大类别：一是直接的财政补贴；二是税收优惠和税收减免，包括缴费阶段、投资阶段和领取阶段都可以不同程度地享受税收优惠政策。不同的税收优惠模式适合不同的人群，给个人更多的选择空间，使税收优惠政策非常灵活，最大限度地实现税收优惠效果。

第五节 推动我国保险业参与养老产业的政策建议

为推动我国保险业参与养老产业发展，在借鉴发达国家经验的基础上，结合我国实际，提出以下政策建议。

一、加强组织领导与部门协同

保险业参与养老产业是许多行业和部门存在的全面问题。为促进保险业对养老行业的参与，一方面，国家有关部门要加快养老行业的总体布局和部署，加强组织领导和沟通，建立养老行业的协调和政策机制。加强产业政策与金融政策协调配合，制定支持政策和措施，加强政策实施和影响监测，并建立政策协同作用以促进养老行业发展。另一方面，各省、自治区、直辖市人民政府必须对保险业进行规划，将发展与养老产业相结合，鼓励合格的商业保险机构投资于养老产业，并实施养老服务政策，例如土地使用、水电安全等保障。

二、加大税收、土地等政策支持力度

国家和各地区一直在实施一些优惠政策，以鼓励保险业参与养老行业，但总的来说，某些优惠政策并不令人满意。一方面，应加强投资和财政税收政策，以鼓励实施适当的支持政策。研究制定保险业的投资扶持政策，为养老保险业的发展做出贡献，特别是土地、水电、税收及各项补贴等影响养老保险业发展的关键因素，并对保险业采取更加详细有效的政策措施，为参与养老产业提供绿色渠道和优先支持。另一方面，进一步完善本地保障支持政策。支持保险公司在投资机

构建立医疗机构,如医院、门诊和康复中心,并根据法律法规向其提供投资,使其变为城乡基本医疗保险的保险分配试点。支持商业保险机构提供住房抵押贷款保险,在房地产销售、注册、公证等机构中建立绿色渠道,简化工作程序,提高服务效率。

三、深化保险业服务养老产业的供给和服务能力

首先,支持商业保险组织更新和开发各种形式的商业养老保险产品,以满足个人和家庭的需求。同时,鼓励保险公司提供养老服务、医疗保健、康复管理等服务,并鼓励商业养老保险和养老产业的统一发展;支持商业保险公司向养老机构提供风险保护服务,例如为养老社区提供责任保险。其次是协助发展团体养老保险。由保险公司管理的团体养老保险将被视为企业补充保险的一部分,为企业缴费提供优惠税收政策,促进团体养老保险发展,并为企业提供更多选择。最后是鼓励商业保险组织开展与收购企业年金有关的商业保险活动,并加强保险基金的养老功能。

四、支持符合条件的保险机构参与养老资产的投资管理

一方面,利用具有资产管理优势的合格商业保险公司申请相关专业,并提供基本的养老保险基金、企业年金、全国社会保障基金等,为定期和合法参与养老资产投资提供支持,包括促进养老资产和评估的管理和运作。另一方面,加快对相关保险制度的修订和完善,并为各种业务创造更加公平有效的市场环境。

五、提升人民群众的商业养老保险意识

为了为保险业参与养老产业提供一个良好的社会环境,有必要督促商业养老保险满足各种人民群众的需要,增加透明度,积极借鉴已经成熟的经验,加强保险业的诚信度,增进信任感;加强保险业纪律规范,保护公平竞争与合作,为保险业参与养老业发展创造良好环境。

第七章

PPP 模式参与养老产业建设的探究

2017年8月14日,财政部、民政部、人力资源部联合发布《关于运用社会资本合作模式支持养老服务业发展的实施意见》。PPP模式是指政府与社会资本合作,针对不同的养老服务项目,选择不同的运营模式。如由政府将养老设施,通过委托、承包等方式交由社会力量承办,期满后再将养老设施无偿移交给政府。PPP模式可以较好地吸引社会资本,将政府公共财政资本与社会资本结合在一起,拓展资金来源。同时该模式能够综合政府与民营企业的优势,取长补短、优势互补,极大地提高管理效率和服务质量。我国民间投资进入养老服务领域具有较大的潜力,PPP模式与社区养老服务结合适用的范围将越来越大。相关的政策法律环境正在逐步形成,为民间资本合法进入养老服务体系建设打开了方便之门,推动了社区居家养老服务的创新和发展。

第一节 养老服务 PPP 模式概述

PPP模式是国际上比较通用的建设公用事业项目的方式之一,在美国等国家已经发展得较为成熟。依据财政部《关于推广运用政府和社会资本合作模式有关问题的通知》和《关于印发政府和社会资本合作模式操作指南(试行)的通知》,我国将PPP定义为政府部门和社会资本在基础设施及公共服务领域建立的一种长期合作关系。其通常模式是由社会资本承担设计、建设、运营、维护基础设施的大部分工作,并通过"使用者付费"及必要的"政府付费"获得合理投资回报;政府部门负责基础设施及公共服务价格和质量监管,以保证利益最大化。国家统计局数据显示,截至2019年3月底,全国PPP综合信息平台管理库项目中共有医疗卫生和养老领域项目 363 个、投资额 2681 亿元，其中落地项目 224 个、投资额 1473 亿元。国家开发银行支持养老服务建设，累计融资量 358 亿元。中国农业发展银行支持养老服务机构贷款项目共 7 个，累计审批金额 8.95 亿元，累计发放贷款 5.26 亿元。①

一、PPP 模式定义

PPP 是英文 public-private-partnership 的首字母缩写，即政府或国家（public）与私人或民间机构（private）合作的一种项目关系（partnership），对 public-private-partnership 的中文翻译多种多样，但大都可简单统称为"公私合作（关系）"。从 PPP 的定义来看，不同机构均对 PPP 做过不同的界定。包括国内外学者也从合作内容、合作目的、风险承担等各方面对 PPP 概念做出了多方阐释（刘娇，2016；刘军林，2017；马文涛，2018）。虽然以上概念不尽相同，但可以归纳出几个相似的特征：（1）项目主体由两个部门构成——公共部门和私人部门；（2）项目形式是合作，是利益共享、风险共担的平等合作关系；（3）项目对象一般是公共产品，为广大人民群众提供服务。

养老服务 PPP 模式是政府（public）和社会资本（private）之间，以提供养老产品和服务为出发点，以"利益共享、风险共担、目标一致"为原则形成伙伴关系的一种新型养老服务供给模式。这种新型养老服务供给模式突破了传统政府—企业—市场的潜在对立，跨时空动员和配置资源，最能体现当下"善治"精神。

PPP 养老模式将政府与私人相连接，实现互补，是对我国养老模式的探索，为我们提供了一种新型的养老模式。该模式在缓解政府养老方面财政压力的情况下，充分利用民间企业的资金，借鉴民间企业的服务理念，以提高公办养老机构的服务质量。PPP 养老模式在一定程度上可改善公办养老机构缺少床位，民办养老机构床位剩余的现状，让更多的老人住得起养老院，同时又享有较好的服务。老年人住得舒适安心，家人放心，着眼长远，是对养老各方面问题的及时、有效、科学的应对。

---

① "PPP+大数据"助力我国大健康养老产业发展［EB/OL］. 财政部政府和社会资本合作中心，http://www.cpppc.org/PPPsj/998461.jhtml.

二、养老服务 PPP 模式运行机制

养老服务 PPP 模式运行机制主要涉及多方主体，其具体运行过程如下：政府授权民政部门和出资方，与社会资本共同成立项目公司，项目公司负责养老服务项目的规划、投资、建设、运营维护及设施更新，或已有建筑的改扩建等。其中，社会资本可以向银行等金融机构申请贷款，项目公司定期还本付息。待养老服务机构建设运营一段时间后，项目公司将其股权移交给政府指定机构，完成整个 PPP 项目流程，如图 7-1 所示。老年消费者向养老服务机构购买服务，依据不同服务偏好和购买力，养老服务机构提供的服务也呈现多层次以满足多样需求。在这期间，养老服务机构应向保险公司购买机构责任险和为老年人购买人身意外险，政府根据机构的不同类别进行适当补贴，以应对服务机构面临的风险。

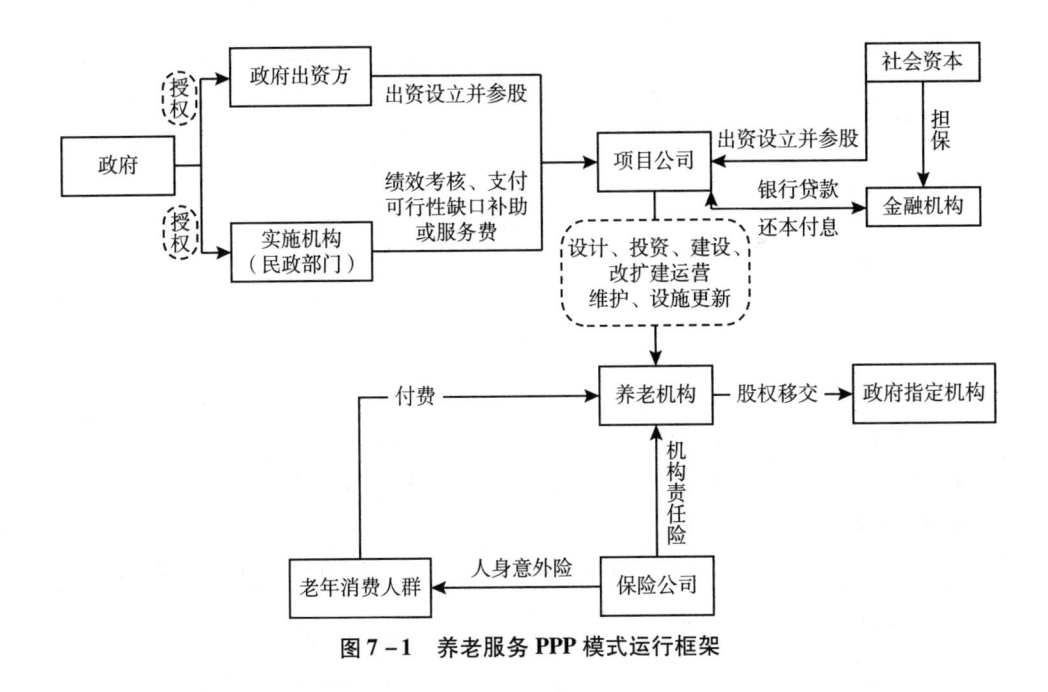

图 7-1 养老服务 PPP 模式运行框架

三、养老服务 PPP 模式的支付方式

养老服务 PPP 模式应以个人付费 + 政府补贴为统一支付方式，其中个人付费

包括保险给付（社保或商保）和现金给付。以老年人购买力不同为标准将其划分为四个类别，即低保收入群体、低收入群体、中等收入群体和高收入群体。其中，低保收入群体为政府供养保障对象（包括城市"三无"人员，农村"五保"、困难家庭等）；低收入群体为参加城乡居民养老保险、城镇职工养老保险等社会保险，并以退休金为主要收入来源的老年人；中等收入群体为退休后收入较高且稳定可靠的老年人，除养老金外，还有稳定的商业保险待遇收入；高收入群体为对自身晚年生活质量有较高要求、自身或子女经济情况较好、有稳定收入来源或偏好财产性收入的高净值老人。四类群体分别占老年人口比例的10%、30%、50%、10%，对应兜底、低端、中端和高端四种市场定位（韩烨，2019），由此形成四种支付模式，包括：（1）政府支付模式（G）；（2）政府+社会企业+个人支付模式（G+S+I）；（3）政府+商业企业+个人支付模式（G+C+I）；（4）商业企业+个人支付模式（C+I）。具体内容如表7-1所示。

表7-1　　　　　　　养老服务PPP模式的支付方式

PPP模式	政府购买无偿型	政府主导微利型	政企联合共建型	政府支持企业投资型
PPP支付模式	G	G+S+I	G+C+I	G+I
市场类型	兜底	低端	中端	高端
参与主体	政府+社会企业	政府+社会企业	政府+商业企业	政府+商业企业
供给对象	低保收入群体（托底需求）	低收入群体（基本需求）	中等收入群体（适度需求）	高收入群体（拓展需求）
资金来源（1+2+3+4）	政府	政府+个人	政府+个人	个人
1 土地及环境地租	政府	政府	政府+商业企业	商业企业+个人
2 房产及硬件房租	政府	政府	政府+商业企业	商业企业+个人
3 服务及照料护理费	政府购买+社保	政府补贴+社保	个人+社保+商保	个人+社保+商保
4 日常用品生活费用	政府补贴	个人	个人	个人
收费标准	无偿	1500~3500元/月	3500~6500元/月	6500~8000元/月
收费机制	政府定价	政府定价为主，市场调节为辅	市场定价为主，政府调整为辅	市场定价
发展方向	福利化	福利化+市场化	市场化+产业化	市场化+产业化

注：支付模式中，G表示政府，C表示营利性的商业企业，S表示非营利性的社会企业，I表示个人。
资料来源：韩烨．养老服务PPP模式：运行机制、实现策略与对策研究[J]．兰州学刊，2019（3）：186-196．

四、养老服务 PPP 模式的多元化构建

上述四种支付方式对应四种不同的养老服务 PPP 模式，即政府无偿购买型、政府主导微利型、政企联合共建型和政府支持企业投资型。

一是政府购买无偿型 PPP 模式，采用政府支付模式，是指政府划拨用地、改善环境和建设房产设施、支付照料费（社保支付大部分医疗和护理费用）及生活费，委托社会企业经营的老年护理院、日间照料中心等。这种模式的养老机构主要起到兜底作用，完全依靠政府投入资金购买服务，向福利化方向发展运行，目标群体是低保收入老年人群，帮助其无偿入住机构养老，提供服务满足其基本生活需要，体现公共服务公平性原则。

二是政府主导微利型 PPP 模式，采用政府＋社会企业＋个人支付模式，是指政府划拨土地、改善环境和建设房产及设施，个人支付服务费（社保支付部分医疗和护理费用）及生活费的民办非营利型养老护理院、日间照料中心等，服务对象为低收入老年人。这类养老服务机构具有社会企业的性质，向福利化方向发展，追求微利回报，且微利用于自身机构持续发展，主要依靠政府承担资金投入，社会企业负责具体运营服务。

三是政企联合共建型 PPP 模式，采用政府＋商业企业＋个人支付模式，是指政府划拨用地和改善环境，由商业企业建设房产和设施，个人支付服务费（社保和商保支付部分医疗和护理费用）及生活费的共建民营型养老社区、老年护理院等，服务对象为中等收入老年人，即中产阶级老年人。这类老年人有稳定的退休收入来源，能够支付起基本的生活费用。政府应当在土地和房产方面对这类养老机构进行财政支持，减小社会资本投入成本，扩大中产阶级老年人获得养老服务的范围和包容度。

四是政府支持企业投资型 PPP 模式，采用商业企业＋个人支付模式，是指政府出台土地征用优惠政策，商业机构改善环境并建设房产和设施，个人支付房产、服务费（社保和商保支付部分医疗和护理费用）及生活费的大型营利型养老社区、CCRC 养老社区等。这种养老机构被定位为高端养老市场，主要针对高净值老人。他们往往有较高学历和社会声望，对养老品质有高层次追求。这类老年人购买力强，对养老机构的环境和软硬件配套设施建设要求也高。该模式满足这类老年人更为丰富的多元养老需求，养老机构完全营利，依据市场定价原则进行收费，未来可朝产业化方向发展。政府主要是在土地等方面提供优惠支持政策。

第二节　PPP 模式参与养老服务构建可行性分析

PPP 模式具有伙伴关系、利益共享以及风险共担的特征，所以 PPP 模式的优势在于使合作各方达到比单独行动预期更为有利的结果：政府的财政支出更少，企业的投资风险更小。具体来说，PPP 模式助推养老服务有效供给的可行性体现在以下方面。

一、PPP 模式助推养老服务业发展符合政策导向

为积极应对老龄化社会，实现真正的老有所养、老有所依，国家相继出台多项政策以规范养老产业的发展，进一步增加养老服务的有效供给。2015 年 2 月 25 日，民政部、发改委等 10 部委联合发布《关于鼓励民间资本参与养老服务业发展的实施意见》，文件中明确提出鼓励民间资本可通过 PPP 等模式，参与居家和社区养老服务、机构养老服务、养老产业发展的具体举措，并就推进医养融合发展、完善投融资政策、落实税费优惠政策、加强人才保障、满足用地需求等做出了相关规定和政策优惠。例如，在税收和土地方面给予私人部门支持，税收减免，免征多种税，水电气的定价按居民生活价收取。《中华人民共和国国民经济和社会发展第十三个五年规划纲要》（2016 年）颁布，积极应对人口老龄化引起更高程度的关注，养老服务产业发展面临的资金不足等问题有望得到缓解，2016 年 10 月 11 日，中央全面深化改革领导小组第二十八次会议审议通过了《关于全面放开养老服务市场提升养老服务质量的若干意见》，提出要紧紧围绕老年群体多层次、多样化的服务需求打造养老产业，更加重视民间资本在养老服务产业中的作用。在此背景下，构建人口老龄化应对体系，有政府政策层面的大力支持作为支撑，又将为 PPP 模式推进养老服务产业更好更快的发展再添强力保障。国家在鼓励 PPP 模式对接养老服务业方面相继出台了许多相关指导意见。例如，降低养老服务业的准入门槛，鼓励社会资本投资健康与养老服务工程；支持采取股份制、股份合作制、PPP 等模式建设或发展养老机构；鼓励社会力量举办规模化、连锁化的养老机构，重点发展养护型、医护型养老机构；政府部门优先保障养老服务业用地需求，落实税费减免，养老服务机构用水、用气、用暖、电话、电视、入网及其他设施按居民使用价格标准执行的优惠政策。加大对养老服务业发展的财政性资金投入，改善民间资本投资养老服务业的融资环境。有条件的地

区，可设立专项 PPP 扶持资金。

二、PPP 模式与养老服务业发展特点保持一致性

从养老服务产业和 PPP 模式各自的特点来看，两者之间有很多的共通点。两者相同的基础决定了其对接的可行性，从此长期存在的资金缺口问题将不再是困局。养老服务产业和 PPP 模式的相通点主要体现在以下两个方面。一是养老服务产业属于公共服务领域，是社会福利的重要组成部分，正外部效应明显，有助于社会的发展和安定。这一点在对空巢老人、"三无"老人、农村"五保"老人、经济贫困的失能老人的机构养老照顾上体现得尤为明显。近年来，随着我国老龄化形势的加剧，社会上的养老机构往往供不应求，"一床难求"的现象并不罕见。为了积极解决这类问题，有必要促进养老服务供给方式的多元化。在养老服务产业，除了发挥政府部门的主导作用外，还应依托 PPP 模式，适度地引入市场竞争机制，提高养老服务产业的供给效率。二是养老机构及其服务属于准经营性项目，可以通过服务的方式进行收费，回笼部分资金。但由于服务对象是老年人的特殊性，收入的稳定性一般较差。因此，政府部门可以通过给予财政补贴的优惠政策完善其资金回收机制，建立合理的投资回报机制来提高社会资本的投入积极性。这就为 PPP 模式介入养老机构建设和运营提供了理论基础。

三、政府部门和私人部门之间取长补短、相互均衡

养老服务产业应用 PPP 模式增加养老服务的有效供给具有其独特优势，主要体现在政府和私人部门之间的取长补短、相互均衡上。具体来说，可分为以下三个方面。第一，由于人口老龄化趋势不断加剧，一方面国家在养老机构的财政投入上面临着巨大的压力。另一方面在经济新常态的背景下，我国的经济由高速增长转化为中高速增长，多个行业内出现产能过剩的现象，因此，民间存在大量的闲置资金。这样看来，PPP 模式和养老服务产业的对接可充分缓解政府的财政压力，利用民间私人资本更好地完成公共基础设施的建设。第二，随着我国老龄化进程的加快、加重，尽管养老服务产业市场发展潜力巨大，但是由于养老机构具有投资大、收益慢、风险高等固有特点，一般的民间投资人还是会望而却步，养老服务的有效供给不能得到切实保证。若是在养老服务领域应用 PPP 模式，政府兜底，便降低了投资所带来的风险，可以大大提升民间

资本助推养老服务业的积极性,从而增加养老服务的有效供给。第三,在市场竞争体制下,私人部门具有竞争优势,它们拥有先进的管理技术、专业的人才、科学的决策和评估体系。在项目开始之前,私人部门在数据分析的基础上,充分预估可行性和风险,实现科学决策,以在项目的管理运营过程中,实现利益最大化。总之,养老机构作为准公共产品,养老服务作为准公共服务,需要政府部门和私人部门共同提供,以便寻求最佳的效率和公平组合,实现养老服务有效供给增加的养老目标。

四、养老服务PPP模式能实现政府、企业、群众三方受益

第一,对政府部门来说,PPP模式减轻了提供养老服务的财政压力,实现了政府职能转换,缓解了因养老服务的供需矛盾产生的社会压力。我国传统的养老服务供给方式是由政府主导,依托财政资金扶持的层级供给制,单一的供给主体导致了政府财政是养老服务项目的唯一资金来源。随着我国老龄化程度的不断加深,刚性的养老需求群体导致养老事业的财政支出逐年攀升,资金缺口逐步扩大。受限于财力的约束,养老服务供给与需求的脱节造成了供需矛盾的凸显。PPP模式为养老服务的资金筹集提供了新的途径,其多元筹资模式能够有效摆脱资金短缺的困境。在经济增速放缓(尤其是近两年国内外疫情严峻)和国内投资渠道过窄的宏观背景下,政府通过降低养老行业的准入门槛,辅以配套的政策优惠,吸引大量的民间资本进入老龄产业。充足的资本涌入前景广阔的养老领域必将带来行业的快速繁荣,吸引更多的投资者与参与者,实现良性循环,最终有效解决养老服务资金不足、供给受限的问题。党的十八届三中全会提出要处理好政府与市场的关系,使市场在资源配置中起决定性作用和更好发挥政府作用。这意味着在经济体制改革中,各级政府要逐步简政放权,完成职能转换,而首当其冲的便是一些由政府主导却具有市场化潜力的公共服务领域,比如养老行业。PPP模式采用的是公共部门和私人部门合作的机制,在政府职能转换的过程中能够实现平稳过渡,有效处理好从政府主导到政府引导市场主导的转换过程,一方面解决了传统模式的养老资金短缺问题,改善了养老服务的供需矛盾;另一方面厘清了政府与市场的责任边界,不越位不缺位,回应了"放管服"的改革要求,有效缓解了养老问题所导致的社会压力。

第二,对企业部门来说,PPP模式为私人资本进入前景广阔的养老领域提供了平台,配套政策扶持和良好的合作机制降低了投资风险,企业能充分发挥市场运营的专业优势创造收益。在经济增速减缓和供给侧结构性改革的大环境下,政

府通过政策引导，希望社会资本从金融行业向实体经济方向转移，尤其是进入新时代，党中央把振兴实体经济摆到了更加突出的位置。然而由于我国的公共服务领域是由政府主导的，社会力量只起辅助作用且准入门槛高、参与难度大，导致国内实体经济的投资渠道受限，资本大量囤积致使效率低下，而承担公共服务主要供给职能的政府却面临巨大的财政压力。像养老这类公共服务，本身具备相对成熟的市场介入条件，PPP模式通过提供合作平台、降低准入门槛，必然吸引大量社会闲置资金涌入这一优质投资领域。与此同时，政府为了吸引更多社会资本的进入，辅以税费减免等政策优惠并完善资金回笼机制，降低了私人部门的投资风险，形成了良好的风险共摊和互利共赢的局面。在项目运营方面，私人部门在市场竞争体制下具有先天优势，在最大化收益目标的驱使下，企业会在项目伊始充分预估项目的成本、收益和可能面临的风险，而在项目执行的过程中，采用专业的人才、科学的决策评估系统和先进的管理手段进行运营。在这种竞争机制下，企业部门将不断优化自身的管理运营技术，协商改进与政府部门的合作方案，在显著提高养老服务供给效率的同时兼顾社会公平，实现公平与效率的相对平衡。此外，社会养老领域具有很强的公益性质，社会投资者在实现短期利润的同时，将获得项目带来的长期利益，即公益项目的社会效益和企业美誉。

第三，对社会民众来说，养老服务的PPP模式运作能够满足老龄人口庞大的养老需求，在提高养老服务供给总量的同时，满足老年群体对于服务质量的要求。传统的家庭养老模式难以继续维持，公办公营养老机构"一床难求"，并伴随着资源浪费、效率低下等问题，而民办民营养老机构逐利性明显、服务价格高昂。PPP的公办民营模式结合了公办公营和民办民营的优点，在显著增加养老服务供给的同时弥补了以上传统养老模式的不足。首先，公办性质使PPP模式的养老服务必须具有一定的公益性，能够满足民众养老的基本要求，体现社会公平；其次，由于市场竞争机制的引入，企业凭借专业化团队和先进的管理技术显著提高了资源利用效率和养老服务质量；最后，人民日益增长的美好生活需要逐渐对社会养老服务的差异化供给提出了要求，这显然是政府主导的养老模式无法满足的，而在PPP模式下私人投资者为了在市场竞争中存活，必须采取差异化战略界定自己的消费群体，并提供价格合理的高质量专业化服务，包括对空巢老人、失能失智老人的针对性服务以及对老人的精神赡养等。

第三节 我国养老服务PPP模式现状及实践案例

一、发展现状

社会资本参与在养老服务供给中的发展历程较短，随着人口老龄化的不断加剧及家庭结构小型化的演变，养老服务供给主体中的问题不断凸显，中央政府通过一系列的政策措施，由上而下地鼓励和引导民间力量及社会组织参与养老服务体系建设，做出了不同阶段的统筹安排。2013年，国务院办公厅下发《关于鼓励和引导民间投资健康发展的若干意见》，积极鼓励"民间资本通过委托管理"等方式，运营公有产权的养老服务设施。2015年，民政部首次提出"PPP"的方式，并在投融资政策、税费优惠政策和用地政策等方面提出相应的完善建议（豆玉莲，2019）。2017年，财政部、民政部和人社部发文《关于运用PPP模式支持养老服务业发展的实施意见》，这是首次将PPP和养老服务同时作为文件标题出现，可见未来养老服务发展中PPP模式的专业化与精准化。

（一）PPP模式参与社区居家养老建设

我国目前的主要养老方式为居家养老，社会养老和机构养老占比非常小。与此同时，现在大多数家庭都是独生子女家庭，这就为需要赡养老人的年轻家庭增加了极大的负担。因此，在发展社会养老服务和机构养老服务变得十分迫切的同时，居家养老服务也有着巨大的潜力有待开发。

我国政府的关注和支持推动了社区居家养老模式的构建。政府和社会资本双方建立了协同型合作关系，努力实现信息、技术等资源的共享共创，改善了居家养老服务结构，提高了养老服务质量。首先，相关政策陆续出台，逐步构建起居家养老模式的运行框架。其次，养老服务逐步走向完善，养老项目陆续增多。最后，各地方因地制宜，不同城市的社区居家养老形成不同的特色，同时在互联网上保持同步发展。

与此同时由于还处在探索阶段，政府治理还处在不断改进过程中，项目还存在互补性关系的特点，缺乏共享共创的稳定合作机制，一定程度上影响着居家养老服务PPP运作的效果。居家养老服务PPP项目普遍具有公益性质且投资周期长，以及项目运营短期内难以盈利的特点。因此，合理设计投资回报机制，才能维护社会资本方利益，激发社会资本的参与热情。居家养老服务PPP项目的投资回报，需要构建混合收益机制，主要包括：使用者付费，即由享受服务的老人向居家养老服务公司或中心付费；政府付费，政府通过固定补助方式付费或购买民生服务，保障养老服务公司收益；可行性缺口补助，按照风险分担机制与合同约定，由政府给予项目公司一定的经济补助。此外，还可以探索开发性资源补偿的回报机制。

（二）PPP模式参与社区养老建设

在我国养老地产早期的开发中，一般是借鉴美国地产项目的大规模和低密度方式。地产的功能区定位为生活的辅助社区还有对家庭照料社区的建造，设置护理型定位公寓和基础的医疗设施。近些年，人们对于环境的重视程度有所提高，我国养老地产整体提升为比较高端的商业地产，主要以老年公寓和老年聚集区为主要的建设项目。对于养老地产的开发开始趋向于生态环境和地产相结合的旅游养老地产。我国当前社会养老服务设施的供给非常有限，虽然最近几年各地加大了对养老服务设施的投入，但与需求相比，供给还是存在明显不足，远远满足不了当前需求。我国的养老公寓、养老社区这些养老地产的发展还处在起步阶段，随着我国老年人口数的增加，养老设施供不应求，养老地产开发项目数量少，商业模式和服务模式还在探索中。目前我国养老地产的开发主要集中在北京、上海等较为发达的地区。养老地产是跨学科的项目，它的发展需要多方的共同协作。养老地产所要求的投资量非常大，周期长，且客户单一。开发商在独立开发养老地产时会面临巨大的资金压力，因此会提高经营价格以尽快收回成本。同时，养老地产所面临的风险非常复杂且形式多样。这就提高了政府的责任，需要以PPP模式共同发展养老地产，建立风险共担机制，实现双赢。

（三）PPP模式参与机构养老建设

随着我国人口和家庭结构的变化，人们的养老观念也在不断转变，机构养老的方式得到越来越多老年人的认可。在政府的政策推动下，养老机构有了较快发展。随着经济社会发展形势的变化，养老机构的服务对象由弱势老年群体转向全社会的老人。养老机构根据老年人的不同需求，有针对性地提供和改善养老服务。随着养老服务对象的公众化、普及化，不同群体的养老需求也各有差异，表现出不同的层次。从第一层次的基本生存需求，到第二层次的普遍需求，再到第三层次的享受性需求，分别满足弱势群体老人、工薪阶层老人、高收入老人的生活、服务、精神文化需求。在机构养老服务中，医养结合是亟待发展的领域。康复医疗、保健医疗、养生保健在老年人的生活中十分常见，也是为众多家庭带来经济负担的重要原因。目前，公办养老机构依然是我国养老机构中的主要机构。公办养老机构门槛低、数量大，但是面临基础设施不完善、一床难求、服务不够专业等问题。民办养老机构也存在着价格高、自我监控能力弱、制度依赖性强和运营有难度等现实问题。因此，增加PPP模式下的养老机构非常有必要。一般来讲，高龄老人、失能老人、半失能老人等特殊老年群体是机构养老服务的最大需求群体，而这些老年人最需要的是护理医疗服务。但在我国的养老机构中，能提供良好护理医疗服务的机构数量较少、比例较低。

二、实践案例——杭州富春江曜阳国际老年公寓

杭州富春江曜阳国际老年公寓①（以下简称"曜阳国际老年公寓"）实行"建设—拥有—经营"（BOO）的"民办公助"模式，该模式下，富春江曜阳国际老年公寓拥有养老机构的所有权，也需要承担和项目有关的所有风险，享有政府一系列扶持政策，如免费划拨土地、建设运营补贴以及营业税、企业所得税和水电气热费等税收优惠政策，公共部门并不参与到项目的建设或者经营中，仅在权限范围内对其进行监管。

富春江曜阳国际老年公寓得到了浙江省各级政府的大力支持，不仅土地由政府免费划拨，其建设和运营政府也有一定的补贴，此外还享有一系列税收优惠政策。公寓还与复旦大学附属华山医院和浙江富春江集团合作举办非营利性民营医院——富阳富春江曜阳老年医院，内设中西医内科、中西医康复科等，为入住老人及公寓周边住所的老人提供医疗门诊、医疗护理、紧急救护、养生保健等服务，医院中还专门有一层设为护理院，专门收住需要长期住院、长期护理的失能老人。目前老年医院已经被纳入富阳区和杭州市一卡通医疗保险定点医疗机构，同时也是省本级医保定点医疗机构。

富春江曜阳国际老年公寓的所有权和经营权都属于曜阳集团，政府只是提供政策和资金支持，这样企业就有更多的自主权对公寓的建设和运营进行管理，有利于企业进行服务创新，满足老人多元化需求，从而为不同层次的老年群体提供更为专业、精准的养老护理服务。这一模式通过民间资本的参与建设，很好地解决了养老产业发展中的资金投入难题，在一定程度上为缓解人口老龄化问题提供

---

① 笔者根据相关资料整理，详见杭州富春江曜阳国际老年公寓网站，http://www.fcjyaoyang.com/index.asp。

了重要的借鉴经验,并有助于推动我国社会化养老服务体系的建设。

第四节 国际养老服务PPP模式的发展及经验借鉴

一、PPP模式在英国的实践

第一阶段:试验期(1992~1996年)。20世纪80年代,时任首相撒切尔夫人在水、电、天然气等领域大力推行私有化,以期缓解政府的财政压力。但是社会资本的逐利性与公共服务的公益性矛盾不可调和,急需寻求兼顾公私利益的运行模式。1992年,私人主动融资(Private Finance Initiative,PFI)模式应运而生。该模式由英国财政大臣拉蒙特提出,鼓励私营投资更关注服务和资金效率。在该模式下,公共部门与私营部门供应商签订长期的服务合同,核心服务仍由公共部门提供,但可获得私营部门的管理技术优势和财力支持,具体运作全部由私营部门完成。但PFI项目仅在小范围内尝试。

第二阶段:发展期(1997~2008年)。英国工党执政后,首相托尼·布莱尔认为PFI模式相比于其他方式更能实现物有所值优势,开始大力推广PFI模式。首先增强了法律保障,政府要求各部门提出PFI项目清单,专门对国民医疗系统制定相关法律,使其适用于PFI模式,并修订地方法规,鼓励地方政府参与。其次设立相关机构,1997年9月设立协助主管部门进行PFI研究的PFI推动小组;1998年成立独立的永久性的公私合资公司PUK(Partnership UK,由中央政府部门与巴克莱银行等合资组成,为政府推进PFI模式提供智力支持);在地方层面,英格兰和威尔士地方政府与民间合资成立了4Ps公司(Public Private Partnership Programme),辅助地方政府部门推动PFI项目并解决实际问题。自此,英国政府建立了完善的法律、政策、实施和监督框架,PFI模式被广泛运用,几乎覆盖了全部公共基础设施领域,积累了丰富的成功经验。

第三阶段:成熟期(2009~2011年)。全球金融危机爆发后,英国也未能幸免,银行借贷率骤降80%,私人投资遭受重创,融资成本急剧上升,加之执政党变更,国家投资政策紧缩,大量的PFI在建项目遭遇资金难题,举步维艰,部分项目甚至因为中标方的临时退出而被迫终止。2009年3月,为了帮助PFI项目融通资金,稳定市场信心,英国财政部紧急设立了基础设施融资中心(The Treasury Infrastructure Finance Unit,TIFU),为市场融资提供补充。当PFI项目从市场融资遇到困难时，由 TIFU 提供临时、可退出的援助，可全额贷款，也可与商业银行、欧洲投资银行等一起贷款，缓解了 PFI 项目的资金困境，保障其顺利推进。渡过这次难关后，英国 PFI 市场更加成熟与理性，虽然项目成交量相对减少，但大量项目进入了相对稳定的运营阶段，项目类型也更为齐全，从过去公益型基础设施向经济型基础设施转变。

第四阶段：转型期（2012 年至今）。由于 PFI 项目的全部运作均是由私营部门完成，政府的参与度不足，债务的凸显加大了政府偿还压力，后期弊端不断显现，政府希望创新合作方式，减轻财政负担。英国财政大臣乔治·奥斯本在 2012 年底首次提出 PF2（Private Finance 2），希望借此首先调整股权融资模式，提高政府资本金比例，以小股东的身份参与，并将项目的融资限额从之前的 90% 降到 80%，以抑制过度投机行为；其次，改进招标流程，通过集中招标、规范招标流程、强化政府能力，提高项目招标效率；最后，提高信息透明度，满足公众对项目的信息需求。通过上述优化调整，政府和私营部门的交流更加充分，合作更为紧密，基本上形成了风险共担、收益共享长期稳定的公私合作关系。

经过上述四个阶段的探索和发展，英国已形成了完善的法律、政策、实施和监督框架，PFI/PF2 模式成功推广，并积累了丰富的实践经验。PFI/PF2 模式之所以能在英国广泛运用，主要得益于其科学合理的管理模式。

二、PPP 模式在美国的实践

萌芽阶段：19 世纪至 20 世纪 40 年代是美国 PPP 发展的萌芽阶段。美国早在 19 世纪已出现 PPP 萌芽，部分州政府由于缺少足够的资金建设高速公路和桥梁等公共基础设施，只能将这些项目交给私营部门进行建设。但 PPP 并非美国当时的主要模式，多数基础设施仍为政府负责出资建设和运营，其后很长一段时间 PPP 模式在美国也未得到推广。

探索阶段：20 世纪 50～80 年代为美国 PPP 发展的探索阶段。自 20 世纪 50 年代开始，美国政府用于公共交通基础设施建设的资金开始捉襟见肘。航空业、铁路业的发展以及新能源汽车的出现使得美国人均行车里程减少，所缴纳的燃油税也大幅降低，持续的通货膨胀水平进一步使得实际购买力下降。随着使用年限的增加，基础设施开始老化，用于维护与更新的资金也开始大幅增长。一方面是收入的减少，另一方面则是支出的增加，两方面的原因使得美国公共交通基础设施建设的资金缺口不断扩大，美国各级政府不得不重新审视 PPP 模式。

推广阶段：20 世纪 90 年代至 2006 年为美国 PPP 的推广和普及阶段。自 20

世纪 90 年代开始，美国通过借鉴英国、澳大利亚和加拿大等国 PPP 发展的成功经验，加大了同私营部门间的合作力度，其 PPP 模式正式进入快速发展阶段，PPP 的发展和推广加快了美国公共产品和服务的供给速度，降低了公共设施建设成本，提高了公共产品和服务创新能力，提升了公共设施运营服务质量。

加速阶段：2007 年至今为美国 PPP 发展的加速阶段。2007 年美国爆发次贷危机，并由此引发全球金融危机，对美国实体经济造成较大冲击，政府预算大幅减少，人均收入大幅下滑。与此同时，过高的油价进一步减少了居民对汽车的使用频率，使燃油税收入大幅减少，进而使得公共交通基础设施建设和维护资金出现较大缺口。为弥补资金缺口并进一步刺激经济复苏，美国政府于 2009 年颁布了《美国复兴和再投资法案》，以法律的形式鼓励私营资本进入基础设施建设领域。2014 年 7 月，奥巴马政府提出的《建设美国投资提案》进一步明确了通过与私营部门合作来扩大基础设施投资的战略，自此以后，美国的 PPP 模式进入加速发展阶段。

三、PPP 模式在日本的实践

20 世纪 80 年代后半期，日本地方政府由于在城市、地区开发事业中受到资金、技术方面的制约，转向寻求同私人部门的合作。同时，私人部门为了减轻风险及推动项目顺利进行，更加重视和地方政府之间的合作关系。1982 年日本第三次临时调查会答辩以后的 10 年被称为"日本城市、地区开发事业中构建 PPP 的讨论及制度整备期"（韩烨，2019）。1985 年，当时的日本国土厅（现在的国土交通省）出台了"首都改造计划"，在东京圈集中了大量私人部门的大型开发项目。1986 年，日本制定了《民活法》，1987 年制定了《休闲法》，引入第三部门（中央或地方政府和民间企业共同出资设立的法人）进入休闲开发领域。这个时期，多用第三部门进行休闲设施建设。但当时 PPP 模式尚未推广，激活地区经济发展过程中所需的大量基础设施投资和大规模的复合开发由于得不到私人部门的资金、技术支持而很难实施。后来根据《社会资本整备法》设立了 NTT 无利息融资制度，由此带来巨大财源。

泡沫经济以后，日本企业的社会贡献开始受到关注。PPP 在日本迎来了崭新的时代。日本政府开始围绕 PPP 展开调查研究，于 1992 年成立了公私合作整备研究会，致力于建立"新型公私合作体系"。日本城市建设高峰期过后，以公共事业及公共服务为对象的 PPP 讨论又兴盛起来。1999 年，日本借鉴英国的 PFI 模式颁布了《民间融资社会资本整备 PFI 法》（以下简称《PFI 法》），核心是通过活用民间资金促进公共设施建设。同年，在内阁专门成立了 PFI 推进委员会。

2000 年 3 月，制定了活用社会资本促进公共设施完善项目实施基本方针，但不做技术上的相关规定。其后，日本政府又相继发布了公共服务改革的政策框架与推进 PPP 实施的六个"指南"，包括 PFI 项目实施流程指南、PFI 风险分担指南、VFM 指南、合同指南、项目监控指南、公共设施等运营权及公共设施等运营项目指南。2011 年 6 月对《PFI 法》进行了三个方面的修订。一是实施领域有所扩大，将租赁住宅、船舶、航空、人造卫星等领域也作为可以实施 PPP 的领域。二是引入了民间事业者发起项目制度。历来日本 PFI 项目的发起方都是政府，《PFI 法》修改后，改由民间事业者发起项目，民间事业者提出具体项目及实施方案，由政府论证是否采纳，最后将结果告知企业。三是引入公共设施运营权制度。2013 年 6 月是日本第六次修订《PFI 法》，制定了在公共设施运营权方式中向项目运营者派遣中央或地方公务员的制度，派遣期限最长三年。

四、PPP 模式在新加坡的实践

新加坡在 2010 年开始进入老龄化社会，形成了"家庭养老、社区养老、机构养老"三位一体的养老模式。养老机构比以往家庭养老、社会养老的优势突出在服务方面。比如，提供专业化的生活照料、护理康复、精神安慰等。生活不能自理的老人在这里能得到全面、细心的照料。基于养老机构的诸多优点，新加坡政府大力推进与私人部门的合作，以促进养老机构的健康发展。政府在养老机构的建设运营中占主导地位。

第一，新加坡政府成立了综合协调养老机构发展的专职机构。新加坡政府早在 1998 年就成立了专门解决老年人问题的人口老龄化跨部门委员会，该委员会有 6 个小组，分别是针对健康护理、经济保障和健康、就业、社会融入、住房和社会和谐方面的，其后又成立了家庭和老年理事会指导养老机构管理和运营。第二，新加坡国会制定了《养老院管理法案》，确保养老机构管理有法可依。第三，积极出台了支持养老机构发展的各种优惠政策，吸引社会资本投入。作为投资主体的新加坡政府承担了几乎所有的项目建设资金，还以津贴或者"双倍退税"程度不等的优惠政策推动养老机构建设和运营，被政府认可的养老机构还可以向社会募捐。第四，新加坡政府还通过法律形式加强养老机构发展和服务的监管力度。采取统一的申请制度和规范化的转介机制等，全面规范了养老机构的运营；为了保障养老机构和其服务对象的合法权益，新加坡政府出台了《老人院法令》对养老机构和人员进行监管，明确了惩罚条例以监督养老机构及其工作人员的行为。社会力量也是养老机构运营的主力军,由私人部门负责提供具体的养老服务。政府部门得以从烦琐的管理工作中走出来,这样可以保证政府部门和私人部门之间能够建立良性的合作关系。社会力量的广泛参与一方面表现为社会力量兴办的养老机构在为老年人提供照料服务方面发挥了主体作用,另一方面表现为各种志愿团体积极参与老年服务。

五、启示

国际上各国在养老机构建设方面的经验为我国养老机构 PPP 模式的发展进程提供了以下启示:

(1) 制定完善的法律法规。法治是市场经济的内在特征,法律先行是保证 PPP 模式成功运作的前提。

(2) 树立福利产业化理念。在保证养老机构公益性的前提下,大力吸引民间资本支持养老产业发展,为实现公私合作奠定基础。

(3) 成立专门管理养老机构 PPP 模式的机构。有必要成立专门的管理部门,综合协调各方面力量,对养老机构 PPP 模式进行管理。

(4) 明确政府部门的主导地位。政府应该发挥主导作用,为 PPP 模式营造良好的政策环境,与私人部门合理分担风险,共享收益。

第五节　PPP 模式推进养老服务产业发展的路径优化

一、基于政府层面的考虑

(一) 发挥政府引导功能

PPP 养老属于一种带有保障性质的社会福利事业,并且其服务需求比较灵活,很难实现集约型供给。因此,PPP 养老模式的发展需要充分发挥政府主导作用,从制度供给、政策法规制定、财政投入等方面给予支持。一是政府要充分认识养老事业发展的重要性,科学制定养老发展规划,并将其纳入社会发展和社区建设系统规划中,推动养老事业快速健康发展。二是政府进一步完善基本养老制度,随着经济增长适度提高养老保障水平,对各项保障制度进行整合衔接,通过增加保障收入与健全服务体系两方面对居家养老提供支撑。三是政府制定相关政策法规，加强对养老工作的管理和监督；以税收优惠和资金补贴等方式，吸引企业和社会组织参与居家养老事业，通过市场化机制使养老资源得到合理配置和有效利用。

（二）整合制度资源

PPP养老事业作为一项系统工程，对资金和服务等资源的依赖性很强，维持养老事业持续高效运行，需要稳定的资金保障和服务供给。资金和服务的获取，仅靠企业的努力是不够的，更需要从制度的层面加以确认。我国社会保障制度通过保障老年人基本生活收入为PPP养老提供支撑，因此整合完善社会保障制度能有效提高养老保障的功效。一方面，继续完善社会保障体系的建设，将增加保障收入与健全服务体系在制度内部做好有效整合衔接，通过建立健全长期照护制度和长期照护保险配套支撑养老事业。另一方面，政府应该坚持城乡一体化统筹，缩小城乡老年人因制度差异造成养老方面的差距。城市养老体系和农村养老体系的发展要遵循相同制度标准，保证城乡养老软、硬件的均衡发展，确保老年人享受养老的公平性。

（三）完善政策法规

建立健全与PPP养老相关的法律法规和政策体系是发展PPP养老事业的保证。目前我国相关的政策法规体系不够完善，很多方面仍然留有空白。因此，应从我国的实际出发，对PPP养老的地位，责任主体，服务的内容、方式和标准以及相关机构在PPP养老的权责、职能等，做出清晰准确的规定，以政策法规的形式，确保PPP养老工作规范化、制度化。同时，要根据社会的发展，及时调整相关政策，保证PPP养老相关政策法规与社会保障法律法规体系协调发展。

（四）加强监督和评估

为了提高管理水平和服务质量，政府要加强对PPP养老的监督和评估。评估的具体内容分为两个方面，一是评估PPP养老需求。通过评估老年人的生活能力，确定补贴金额以及提供服务的级别。二是评估PPP养老的质量。政府可以逐步建立健全第三方评估机制，促进养老服务评估职业化发展。通过评估老年人对服务项目设置是否满意和服务质量是否达到标准，以促进PPP养老服务品质提升。监督方面，政府可以通过地区监督机构，以问卷调查、非政府组织监督等方式进行全面监督，淘汰达不到标准的服务机构。

（五）强化社会资本准入与管理

为了增加社会资本投入 PPP 养老领域，政府可以适当放宽准入限制，完善准入机制，继续鼓励非营利性养老机构提供养老服务，同时，增加对营利性养老机构的优惠政策。对于非营利性机构，政府应加快立法建设，以法律形式明确承担 PPP 养老的非营利机构的社会地位、社会功能及社会责任；鼓励和扶持承担 PPP 养老的非营利性机构，对其在政策方面适当倾斜，如免征增值税、所得税等；政府应对承担 PPP 养老的非营利性机构提供资金支持，帮助其克服发展中的资金"瓶颈"，具体方法包括：财政直接补贴非营利性机构，政府向非营利性机构购买养老服务，将闲置设施低价或免费提供给非营利性机构。对于营利性机构，政府应提供合理的优惠政策，增加营利性机构承接居家养老的可能性。

二、基于企业层面的考虑

（一）完善养老服务网

各企业的养老服务供给和老年人的养老服务需求存在着不平衡性，部分老年人的养老需求无法获得满足，而其他企业能够提供其需要的服务。因此，可以建立养老服务网，通过衔接机制协调企业之间的养老服务供给。由各企业分别统计其企业内老年人的基本信息以及老年人对养老服务需求的内容、种类；对老年人养老需求的内容和水平进行分类，建立老年人信息库。在此基础上，依托信息平台，建立健全养老服务网。通过完善服务网，不但能够有效满足不同老年人对养老服务的需求，而且可以有效发挥养老服务供给的潜能。

（二）加强新设施建设，整合原有设施资源

基础设施是社区承担居家养老必不可少的物质条件。为了保证养老模式持续发展，一方面继续完善基础设施建设，主要包括文体活动室、保健室、健身活动室、社区诊所、社区学校、社区养老院、老年公寓等。基础设施建设要考虑老年群体的支付能力，建议以中档设施为主，高中低档比例匹配；适当建设老年公寓，满足子女不在身边、支付能力较强的老年人入住需求。另一方面合理利用现有资源，促进软件资源和硬件资源合理整合。

(三) 加速专业人才队伍建设，合理利用人力资源

专业化的养老队伍和志愿者服务队伍，是满足老年人居家养老服务需求的关键，也是推动养老服务事业健康快速发展的重要因素。对于专职服务人员，应建立健全从业资格认证制度和职称序列等级管理制度，加强专业知识技能培训，定期对服务人员进行专业再培训；逐步提高专职服务人员待遇，以激励服务人员的工作积极性和吸引社会工作专业毕业生参加养老工作。对于志愿者队伍，国外经验证明，通过科学管理同样可以为养老做出巨大贡献。可以参考国际上通行的做法，建立和实施时间储蓄制度，鼓励低龄老人为高龄老人提供养老服务，待自己需要此类服务时，可以通过申请获得同等服务；通过行政政策激励和经济措施鼓励相关单位积极参与志愿者服务行动；同时倡导大、中学生参加社区服务，使社区内已有的人力资源得到优化配置。

(四) 开展个性化的服务项目

针对不同类型老年人实际需求，提供个性化、多样化的养老服务项目。不仅关注高收入老人的消费需求，也要满足低收入老人的服务需求；不仅为低龄、健康老年群体提供服务，更要重点关注高龄、失能、空巢等特殊老年群体的服务需求。服务项目逐步扩展到生活照料、医疗保健、长期照护、法律援助、文体教育、情感慰藉六大类；服务形式包括上门服务和社区设施服务，由老年人根据自己的实际需求选择适合的服务项目和服务形式。

第八章

完善我国养老服务体系的政策建议

第一节 政府精准定位，积极发挥主导作用

养老服务业综合性强、涉及面广、社会化程度高，已经不单单是老年人问题，也不仅仅是某个职能部门的任务，在政策研判上需要统筹思考、多角度分析、系统化研究。这既有服务问题，又有经济问题，亟须政府部门扮演好"引路人"角色，加强对养老产业的顶层设计和研究规划。未来相关政策在制定和实施过程中，仍需在"精准落实"上下功夫。按照《国务院办公厅关于推进养老服务发展的意见》要求，抓紧筹备建立养老服务部际联席会议制度，切实发挥统筹协调作用，完善党委领导、政府主导、民政负责、部门协同、社会参与的发展格局。

一、加强养老服务体系法规和标准建设

推动完善养老服务法规政策体系，研究推动养老服务有关立法，提升养老服务法治化水平。加强养老服务标准化工作，实施《养老服务标准体系建设指南》，以规范服务行为、提高服务质量、提升行业管理水平、保障老年人权益为导向，立足养老服务行业需求，准确把握标准要素内在联系，遵循标准化工作规律，加快构建养老服务标准的总体框架，基本形成涵盖养老服务基础通用标准，机构、居家、社区养老服务标准、管理标准和支撑保障标准，以及老年人产品用品标

准，国家、行业、地方和企业标准相衔接，覆盖全面、重点突出、结构合理的养老服务标准体系，促进形成安全、便利、诚信的养老服务消费市场环境。

（一）完善养老服务体系法规内容

进一步修订《中华人民共和国老年人权益保障法》，国务院先后印发《关于加快发展养老服务业的若干意见》《关于全面放开养老服务市场提升养老服务质量的若干意见》等文件。2019年3月，国务院办公厅印发《关于推进养老服务发展的意见》，提出了28项具体政策措施。养老服务连续被纳入国民经济和社会发展规划纲要，成为国民经济和社会发展重要组成部分。

（二）规范养老服务行业标准

民政部等相关部门在关于设施建设、服务质量、等级评定等方面应依照国家和行业标准，为养老服务发展提供有力标准技术支撑。特别是《养老机构服务质量基本规范》划出了全国养老机构服务质量的"基准线"，《养老机构等级划分与评定》确定了全国养老机构服务质量"等级线"，这些标准规范对提升养老机构服务质量、引导消费者选择养老机构具有积极推动作用。

（三）制定合理的收费标准

政府应从老年人的实际需求出发，综合考虑人均收入情况及老人可支配收入情况，制定合理的服务价格，建立服务统一的收费标准。针对弱势老人、无退休金或者生活较困难的老人还应该区别对待，实现低偿和无偿服务，以此来扩大受众范围。

二、健全监管机制和规范奖惩机制

制定加强养老服务综合监管政策文件，建立各司其职、各尽其责的跨部门协同监管机制。健全养老服务"双随机、一公开"工作机制，推进养老服务领域社会信用体系建设。修订《养老机构管理办法》，规范和加强养老机构行政执法。建立黑名单和行业禁入退出制度。研究制定确保养老机构基本服务质量安全的强制性国家标准。建立完善养老机构评估制度，通过第三方认证、合格认定、等级评定等标准化管理方式，对养老机构实施分类等级管理。

建立老龄产业市场准入制度、老年产品和服务质量标准，严格规范市场管理与运作，加强产品检查与认证，构建老龄产品和服务诚信体系，严厉惩治危害老年人权益和利益的行为；以老年人市场购销行情、消费意愿和购买倾向调整生产、服务，适时适度引导老年人更新消费观念，培育和拓展消费市场，推动供需平衡。要完善针对整个养老服务业和老龄产业的"监督清单"，实行标准监督。对监督标准进行全面梳理和细化，明确监督主体、监督范围、监督形式、监督内容等问题。各相关部门按照划分的监督主体，确认监督范围和监督内容，着重对分级分类、安全卫生、风险防范、应急管理等重点环节进行查缺补漏、优化完善。同时，还要对检查操作标准，如检查的实施、询问、材料收集、核对等事项，建立目录化的操作标准，实现监督检查的制度化、常态化。

按照国务院深化"放管服"改革的要求，民政部应会同有关部门多措并举，着力加强事中事后监管的顶层制度设计，不断规范完善养老服务市场。加快建立以部门联动为合力的综合监管机制，抓紧研究制定加强养老服务综合监管的相关政策文件，构建各司其职、各尽其责的跨部门协同监管机制，建立以"双随机、一公开"为主要方式，重点监管为补充，信用监管为基础的新型监管机制。同时，加快推进养老服务社会信用体系建设，研究制定养老服务领域失信主体联合惩戒备忘录和黑名单管理办法，建立健全失信联合惩戒机制，对存在严重失信行为的养老服务机构和人员实施联合惩戒。加强对违法失信行为信息的披露和共享，强化信用约束，推进跨地区、跨部门信用惩戒联动，推动形成"一处失信，处处受限"的社会信用环境。

三、加强养老服务队伍专业化建设

实施养老服务人才培养工程，加快建设一支数量充足、素质优良的养老服务专业队伍。继续建立健全社区养老人才培养、评价、选拔、使用和激励保障政策措施，建立完善养老护理员职业技能等级认定制度、养老服务从业人员培训合格上岗制度。推进高等职业学校专业教学标准的修（制）订工作。按照《国务院办公厅关于推进养老服务发展的意见》文件要求，落实社区养老服务企业吸纳相关养老服务人员就业的税收优惠和社会保险补贴等政策。实施养老服务人才培养工程，采用财政补贴、购买服务等方式，对养老服务人才培养培训、技能鉴定、从业补贴、表彰奖励等予以支持。具体措施主要表现为以下几方面：一是制定实施养老护理员职业技能标准，加强相关教材编写，形成科学、有效的培训体系；二是依托有实力的养老服务机构组织开展养老服务人员培训，重点培训职业道德、专业技能、安全管理等内容，同时研究探索政府以购买服务、给予培训补贴等方式对培训机构提供资金支持；三是中央财政继续加大就业资金投入力度，支持各地进一步加强养老服务人才队伍建设，提升养老服务人才职业技能；四是加强对培训机构的监管，注重培训效果的考核，确保培训出实效、出长效。

（一）关于建立专业人员培训和评定机制

国家应高度重视养老服务人才队伍建设。《国务院办公厅关于推进养老服务发展的意见》，明确提出建立完善养老护理员职业技能等级认定和教育培训制度、建立养老服务褒扬机制等工作任务就是最好的体现。

（二）关于提升养老服务专项人才薪酬待遇

一是促进养老专业人才就业创业。坚持劳动者自主就业、市场调节就业、政府促进就业和鼓励创业的方针，实施就业优先政策，出台一系列政策措施，促进高校毕业生就业创业。包括养老服务机构在内的各类企业吸纳高校毕业生就业，可享受税收减免、社保补贴、职业培训补贴等一系列优惠政策。二是提高养老服务专项人才薪酬待遇。目前，养老机构按性质分为事业单位、企业和社会组织。其中，企业和社会组织性质的养老机构实行市场化的薪酬，由企业和社会组织资助确定，国家不宜出台工资待遇政策。对于事业单位性质的养老机构，其编制外人员由单位结合自身实际和劳动力市场价位自行确定薪酬待遇，编制内人员实行事业单位岗位绩效工资制度。三是做好养老服务人员就业及岗位补贴工作。根据《中共中央、国务院关于进一步做好下岗失业人员再就业工作的通知》有关规定，各级政府应积极开发社区服务业的就业岗位，重点开发面向社区居民生活服务和社区公共管理的就业岗位，以及清洁、公共设施养护等公益性岗位。

（三）关于加强养老服务人才社会保障力度

一是进一步降低落户门槛，满足养老服务专项人才落户需求。二是有序实现市民化待遇。中央各相关部门应进一步加强政策统筹和顶层设计，在教育、就业、医疗、养老、住房保障以及农村产权、财力保障等方面研究出台一系列改革措施，促进有能力在城镇稳定就业和生活的常住人口有序实现市民化。三是加强医保覆盖面。目前，我国已建立覆盖城乡全体居民的基本医疗保险制度，职工基本医疗保险、城乡居民基本医疗保险分别覆盖就业人口和非就业人口，筹资和保障水平稳定提高，包括养老从业人员在内的城乡各类人员均可按政策规定参加基本医疗保险并享受相应待遇。在此基础上，国家还针对大额医保费用建立各类补充保险制度，加强城乡医疗救助托底保障，完善商业健康保险制度，落实群众多元化需求。

四、推动健全财政补贴和福利优惠制度

民政部联合财政部、税务总局等部门印发《关于养老、托育、家政等社区家庭服务业税费优惠政策的公告》，对社区养老服务业免征增值税，减按90%征收所得税，对承受或提供房产、土地用于养老服务的，免征契税、房产税、城镇土地使用税和城市基础设施配套费、不动产登记费等6项费用。2017年，民政部、财政部、人力资源社会保障部联合印发《关于运用政府和社会资源合作模式支持养老服务业发展的实施意见》；2019年，财政部印发《关于推进政府和社会资本规范发展的实施意见》，引导社会资本参与养老服务供给。

健全现代化养老机制，建立基础养老金费改税制度。目前，我国养老保障的基本框架是基本养老保险、企业补充养老保险和个人储蓄养老保险相结合的多层次的城镇企业职工养老保险制度体系。由于我国的养老保险采用个人账户与社会统筹相结合的形式，有部分个人账户没有缴费，改革后隐形债务显性化；有部分地区个人账户空账运行，而且个人账户与社会统筹部分管理不够规范。因此，需要改革现有的养老保险制度，将"统账结合"运作模式向社会统筹与个人账户独立运行模式转变，规范个人账户和社会统筹基金的管理，将个人养老福利待遇和缴费挂钩。逐步提高养老保险统筹层次，首先争取实现省级统筹，再逐步向全国统筹过渡，增强制度的便捷性和互济性。借鉴国际上通行做法，结合我国目前养老保障、养老金的现状，建议开征社会保障税，并在此税目下设养老税，将纳入社会统筹基金的企业缴纳的基本养老保险费改征为社会保障税（养老税）。

五、加大宣传力度，引导老年人转变养老理念

社区居家养老服务的社会化并不意味着老年人自己和家庭功能的完全丧失，社区居家养老服务的开展，离不开老年人和家庭自我养老能力的提升。只有实现了老年人个人和家庭养老能力的有效提升，老年人的生活质量才能得到切实的保障。

（一）大力宣传社区居家养老服务

在各社区内开展社区居家养老服务的宣传活动，通过电视、报纸、电台媒体广泛告知居民，如有需求即可到社区登记申请，通过社区的组织与协调，让老年人既能享受养老服务，又不离开熟悉的生活环境，方便老年人日常生活；可定期

在不同的小区开展"养老服务进社区"的宣传活动,加深老人对社区居家养老服务的了解。通过联动社区、社会组织和社工,举办不同主题的进社区活动,如为小区老年人免费修理家电、提供政策法律咨询、送温暖等;发放便民手册以及环保购物袋,贴近老年人,与老年人零距离交流,从而增加居民的知晓度、信赖度。

(二) 引导社区老年人转变养老理念

要引导老年人改变传统的养老观念,积极地认知和了解新型的社区居家养老服务模式。一方面,应鼓励老年人养成良好的生活习惯,积极参与各类社会活动,最大限度地延长老人个人自理的时间;另一方面,应该鼓励家庭成员在可能的情况下,履行赡养老人的责任和义务。加强对社区居家养老服务的宣传推广,让整个社会"正能量"发展,全社会形成社会敬老、社区助老、家庭养老的氛围。还应加强舆论方面的宣传力度,以道德教育为目的,发扬中华民族历史悠久的敬老、孝老传统美德。各个街道、社区应进一步加强敬老孝老评选活动,让更多年轻人谨记赡养老人是他们的责任和义务,争取让全社会营造出正确的敬老、养老环境。

(三) 重视老年人力资源开发利用,形成全社会尊老、敬老的风尚

尊老、敬老对社会养老有着极高的伦理支撑意义。在全社会树立尊老、敬老的风气,营造尊老、敬老、养老的舆论氛围,大力表彰孝敬父母、赡养父母的典型,严厉谴责和惩处遗弃老人、虐待老人的反面典型,惩罚与褒扬形成鲜明对比,正向引导社会形成新时代"爱老、敬老"新风尚。注重开发老年人力资本,推动积极老龄化。要以积极老龄化思想为指导,鼓励老人继续工作,参加社会公益活动,发挥余热。积极开发老年人力资源,重视老年人社会价值,鼓励老年人利用智慧和经验为社会的发展创造财富和多做贡献;积极营造老年人力资源开发的良好社会氛围,通过老年人自我能力再开发,延缓劳动力老化,同时让其老有所为;积极推进老年教育,实现终身学习,将老年人劳动创造的财富显性化,创造老年人参与社会的条件,激活潜在社会发展动力。

第二节 社会多方参与共建,拓展养老服务体系运行机制

政府应在投资、融资、税费减免、土地供应、人才培育、补贴支持和推动医

养结合等方面出台具体的政策，鼓励各类资本多渠道、多角度、多方式（PPP、政府购买服务）参与社区居家养老服务的基础设施建设，以此来更好地满足服务硬件供给。

一、保险业参与养老服务体系建设

保险业在社会保障方面发挥着非常重要的作用，尤其是在养老服务体系建设方面，也起着举足轻重的作用，主要表现在以下几个方面。

（一）推进长期护理保险与养老服务的融合[①]

长期护理保险作为一项新的社会保障制度，对于失能老人健康护理需求的保障有着重要的意义。2016年6月，《关于开展长期护理保险制度试点的指导意见》印发，确立了长期护理保险在我国社会保障体系中的地位，明确要"积极发挥具有资质的商业保险机构等各类社会力量的作用，提高经办管理服务能力"，并选取15个城市作为试点地区开展试点，并指定国家医保局、财政部、国家卫生健康委员会、国家中医药局等部委负责。全国政协相关调研报告建议，总结试点城市经验，研究制定长期护理保险制度发展指导意见。建议将长期护理保险定位为独立险种，纳入社会保险的政策框架；构建政府、个人、用人单位为主的多元化筹资机制，鼓励商业保险进入护理保险领域。

另外，在构建长期护理保险制度过程中，中央或地方政府还可以借鉴西方国家经验，鼓励和支持商业保险机构参与护理保险制度建设。必要时，应考虑采用商业化运营模式，引入商业保险公司参与方案的设计和经办服务，并推动开展商业性的护理保险制度创新，充分发挥商业保险的功能补充和水平提升作用。

（二）积极参与养老社区建设

保险养老社区医养结合是一项涉及面广的综合性系统工程，不仅需要保险公司及有关方面的大量投入，也需要政府及监管部门的政策支持和有效引导。只有多方形成合力，才能确保保险养老社区医养结合的顺利推进。展望未来，保险养老社区医养结合将出现以下趋势。

[①] 所谓长期护理保险，是指通过发挥保险的风险共担、资金互济功能，对被保险人因长期护理服务而产生的费用进行分担补偿的一种制度，主要以失能、失智老人为保障对象。2016年，我国出台《关于开展长期护理保险制度试点的指导意见》，在15个城市试点长期护理保险制度。

保险养老社区应进一步充分挖掘和利用周边医疗资源，加强与附近医疗机构的战略协作和服务对接。例如，与周边医疗机构签订合作协议，要么由这些医疗机构对养老社区的医疗服务进行托管，要么由医疗机构选派由医生、护理和康复技术人员组成的医疗服务团队，定期到养老社区进行医疗与健康管理服务。此外，有条件的养老社区还可以与周边医疗机构进行合作，在社区内或附近共同兴办医养结合机构，实现双方的优势互补和资源共享。

二、建设医养结合的养老服务体系

在医养结合养老服务模式中，专业的医疗、护理人才非常关键。离开专业医护提供单纯的养老服务，任何养老机构都很难受到入住老年人的欢迎，即使是以活力老年人为主要客户群体的养老社区也概莫能外。为了促进和激励更多学生选择报考这类专业，国家可以采取的举措包括：放开养老服务相关专业招生计划、招生地区限制；鼓励更多院校开办老年服务与管理等相关专业；减免相关专业学生的学费，吸引一些家庭条件一般的学生报考；对养老服务相关专业学生及养老服务岗位从业人员给予学习补贴或入职补贴等。在加强学校人才培养的同时，具有专业培训能力的大型养老机构也应建立专业培训和实习基地，加快对现有医养服务人员在老年医学、护理、营养和心理等方面的培训，改善其知识结构，增强其专业技能。在职业激励机制方面，应考虑设置不同等级专业技术职务，打通职称晋升渠道，并引入绩效工资机制，增强相关专业毕业生在医养工作岗位上的积极性，增加其职业归属感和职业稳定性。

三、探索建立科技创新型的养老服务模式

贯彻落实党中央、国务院关于推进智慧养老发展的部署，积极推进"互联网+养老"。配合工业和信息化部门推动大数据、云计算、人工智能等信息技术的深度应用，促进适用于社区养老的智慧健康养老产品的开发与生产。支持适用于社区养老的智慧健康养老产品及服务推广，推动在社区、养老机构、医疗机构等有关政府采购项目建设中优先支持《智慧健康养老产品及服务推广目录（2018年版）》内的产品及服务。继续开展智慧健康养老应用试点示范，探索社区养老业务创新和模式创新，推进智慧健康养老产品与服务在社区养老场景的规模化应用。政府部门可在利用社区养老服务平台的基础上，通过政府购买的方式，使社会组织在为老年人提供服务的同时，收集数据并进行分析，根据他们的个体偏

好,探索建立起准确反映老年人总体需求和需求改变的信息数据库,优先考虑对失能、半失能老年人建立一个需求统计制度,进行基础信息研究和建设,为老年人提供有针对性的高质量服务。

加大老龄产品研发力度,利用科研院所丰富的人才资源和技术储备,开发适合老年人生活与情感、行动与保护、治疗与康复、引导与照料等多样性产品,形成具有中国特色的老年人特需的康复辅具产业体系。大力发展智能养老平台,利用互联网、云计算、大数据等信息技术手段,开发面向居家老人、社区、机构的物联网系统平台。通过发展教育和职业培训,鼓励科技创新,提高劳动力素质,适应产业结构升级的要求,满足老人和其他社会成员日益增长的物质文化需求。大力发展国民教育,促进教育公平,发展公共教育事业,增加教育资源供给,提高人口素质,建立终身学习教育机制,克服人口老龄化的不利影响。根据中国国情,大量富余劳动力集中在农村,且农村人口老龄化程度高于城市。因此,加强农村的基础教育与农业劳动力职业培训是一项重要工作。

第三节 推动康养产业健康发展,完善养老服务体系内容

在健康中国大背景下,除了对老年人口、失能人口的养老系统进行建设与规范外,还需要考虑老年健康服务体系的建设。近日,国家卫生健康委员会、国家发展和改革委员会等8部门联合印发《关于建立完善老年健康服务体系的指导意见》(以下简称《意见》),这是我国第一个关于老年健康服务体系的指导性文件,对加强我国老年健康服务体系建设,提高老年人健康水平,推动实现健康老龄化具有重要意义。随着中国社会老龄化进程加快,以养老和大健康为核心的康养需求增长迅速。近年来,各类康养、养老理念与项目如雨后春笋般涌现。然而,当前对养老及康养产业理论的研究远远落后于实践,因此,需要科学界定"老龄事业、老龄产业、养老产业、大健康产业"等概念,精准指导实践,并防止业界过度炒作。

一、建立完善老年健康服务体系

《意见》指出,我国老年人口规模持续扩大,对健康服务的需求愈发迫切,为解决老年健康服务体系不健全,有效供给不足,发展不平衡不充分的问题,建

立完善符合我国国情的老年健康服务体系，满足老年人日益增长的健康服务需求。在总体要求方面，《意见》明确了建立完善老年健康服务体系的指导思想、基本原则和主要目标。提出到2022年，老年健康相关制度、标准、规范基本建立，老年健康服务机构数量显著增加，服务内容更加丰富，服务质量明显提升，服务队伍更加壮大，服务资源配置更趋合理，综合连续、覆盖城乡的老年健康服务体系基本建立，老年人的健康服务需求得到基本满足。

二、建设医养康养相结合的养老服务体系

医疗卫生与养老服务相结合，是社会各界普遍关注的重要民生问题。2013年，《国务院关于加快发展养老服务业的若干意见》提出医疗资源进入机构、社区、家庭，支持有条件的养老机构设置医疗机构，医疗机构要积极支持和发展养老服务，探索医疗机构与养老机构合作，医疗机构应当为老年人就医提供优先优惠服务等5条措施促进医养结合发展。

（一）改革完善医养结合政策措施

民政部应配合卫生健康委进一步改革完善医养结合政策措施，同时在养老院服务质量建设专项行动中同步推进医养结合工作。对已经提供医疗卫生服务的养老机构，指导其规范服务；对尚未提供医疗卫生服务的养老机构，推动其主动协调卫生健康部门，整改提升。继续推进地方养老机构内设医务室、护理站，以及养老机构内设医务室取消审批后的监管以及纳入医保定点工作；继续配合推进基层医疗卫生机构和医务人员与老年人家庭建立签约服务关系，为老年人提供连续性的健康管理和医疗服务，促进居家社区养老服务与医疗卫生服务协调发展。探索将乡镇卫生院和敬老院服务衔接。

（二）提高人民健康水平的制度保障

坚持关注生命全周期、健康全过程，完善国民健康政策，让广大人民群众享有公平、持续的健康服务。深化医药卫生体制改革，健全基本医疗卫生制度，提高公共卫生服务、医疗服务、医疗保障、药品供应保障水平。加快现代医院管理制度改革。坚持以基层为重点、预防为主、防治结合、中西医并重。加强公共卫生防疫和重大传染病防控，健全重特大疾病医疗保险和救助制度。优化生育政策，提高人口质量。积极应对人口老龄化，加快建设居家社区机构相协调、医养康养相结合的养老服务体系。聚焦增强人民体质，健全促进全民健身制度性举措。

（三）促进人与自然和谐共生

生态文明建设是关系中华民族永续发展的千年大计。必须践行"绿水青山就是金山银山"的理念，坚持节约资源和保护环境，坚持节约优先、保护优先、自然恢复为主的方针，坚定走生产发展、生活富裕、生态良好的文明发展道路，建设美丽中国。同时，在保护生态的前提下，充分发掘生态服务价值，发展生态康养产业。

三、着力发展新时代健康养老事业

老有所养是事关百姓福祉、社会稳定的民生大事。党的十九大报告指出："积极应对人口老龄化，构建养老、孝老、敬老政策体系和社会环境。"当前，我国老龄人口规模大、老龄化速度快、养老事业城乡发展不平衡，加快养老服务供给侧结构性改革，不断完善我国养老保障制度，任务紧迫、势在必行。要始终贯彻落实习近平新时代中国特色社会主义思想和党的十九大精神，进一步健全现代化养老机制，创新社会化养老服务机制，有效满足老年人多样化、多层次的养老服务需求，不断增强老年人获得感、幸福感和安全感。

应构建多层次老龄产业发展模式，坚持市场导向、政府扶持、全社会共同参与原则，兼顾经济效应与社会效应、公益性与营利性、老年群体与其他群体的利益。完善老龄产业发展政策，扶植和培育老龄产业，制定老年产品税收减免、金融扶持、技改贴息、土地优惠等政策，动员社会力量参与、鼓励民间资本进入老龄产业，建立老年人失能等级划分标准，按等级制定相应产品、服务优惠政策，通过政策引导各类生产、服务性企业升级改造、兼并重组，培育一批老龄龙头企业，打造一批老龄知名品牌。将居家养老和社区有机地结合起来，充分利用社区的人、财、物资源，为居家老人提供以家政服务、生活照料、精神慰藉、医疗保健、康复护理、文化娱乐等为主要内容的社会化服务网络。鼓励以房养老、机构养老、老人互助养老等不同养老方式的发展。培育和发展养老服务业，为老人提供生活照料、医疗保健和精神慰藉等服务。进一步改革完善医疗保险制度，建立老年医疗卫生保健服务体系，完善各级医疗机构功能，大力发展社区卫生保健事业，尽可能让老年人就近享受较高质量的医疗服务，增加护理服务供给，实现医养结合。

参 考 文 献

[1] 曹德云. 中国保险业在养老保障体系建设中大有可为 [J]. 清华金融评论, 2017 (S1): 110-115.

[2] 曹立前, 王君岚. 人口老龄化背景下政府购买居家养老服务的模式及完善路径 [J]. 山东财经大学学报, 2019, 31 (2): 94-102.

[3] 曹瑞祺. 基于园艺疗法的文化养老方式研究 [J]. 戏剧之家, 2018 (30): 237.

[4] 曹莹, 苗志刚. "互联网+" 催生智慧互助养老新模式 [J]. 人民论坛, 2018 (8): 66-67.

[5] 曹毓昕. 我国农村失独家庭互助养老模式探析 [J]. 绥化学院学报, 2017, 37 (9): 23-25.

[6] 陈彬. 泰康人寿发展养老地产模式及营销研究 [D]. 厦门: 厦门大学, 2014.

[7] 陈建. 社会工作在机构养老中的介入 [D]. 合肥: 安徽大学, 2017.

[8] 陈静, 江海霞. "互助" 与 "自助": 老年社会工作视角下 "互助养老" 模式探析 [J]. 北京青年政治学院学报, 2013, 22 (4): 36-43.

[9] 陈静姝. 我国医养结合模式与实施路径探究 [D]. 太原: 山西大学, 2017.

[10] 陈鹏军. 我国 "以房养老" 发展瓶颈及其模式选择 [J]. 经济纵横, 2013 (10): 43-46.

[11] 陈晓倩. 基于养生养老旅游与民宿资源对接的新媒体应用创新研究 [D]. 杭州: 浙江传媒学院, 2017.

[12] 陈雪钧, 李莉. 旅游养老产业竞争力评价——以十三个旅游养老目的地为例 [J]. 企业经济, 2018 (4): 133-139.

[13] 成洁楠. 医养结合型机构养老的困境及解决路径 [D]. 西安: 西北大学, 2018.

[14] 许晓芸. 资源短缺抑或资源依赖: 智慧社区养老服务的资源困局 [J].

兰州学刊，2019（5）：196-208.

[15] 成伟，黄俊辉.代际关系变化下农村互助养老模式探索[J].黑龙江社会科学，2018（2）：101-105.

[16] 程庆珊."倒按揭"以房养老的现实冲突性分析[J].赤峰学院学报（自然科学版），2015，31（1）：103-105.

[17] 程阳.供需视角下成都市机构养老发展问题研究[D].成都：西南交通大学，2017.

[18] 崔潇子.以房养老模式中外比较及对策建议研究[J].科技经济导刊，2018，26（21）：190-191.

[19] 单忠献."文化养老"的功能及其实现路径[J].青岛行政学院学报，2018（2）：88-91.

[20] 丁惠炯.政府合作战略框架下的社区养老体系构建——基于公共管理视角[J].改革与开放，2019（1）：80-83+87.

[21] 杜文泽.论我国以房养老制度建立的困境及出路[J].时代金融，2016（35）：16.

[22] 杜玉霞.文化养老及其发展策略探析[J].北方音乐，2018，38（24）：234+243.

[23] 段逸秋."以房养老"模式问题与解决对策[J].现代商贸工业，2017（7）：136-138.

[24] 方爱清，王昊.文化养老的基本内涵、当代价值及其可依路径[J].江汉大学学报（社会科学版），2015，32（4）：34-37+123-124.

[25] 方静文.从互助行为到互助养老[J].中南民族大学学报（人文社会科学版），2016，36（5）：132-136.

[26] 方巍.社会福利视野下的文化养老[J].东岳论丛，2014，35（8）：22-25.

[27] 房圆圆.当前我国机构养老的发展态势及对策研究[D].合肥：安徽大学，2017.

[28] 费永强.社区教育发展视角下"多位一体"文化养老模式探索——以湖州市为例[J].文教资料，2017（6）：69-72+29.

[29] 封铱磊.医养融合新背景下机构养老服务合同探究[D].苏州：苏州大学，2018.

[30] 冯心怡.以房养老问题探析[J].中国市场，2016（3）：156-157.

[31] 冯占军，李连芬.保险业与养老服务的融合[J].中国金融，2018

(15): 67-69.

[32] 冯占军,张迎宾,李钢.2018年中国保险养老社区发展研究报告——探索医养结合养老模式[J].保险理论与实践,2018(11):1-29.

[33] 付歆然."医养结合"新型养老保险模式发展研究[D].沈阳:辽宁大学,2018.

[34] 甘满堂,娄晓晓,刘早秀.互助养老理念的实践模式与推进机制[J].重庆工商大学学报(社会科学版),2014,31(4):78-85.

[35] 高辰辰.互助养老模式的经济社会条件及效果分析——以河北肥乡为例[J].河北学刊,2015,35(3):223-226.

[36] 高帆.我国寿险公司投资养老社区的问题研究[D].保定:河北大学,2017.

[37] 高辉,赵小龙,谢诗晴.供给侧改革视角下杭州社区居家养老服务研究[J].建筑与文化,2017(12):209-211.

[38] 谷亚男.完善我国以房养老制度研究[J].市场论坛,2018(7):6-8.

[39] 顾莉."以房养老"伦理困境及出路探索[J].人民论坛,2014(34):152-154.

[40] 郭聪.医养结合中外比较研究[D].大连:东北财经大学,2016.

[41] 韩烨.养老服务PPP模式:运行机制、实现策略与对策研究[J].兰州学刊,2019(3):186-196.

[42] 韩蕴琪."医养结合"养老服务供给侧改革中的政府行为研究[D].南宁:广西大学,2017.

[43] 郝涛,商倩,李静.PPP模式下医养结合养老服务有效供给路径研究[J].宏观经济研究,2018(11):44-53.

[44] 郝涛,徐宏,岳乾月,张淑钢.PPP模式下养老服务有效供给与实现路径研究[J].经济与管理评论,2017,33(1):119-125.

[45] 郝亚琳.PPP模式下养老项目的风险分担研究[J].现代商贸工业,2019,40(8):51-52.

[46] 贺寨平,武继龙.农村社区互助养老的可行性分析与问题研究——基于大同市水泊寺乡X、D两村的实地调查[J].天津师范大学学报(社会科学版),2017(6):49-54.

[47] 侯惠荣,高丽华,王峥.北京居家养老医养结合服务相关问题研究[J].社会政策研究,2017(5):31-45.

[48] 侯文华,陈婷.智慧养老服务产业发展和实现路径研究[J].现代管

理科学，2019（4）：100-102.

[49] 侯晓艳，雷云云. PPP 模式应用于社区居家养老服务研究［J］. 劳动保障世界，2019（9）：24-25.

[50] 胡凡. 智慧养老发展现状及对策研究［J］. 经济研究导刊，2019（9）：49-50+108.

[51] 胡光华. "文化养老"：创造绚丽多彩老年生活［N］. 湖南日报，2018-01-25：（1）.

[52] 黄春景. "以房养老"试点困局背后的多重解读［J］. 时代金融，2016（31）：33-34.

[53] 黄锦. 基于 PPP 模式下我国养老地产开发模式探讨［J］. 山西建筑，2018，44（36）：195-196.

[54] 黄蓉. PPP 模式下机构养老服务的政府价格规制研究［D］. 西安：西北大学，2018.

[55] 黄石松，黄鹏，孙洁，陶庆华，左美云，李海丽. 大咖谈养老——多方助力养老事业发展［J］. 中国护理管理，2017，17（11）：1473-1477.

[56] 纪春艳. 新型城镇化视角下农村互助养老模式的发展困境及优化策略［J］. 农村经济，2018（1）：90-96.

[57] 纪竞垚. 家庭照料对老年人机构养老意愿的影响——基于 CLASS 数据的实证分析［J］. 调研世界，2019（1）：17-22.

[58] 贾伟，王思惠，刘力然. 我国智慧养老的运行困境与解决对策［J］. 中国信息界，2014（11）：56-60.

[59] 金华宝. 发达国家互助养老的典型模式与经验借鉴［J］. 山东社会科学，2019（2）：52-58.

[60] 李宝娟，孙晓杰. 我国"互联网+"居家智慧养老现状分析［J］. 卫生软科学，2019，33（3）：8-11.

[61] 廖喜生，李扬萩，李彦章. 基于产业链整合理论的智慧养老产业优化路径研究［J］. 中国软科学，2019（4）：50-56.

[62] 屈巍，矫培艳，李晖. 基于物联网的智慧养老社区系统［J］. 沈阳师范大学学报（自然科学版），2017，35（1）：93-97.

[63] 李晓文. 需求视角下智慧养老服务体系构建策略探究［J］. 宁波经济（三江论坛），2015（8）：43-44.

[64] 李南. 农村社区居家养老服务体系建设的必要性与存在问题分析［J］. 智库时代，2019（18）：136-137.

［65］李芃．保险业参与养老社区建设的对策研究［D］．上海：上海交通大学，2013．

［66］李萍．泰康人寿"医养结合"发展研究［D］．广州：广东财经大学，2018．

［67］李扬，张森力，王旸，刘平．齐齐哈尔市环境对共享养老社区发展可行性的影响［J］．安徽建筑，2019，26（3）：4－6＋12．

［68］李雨薇．以房养老理财方案的比较与分析［J］．南华大学学报（社会科学版），2019，20（1）：66－72．

［69］李泽慧，王梓馨，刘丹琪．"互联网＋"时期居家养老服务模式新探索［J］．农家参谋，2018（11）：246－249．

［70］李长海．中国人寿探索一体化养老体系［J］．WTO经济导刊，2015（6）：63－64．

［71］廉月娟．旅游养老发展趋势及实现路径［N］．中国旅游报，2017－01－10（3）．

［72］林萍．"互联网＋"背景下居家社区养老服务模式创新探究——以福州市鼓楼区为例［J］．福建省社会主义学院学报，2018（6）：99－105．

［73］刘公博．智能社区养老服务模式研究［J］．经济研究导刊，2019（9）：46－48．

［74］刘娇，李红艳．PPP模式在上海养老机构建设中的可行性分析［J］．上海工程技术大学学报，2016，30（3）：260－266．

［75］刘军林．PPP模式运用于我国社区居家养老建设研究［J］．中国市场，2017（16）：60－62＋99．

［76］刘牧樵．"泰康之家"保险养老模式初探［J］．中华建设，2018（6）：22－25．

［77］刘清发，孙瑞玲．嵌入性视角下的医养结合养老模式初探［J］．西北人口，2014，35（6）：94－97．

［78］刘师嘉．我国医养结合养老模式现状分析与对策研究［D］．哈尔滨：黑龙江中医药大学，2017．

［79］刘伟祎．国外智慧养老的发展现状及对我国的启示［J］．中国集体经济，2019（7）：166－168．

［80］刘文芳．我国商业保险参与养老保险发展研究［D］．乌鲁木齐：新疆财经大学，2013．

［81］刘欣．我国互助养老的实践现状及其反思［J］．现代管理科学，2017

（1）：88-90.

［82］路宁宁．我国保险公司投资养老社区的困难及策略研究［D］．保定：河北大学，2014.

［83］马树娟．以房养老保险：遇冷还是成功［J］．宁波经济（财经视点），2018（11）：42-43.

［84］马文静，郑晓冬，方向明．社区养老服务对老年人生活满意度的影响——基于健康水平与闲暇活动的中介效应分析［J］．华南理工大学学报（社会科学版），2019，21（1）：94-107.

［85］马文涛．基础设施建设中PPP类项目存在的问题与对策研究［J］．江西建材，2018（3）：225+228.

［86］马修芬．丰富完善社区养老功能 托起德城幸福"夕阳红"［J］．中国社会工作，2019（8）：40-41.

［87］马征．政策过程理论视角下"以房养老"推行困境的原因分析［J］．河北经贸大学学报，2018，39（3）：47-54.

［88］马志锰．我国机构养老文献综述［J］．武汉船舶职业技术学院学报，2018，1704：113-116+122.

［89］孟佳娃，韩俊江．我国PPP模式养老机构运营风险的PEST分析［J］．现代经济信息，2015（15）：26-28+34.

［90］宁波市梅山保险养老研究院、中国保险学会联合课题组，冯占军，张迎宾，李钢．2018年中国保险养老社区发展研究报告——探索医养结合养老模式［J］．保险理论与实践，2018（11）：1-29.

［91］庞渤，王伟进．福利体制类型视角下国外社区养老模式及启示［J］．陕西理工大学学报（社会科学版），2019，37（1）：46-52.

［92］彭桂芳，陈慧英．试论文化养老及其发展策略［J］．昆明学院学报，2017，39（5）：128-132.

［93］戚凌昕．城市"医养结合"机构养老模式研究［D］．贵阳：贵州财经大学，2018.

［94］区慧琼．基于SWOT分析的"整合照料"医养结合养老模式问题研究［D］．天津：天津工业大学，2016.

［95］瞿小敏．"以房养老"可行性分析：基于老年人的需求及意愿［J］．人口与社会，2017，33（3）：64-71.

［96］申若茜．社会工作介入广州城乡社区居家养老服务的现状及模式探讨［J］．产业与科技论坛，2019，18（5）：109-110.

[97] 沈剑. 中国人寿发展养老社区的商业模式研究[D]. 杭州：浙江工业大学，2015.

[98] 施吉. 民生视角下旅游养老服务体系研究[D]. 南昌：南昌大学，2016.

[99] 宋程. PPP模式在养老机构开发建设中的探索及应用[J]. 工程建设与设计，2018（24）：239-240.

[100] 宋欢，杨美霞. 养老旅游的概念与本质[J]. 三峡大学学报（人文社会科学版），2016，38（6）：37-41.

[101] 睢党臣，彭庆超. "互联网+居家养老"：智慧居家养老服务模式[J]. 新疆师范大学学报（哲学社会科学版），2016，37（5）：128-135.

[102] 孙梦楚，高焕沙，薛群慧. 国内外智慧养老研究进展[J]. 特区经济，2016（6）：71-73.

[103] 孙梦楚，高焕沙，薛群慧. 智慧养老产品开发现状研究[J]. 经济师，2016（4）：36-38.

[104] 孙永浩. 论农村互助养老的可行性[J]. 上海农村经济，2019（2）：35-38.

[105] 孙雨涵. 当前我国机构养老伦理问题研究[D]. 南京：南京师范大学，2018.

[106] 孙玉栋，郑垚. 老龄化背景下养老项目PPP模式研究[J]. 中国特色社会主义研究，2018（1）：70-75.

[107] 谭吉. 论机构养老的民法规范与救济[D]. 重庆：西南政法大学，2016.

[108] 唐祥忠，洪敏. 智慧居家养老项目的PPP模式探索研究[J]. 工程经济，2018，28（7）：59-62.

[109] 唐晓英. 传统文化视阈下我国社区文化养老方式探究[J]. 西北工业大学学报（社会科学版），2011，31（2）：44-48.

[110] 汪连新. 医养康护一体化社区养老服务：理念、困境及借鉴[J]. 学习论坛，2019（4）：83-88.

[111] 汪文萍，王康艺. 浅谈"文化养老"服务体系的构建[J]. 劳动保障世界（理论版），2013（9）：14-15.

[112] 汪文萍. "文化养老"支持政策分析与研究[J]. 科教文汇（中旬刊），2016（3）：181-183+190.

[113] 王波，卢佩莹，曹彦芹，甄峰. 中国养老政策的演进及智慧社会下居

家养老的发展［J］．科技导报，2019，37（6）：6-12．

［114］王博文．城市失能老人社区居家养老照护服务研究［J］．辽宁经济，2019（4）：52-54．

［115］王浩．医养结合养老模式的产业化发展研究［D］．南京：南京大学，2017．

［116］王宏禹，王啸宇．养护医三位一体：智慧社区居家精细化养老服务体系研究［J］．武汉大学学报（哲学社会科学版），2018，71（4）：156-168．

［117］王佳．开封市H社区中老年人机构养老意愿及影响因素研究［D］．开封：河南大学，2018．

［118］王坤成．商业保险公司参与"医养结合"的养老模式研究［D］．昆明：云南财经大学，2017．

［119］王昆．我国机构养老的模式转换研究［D］．长春：吉林大学，2008．

［120］王林．不同医养结合养老模式的成本及效用比较分析［D］．南京：南京医科大学，2017．

［121］王萌．破解"以房养老"金融困局［J］．中国品牌，2018（10）：44-46．

［122］王培培，李文．PPP模式下社会养老服务体系建设的创新与重构［J］．理论月刊，2016（8）：135-140．

［123］王浦劬，雷雨若，吕普生．超越多重博弈的医养结合机制建构论析——我国医养结合型养老模式的困境与出路［J］．国家行政学院学报，2018（2）：40-51+135．

［124］王雯，宁欣．以房养老，说易行难［J］．金融博览（财富），2018（10）：63-65．

［125］王向南．基于三方合作的社区居家养老服务模式探讨［J］．学术交流，2018（1）：138-143．

［126］王小．PPP模式用于我国养老机构建设的研究［J］．中外企业家，2018（13）：216．

［127］王旭．保险企业投资养老社区的问题与对策研究［D］．南昌：南昌大学，2018．

［128］王亚南．新加坡社区养老服务对我国社区养老建设的启示［J］．淮南职业技术学院学报，2019，19（1）：142-144．

［129］王焱鑫．老龄化社会背景下旅游养老度假区项目规划设计研究［D］．长春：吉林建筑大学，2018．

[130] 王颖. 整合优质资源搭建智慧系统 积极打造智能居家养老服务模式 [J]. 中国社会工作, 2019 (2): 14-15.

[131] 王媛媛. 互联网金融与PPP结合在养老服务业的应用分析 [J]. 新金融, 2017 (4): 52-55.

[132] 吴敏. 基于需求与供给视角的机构养老服务发展现状研究 [D]. 济南: 山东大学, 2011.

[133] 吴玉霞, 沃宁璐. 我国智慧养老的服务模式解析——以长三角城市为例 [J]. 宁波工程学院学报, 2016, 28 (3): 59-63+76.

[134] 吴政宇. "医养一体化"中政府与医养机构间利益博弈分析 [J]. 老龄科学研究, 2017, 5 (1): 28-34.

[135] 席恒, 任行, 翟绍果. 智慧养老: 以信息化技术创新养老服务 [J]. 老龄科学研究, 2014, 2 (7): 12-20.

[136] 夏敬, 张向达. 完善居家养老服务需要"对症下药" [J]. 人民论坛, 2017 (31): 51-53.

[137] 夏涛. 政府购买机构养老服务下多方参与的演化博弈研究 [J]. 西北人口, 2019, 4002: 59-68.

[138] 向亚芬. 以房养老在我国施行的可行性探析 [J]. 法制博览, 2017 (20): 171+170.

[139] 向运华, 姚虹. 养老服务体系创新: 智慧养老的地方实践与对策 [J]. 西安财经学院学报, 2016, 29 (6): 110-114.

[140] 肖炳科. 徐州市老城区机构养老设施与周边环境整合设计策略研究 [D]. 北京: 中国矿业大学, 2018.

[141] 肖康康. 我国养老服务PPP的有效供给与实现路径 [J]. 市场周刊 (理论研究), 2018 (5): 149-150.

[142] 肖来付. 经济新常态下养老服务供给侧结构改革探析——以厦门为例 [J]. 厦门广播电视大学学报, 2017, 20 (4): 26-30.

[143] 徐莉, 冀晓曼. 基于武汉市的社区养老满意度及影响因素研究 [J]. 齐齐哈尔大学学报 (哲学社会科学版), 2019 (3): 65-69.

[144] 徐文杰. 中国人寿集团投资养老地产市场研究 [D]. 天津: 天津大学, 2011.

[145] 许晓芸. 资源短缺抑或资源依赖: 智慧社区养老服务的资源困局 [J]. 兰州学刊, 2019 (5): 196-208.

[146] 许昭辉．商业保险服务养老保障体系研究［D］．济南：山东大学，2015．

[147] 严韬．以房养老反向抵押产品的风险分析和应对策略研究［J］．金融经济，2016（2）：167－169．

[148] 燕妮．新时代健康养老产业与保险业融合模式研究［J］．金融与经济，2018（3）：87－91．

[149] 杨国军，刘素婷，孙彦东．中低收入老年群体互助养老的实现与供给侧结构性改革［J］．改革与战略，2017，33（8）：150－154．

[150] 杨景亮．老年人医养结合服务模式探究［D］．沈阳：东北大学，2012．

[151] 杨少庆．我国医养结合型机构养老服务模式问题研究［D］．大连：东北财经大学，2017．

[152] 杨椰蓁．"医养结合"模式下养老建筑设计策略初探［D］．西安：西安建筑科技大学，2018．

[153] 杨泽远．社区居家养老服务模式初探——城市养老新选择［J］．中国集体经济，2019（2）：8－9．

[154] 姚庆海，李连芬，冯占军．我国保险业参与养老产业发展研究［J］．保险理论与实践，2017（9）：1－32．

[155] 尹鑫．农村独居老人机构养老需求意愿及其生活质量影响因素的研究［D］．锦州：锦州医科大学，2017．

[156] 尹一．我国寿险公司运作养老社区模式研究［D］．长沙：湖南大学，2016．

[157] 袁晓航．"医养结合"机构养老模式创新研究［D］．杭州：浙江大学，2013．

[158] 张彩华，熊春文．美国农村社区互助养老"村庄"模式的发展及启示［J］．探索，2015（6）：132－137＋149．

[159] 张程，李洁．国内外智慧养老现状及标准化研究［J］．中国标准化，2018（20）：199－201．

[160] 张继胜．PPP模式与养老医疗服务改革研究［J］．财政监督，2018（5）：87－91．

[161] 张开翼．新时期农村文化养老体制研究［D］．武汉：华中师范大学，2014．

[162] 张澜．异地互动养老的产业化发展的政策研究［D］．杭州：浙江大

学,2018.

[163] 张雷,韩永乐.当前我国智慧养老的主要模式、存在问题与对策[J].社会保障研究,2017(2):30-37.

[164] 张丽艳,张瀚亓.我国两岸社区养老模式对比研究[J].山东行政学院学报,2019(1):41-48.

[165] 张孟强.供给侧改革发力:社区居家养老如何增加有效供给提高发展质量[J].中国社会工作,2017(32):26-27.

[166] 张姝,张永琛."三社联动"模式下社区居家养老服务的实践研究——以兰州市畅家巷社区"综合为老服务中心"为例[J].社会工作,2018(5):100-108+112.

[167] 张韬.PPP模式下优化养老机构建设与运营的策略研究[J].兰州学刊,2018(3):164-172.

[168] 张文超,杨华磊.我国"时间银行"互助养老的发展现状、存在问题及对策建议[J].南方金融,2019(3):33-41.

[169] 张阳."医养结合"机构养老服务研究[D].大连:大连海事大学,2017.

[170] 张逸.我国农村居家养老服务研究论述[J].市场周刊,2019(4):189-190.

[171] 张莹,刘晓梅.结合、融合、整合:我国医养结合的思辨与分析[J].东北师大学报(哲学社会科学版),2019(2):132-138.

[172] 张映芹,张瑞芳.农村智慧养老模式探索[J].山东财经大学学报,2017,29(1):45-51+61.

[173] 张玉琼.构建失能老年人的智慧养老服务平台——以社会网络为视角[J].老龄科学研究,2015,3(6):48-57.

[174] 张云英,张紫薇.农村互助养老模式的历史嬗变与现实审思[J].湘潭大学学报(哲学社会科学版),2017,41(4):34-38.

[175] 张宗光,孙梦露,高上雅,杜秀芳.对医疗卫生和养老服务实行一体化资源配置模式的思考[J].中国卫生经济,2014,33(9):8-10.

[176] 章萍.社区居家养老服务PPP运作模式研究[J].当代经济管理,2018,40(11):60-64.

[177] 赵洁.国外互助养老发展模式及借鉴[N].中国人口报,2019-05-10(3).

[178] 赵西君.旅游养老服务业如何进行供给侧改革[N].中国旅游报,

2016 - 04 - 13（C2）.

［179］赵阳. 医养结合政策的中日比较研究［D］. 大连：东北财经大学，2016.

［180］赵宇新. 养老不离家——记江苏省南通市链式居家养老服务特色模式［J］. 中国民政，2018（24）：26 - 29.

［181］郑世宝. 物联网与智慧养老［J］. 电视技术，2014，38（22）：24 - 27.

［182］周丰. 河北省医养结合养老服务模式研究［D］. 保定：河北大学，2017.

［183］周刚，罗萍，李运娥，章天园，赵悦. 旅游养老消费者行为模式研究［J］. 荆楚学刊，2016，17（6）：36 - 45.

［184］周刚，周欣雨，梁晶晶. 旅游养老产业化发展初步研究［J］. 荆楚学刊，2015，16（1）：53 - 58 + 72.

［185］周小丽. "互联网 +"社区居家养老服务模式：内涵、机遇、实现路径［J］. 法制与社会，2019（4）：183 - 184.

［186］周旭，张秀芳. 机构养老发展现状及对策研究——以山东省泰安市岱岳区为例［J］. 当代经济，2017，33：85 - 87.

［187］周颖颖. 泰安市医养结合型机构养老服务发展研究［D］. 泰安：山东农业大学，2017.

［188］朱爱华. "智慧养老"社区服务现状调查［J］. 科技经济导刊，2017（32）：124 - 125.

［189］朱海龙. 智慧养老：中国老年照护模式的革新与思考［J］. 湖南师范大学社会科学学报，2016，45（3）：68 - 73.

［190］左美云，陈洁. "SMART"智慧居家养老新模式［J］. 中国信息界，2014（4）：41 - 43.